Jens Kastner

Dekolonialistische Theorie aus Lateinamerika

UNRAST

Jens Kastner (*1970), PD Dr. phil. habil., ist Soziologe und Kunsthistoriker. Er arbeitet als Senior Lecturer am Institut für Kunst- und Kulturwissenschaften an der Akademie der Bildenden Künste Wien und als Privatdozent an der Leuphana Universität Lüneburg. Er schreibt regelmäßig für verschiedene Zeitungen und Zeitschriften (u.a. *Jungle World*, *springerin*, *ak – analyse & kritik*). Seine Forschungsschwerpunkte sind Kultur- und Sozialtheorien, Kunstkritik sowie Geschichte und Theorie sozialer Bewegungen, Anarchismus und Latin American Studies. Seit 2005 ist er koordinierender Redakteur von *Bildpunkt. Zeitschrift der IG Bildende Kunst* (Wien).

Jens Kastner

Dekolonialistische Theorie aus Lateinamerika

Einführung und Kritik

UNRAST

Bibliografische Information der Deutschen Bibliothek
Die Deutsche Bibliothek verzeichnet diese Publikation in der Deutschen Nationalbibliografie; detaillierte bibliografische Daten sind im Internet über https://www.dnb.de abrufbar.

Jens Kastner:
Dekolonialistische Theorie aus Lateinamerika

1. Auflage, Januar 2022
ISBN 978-3-89771-093-1

www.unrast-verlag.de | kontakt@unrast-verlag.de
Mitglied in der assoziation Linker Verlage (aLiVe)

Mit freundlicher Unterstützung der
A...kademie der
bildenden Künste
Wien

Umschlag: cuore.berlin
Satz: Andreas Hollender, Köln
Druck: Multiprint, Kostinbrod

Inhaltsverzeichnis

Vorwort

»So go ahead and label me an asshole 'cause I can /
accept responsibility for what I've done / but not for who I am /
Don't call me white, don't call me white /
Don't call me white, don't call me white«

NOFX, »Don't call me white« (punk in drublic, 1994).

Die Debatten um das Fortwirken kolonialer Strukturen und Denkweisen scheint mittlerweile allgegenwärtig. Aktivist*innen haben das Thema der Dekolonisierung, das in den ehemaligen Kolonien selbstverständlich ohnehin seit Langem präsent ist, nicht nur in den USA, sondern auch in Westeuropa in die städtische Öffentlichkeit und ins Feuilleton gebracht. Straßennamen und Denkmäler, Museumsbauten und Kunstsammlungen, aber auch die tödliche Flüchtlingspolitik der Europäischen Union werden zum Anlass genommen, um über Kontinuitäten kolonialistischer Politiken zu diskutieren. Allein der akademische Diskurs hinkt in seiner strukturellen Behäbigkeit den aktuellen Diskussionen hinterher. Zwar sind postkoloniale Studien auch im deutschsprachigen Raum mittlerweile seit rund zwanzig Jahren (mehr oder weniger) etabliert. Dekolonialistische Theorien aus Lateinamerika aber werden kaum bis gar nicht gelehrt und besprochen. Das liegt einerseits an der relativen Abgeschlossenheit akademischer Diskurse, ist andererseits aber sicherlich auch ganz einfach auf mangelnde Sprachkenntnisse und fehlende Übersetzungen zurückzuführen. Dieses Buch soll als Übersetzungsleistung verstanden werden und zu weiteren anregen.

Mit ein paar Worten sei auf die sich aufdrängende Frage eingegangen, warum ich als weißer, europäischer Mann dieses Buch über Theorie und wissenschaftliche wie politische Praktiken aus Lateinamerika schreibe. Es handelt sich dabei nicht um eine simple Frage nach persönlichen Präferenzen hinsichtlich des Gegenstandsbereiches, mit dem man sich nun einmal beschäftigt – hier ließe sich mein Interesse an sozialen Kämpfen in Lateinamerika anführen, das spätestens vom Zapatistischen Aufstand 1994 ausgelöst worden war. Es geht hier vielmehr um eine Frage der Legitimität. Und die ist nicht leicht zu beantworten. Der eingangs zitierte NOFX-Song bringt die Krux dieser Legitimationsfrage schön auf den Punkt: Auch wenn die Liedzeile insofern als Leitlinie dienen kann, als dass man für die eigenen Taten Verantwortung übernehmen kann und es zugleich politisch wenig zielführend ist, jemanden für das eigene Sein verantwortlich zu machen, so macht es sich das Lied doch zu einfach, weil jedes Tun auf einem Sein, also auf sozioökonomischen, kulturellen Existenzweisen beruht, die es durchaus zu hinterfragen gilt.

Es mag manchen wie eine paradoxe Situation erscheinen: Auf der einen Seite fordern marginalisierte Gruppen und soziale Bewegungen Jahrzehnte lang die Anerkennung ihrer Lebensweisen, das Hören ihrer Forderungen und die Inklusion ihrer Anliegen in den hegemonialen Diskurs. Greifen dann andere als die Betroffenen selbst diese Perspektiven auf, steht der Vorwurf schnell im Raum, sich das Wissen der Anderen anzueignen und damit das eigene symbolische Kapital aufzustocken, whitesplaining zu betreiben und auf Kosten jener, denen man vorgeblich zu Gehör verhilft, sein Auskommen zu erwirtschaften.

Gemeinsam mit einigen Kommiliton*innen und Genoss*innen diskutierte ich in den mittleren 1990er-Jahren in Münster im Rahmen einer selbstorganisierten Studiengruppe die von Klaus Viehmann und anderen herausgegebenen Texte zum Verhältnis von Klassenwiderspruch, Geschlechterverhältnissen und Rassismus (ein Vorläuferbuch der im deutschsprachigen Raum erst später akademisierten Intersektionalitätsforschung). In dem Text »Drei zu Eins« werden einige Debatten um die Frage der Wechselverhältnisse zwischen den drei Unterdrückungsdynamiken zusammengefasst und diskutiert. Darin heißt es am Ende unter anderem: »Ständig problematisiert wurde und wird [in den Debatten, J.K.], inwieweit Männer bzw. Weiße fähig und berechtigt sind, Themen mitzudiskutieren, die Frauen bzw. Schwarze in erster Linie betreffen«[1]. Diese vor mehr als dreißig Jahren aufgeworfene Frage wird hier weder mit Ja noch mit Nein beantwortet. Sie ist nicht einfach und schon gar nicht endgültig zu beantworten. Die Diskussion über die Legitimität von Wortergreifungen sollte

1 Klaus Viehmann u.a.: »Drei zu Eins. Klassenwiderspruch, Rassismus und Sexismus.« In: Projektgruppe (Hg.): *Metropolen(gedanken) & Revolution. Texte zur Patriarchats-, Rassismus-, Internationalismusdiskussion*. Berlin: Edition ID Archiv 1991, 2. Aufl., S. 29-62, hier S. 62.

zumindest dann nicht aufhören, wenn man einerseits daran festhält, dass politische Aktion und wissenschaftliches Tun nicht an essenzialistisch verstandene Identitätskonzepte gebunden sein sollten, und wenn man zugleich andererseits sich nicht hinter einem wissenschaftlichen Neutralitätsgebot versteckt, das die sozioökonomischen und geografisch-kulturellen Grundlagen jedes Sprechens und Schreibens ausblendet. Das vermeintliche Paradox ist also keines. Es geht vielmehr um notwendige Debatten um strukturelle Bedingungen, von denen aus wissenschaftliches (und alles andere) Tun möglich wird, und damit auch um Machtverhältnisse.

In ihrem aktuellen Buch *Dekolonialer Feminismus* schreibt die französische Philosophin und Aktivistin Françoise Vergès auch als Entgegnung auf paternalistische Hilfsangebote von weißen Feministinnen (und Weißen überhaupt): »Die Arbeit der Wiederentdeckung und der Wertschätzung von Wissensformen, Philosophien, Literaturen, Vorstellungswelten hat nicht mit uns begonnen. Aber eine unserer Aufgaben liegt in dem Bemühen, sie kennenzulernen und bekannt zu machen«[2]. Angesichts der Absenz politischer und sozialwissenschaftlicher Theorie aus Lateinamerika im Mainstream des deutschsprachigen Diskurses sei mir dies ein legitimierender Aufruf – auch wenn das »Wir« in diesem Zitat sich zunächst auf dekolonialistische Feministinnen bezieht. Die Auseinandersetzung mit Kolonialität und Kolonialismus denjenigen zu überlassen, die deren Opfer waren und sind, würde letztlich bedeuten, das Privileg, sich nicht damit auseinandersetzen zu müssen, zu einer Tugend zu machen.

Neben diesen inhaltlichen gilt es noch, zwei formale Anmerkungen vorwegzuschicken: Ich habe sämtliche Zitate aus spanischsprachigen Texten ins Deutsche übertragen, englischsprachige Texte habe ich im Original zitiert. Das folgt rein pragmatischen Überlegungen der Lesbarkeit und soll keine Wertung darstellen. Namen der zitierten Autor*innen habe ich nicht angeglichen, d.h. es tauchen in meinem Text sowohl Catherine Walsh und Walter Mignolo als auch Catherine E. Walsh und Walter D. Mignolo auf, je nachdem, wie sie sich in ihren jeweiligen Texten selbst genannt haben.

Dieses Buch basiert auf zwei am Institut für Kunst- und Kulturwissenschaften (IKW) der Akademie der bildenden Künste Wien durchgeführten

2 Françoise Vergès: *Dekolonialer Feminismus*. Wien: Passagen Verlag 2020, S. 30.

Seminaren – »Andere Positionierungen?! Kulturtheorie und Kritik aus Lateinamerika« (Wintersemester 2013/14) und »Kolonialität, Klassifizierung, Konflikt. Konzepte und Politiken dekolonialistischer Kultur- und Sozialtheorien« (Wintersemester 2018/19) sowie auf einem am Institut für Internationale Entwicklung der Universität Wien gegebenen Seminar gleichen Titels (Wintersemester 2018/19) und einer an der Akademie gehaltenen Vorlesung zum Thema (Sommersemester 2021). Ich danke allen Studierenden für die Diskussionen, die mit Sicherheit in dieses Buch eingeflossen sind. Außerdem möchte ich einmal explizit meinen Kolleginnen und Kollegen am IKW danken: Auch wenn wir nicht ständig im Austausch über alle inhaltlichen Fragen stehen, so ist doch die überaus angenehme Atmosphäre, die wir uns im Laufe der gemeinsamen Jahre geschaffen haben, eine der Grundlagen, auf denen ein Buch wie dieses entstehen konnte! Danke Anette Baldauf, Sabeth Buchmann, Diedrich Diederichsen, Doris Guth, Moira Hille, Jakob Krameritsch, Christian Kravagna, Elisabeth Priedl, Dunja Reithner, Elisabeth von Samsonow, Ruth Sonderegger, Andreas Spiegl, Felicitas Thun-Hohenstein und Ingeburg Wurzer! Dem Rektorat der Akademie der bildenden Künste Wien danke ich für den finanziellen Beitrag zu diesem Buchprojekt.

Für Hinweise auf Texte und inhaltliche Anmerkungen danke ich außerdem Dario Azzellini, Hannah Katalin Grimmer, Georg Grünberg, Max Jorge Hinderer Cruz, David Mayer und Karina Ochoa Muñoz. Mein größter Dank gilt wie immer Lea Susemichel und unseren Kindern Dario und Eda!

Einleitung

Seit einigen Jahren ist ein regelrechter Boom dekolonialistischer Theorie zu verzeichnen: In den theoretischen Debatten der Kultur- und Sozialwissenschaften werden die alten Fragen sozialer Ungleichheit und kultureller Differenz vor dem Hintergrund der Kolonialgeschichte und ihrer Effekte neu verhandelt.[3] In den politischen Aktivismen ist der Ruf »decolonize!« nicht mehr zu überhören, er bezieht sich auf Gegenstandsbereiche wie ›die Stadt‹, auf Ereignisse wie die ›Revolten von 1968‹ oder auch auf akademische Disziplinen wie die Soziologie. Aber was ist dekolonialistische Theorie? Was sind ihre zentralen Begrifflichkeiten und Problemstellungen? Wo liegen ihre Ursprünge, was macht ihre Genese aus? Worin unterscheidet sich dekolonialistische von postkolonialistischer Theorie? Was bedeutet Dekolonisierung, wenn damit nicht nur das Ende des militärisch-politischen Kolonialismus gemeint ist? Diese Fragen werden im Folgenden diskutiert und zum Teil sicherlich auch beantwortet.

Das Denken gegen den Kolonialismus ist selbstverständlich so alt wie dieser selbst. Denn bereits mit der militärischen Eroberung jener Weltgegenden, die seitdem als Amerika bekannt sind, haben Menschen nicht nur Widerstand geleistet. Von Beginn an fanden systematische Überlegungen dazu statt, wie das gewaltsame Aufeinandertreffen der verschiedenen Gruppen von Menschen zu interpretieren ist und welche langfristigen Effekte es hat. Auseinandersetzungen über die Bedingungen von Unterwerfung und Gegenwehr, von Ausbeutung und Auslöschung, aber auch von Kooptation und Integration finden seit Jahrhunderten auf verschiedenen Ebenen statt.

Die Bezeichnung dekolonialistische Theorie hingegen ist noch relativ jung. Dekolonialistische Theorie ist damit ein zugleich neues und sehr altes Phänomen. Die dekolonialistische Kritik der Moderne wurde in den 1990er-Jahren durchaus noch im Zusammenhang mit postmoderner Kritik

3 Ich spreche hier von dekolonialistischer und nicht von dekolonialer Theorie, um den normativen Anspruch der Ansätze hervorzuheben, dekolonialistisch verhält sich zu dekolonial also wie internationalistisch zu international.

geäußert, ein Sammelband mit dem Titel *The Postmodern Debate in Latin America* vereint Autor*innen aus den späteren Reihen der dekolonialistischen Theorie wie Enrique Dussel und Aníbal Quijano ohne Weiteres mit tonangebenden Theoretiker*innen aus den Estudios Culturales wie etwa Nelly Richard.[4] Von der im Kontext der Postmoderne bzw. poststrukturalistischer Theorie geäußerten Kritik wird allerdings später die Abgrenzung gesucht. Ähnliches gilt für die Kritik unter dem Banner des Postkolonialismus. Noch 2008 erschien ein großer Sammelband mit Beiträgen vieler Stichwortgeber*innen und zentraler Akteur*innen der heutigen dekolonialistischen Theorie aus Lateinamerika unter dem Titel *Coloniality at Large. Latin America and the Postcolonial Debate*.[5] Hier war noch die ›postkoloniale Debatte‹ das gemeinsame Feld, das bearbeitet wurde, von dekolonialer Debatte ist noch keine Rede. Wenig später allerdings wurde die Abgrenzung zur postkolonialistischen Theorie gesucht und der »Bruch mit Postmoderne und Postkolonialität«[6] verkündet. (Ich komme darauf zurück)

Während das akademische Label ›Decolonial Theory‹ also kaum mehr als zehn Jahre alt ist, sind die Inhalte, die dabei disziplinenübergreifend verhandelt werden, häufig beinahe so alt wie der Kolonialismus selbst. Die heutige dekolonialistische Theorie hat daher einen sehr langen Vorlauf und verschiedene Quellen und Bezugspunkte. Welche das sind, ist umstritten und Teil der theoretischen Debatten. Unter dem Label werden im Wesentlichen Texte und Autor*innen aus Lateinamerika zusammengefasst, ungeachtet der Tatsache, dass es selbstverständlich auch Theorieansätze aus Afrika und Asien gibt, die zweifelsohne als dekolonialistisch bezeichnet werden könnten oder tatsächlich so bezeichnet werden. Ein zum Kanon der postkolonialistischen Theorie zählendes Buch wie das des kenianischen Schriftstellers und Kulturtheoretikers Ngũgĩ wa Thiong'o etwa trägt mit *Dekolonisierung des Denkens*[7] einen Titel, der heute eine zentrale Forde-

4 John Beverly, José Oviedo und Michael Aronna (Hg.): *The Postmodern Debate in Latin America*. Durham und London 1995: Duke University Press.

5 Mabel Moraña, Enrique Dussel und Carlos A. Járegui (Hg.): *Coloniality at Large. Latin America and the Postcolonial Debate*. Durham & London: Duke University Press 2008.

6 Walter D. Mignolo: *Epistemischer Ungehorsam. Rhetorik der Moderne, Logik der Kolonialität und Grammatik der Dekolonialität*. Wien: Verlag Turia & Kant 2012, S. 53.

7 Ngũgĩ wa Thiong'o: *Dekolonisierung des Denkens. Essays über afrikanische Sprachen in der Literatur*. [1986] Münster 2017.

rung der lateinamerikanischen dekolonialistischen Ansätze ist. Wie die postkolonialistische Theorie fußen auch die dekolonialistischen Ansätze auf den Praktiken der antikolonialistischen Bewegungen, sodass es sowohl in den Gegenstandsbereichen und Methoden als auch in den politischen Ansprüchen viele Überschneidungen gibt.

Neben der Schwierigkeit – und zuweilen auch Überflüssigkeit –, eindeutige Genealogien herzustellen und deutliche Abgrenzungen vorzunehmen, ist zudem sicherlich infrage zu stellen, ob es sich überhaupt um eine Theorie im engeren Sinne, also um ein geschlossenes und relativ konsistentes Netz aus wissenschaftlichen Gegenstandsbereichen, Methoden und Untersuchungsergebnissen handelt oder nicht vielmehr um eine relative Bandbreite theoretischer Ansätze aus den Sozial-, Kultur- und Geisteswissenschaften.

Wie alle Anfänge von sich herausbildenden Forschungsrichtungen waren auch die Anfänge der dekolonialistischen Theorie durch Abgrenzungskämpfe von bestehenden Ansätzen gekennzeichnet – Kämpfe, die selbstverständlich nie aufhören, die aber ihre Konjunkturen haben. Die produktivsten Abgrenzungen sind dabei sicherlich diejenigen, die zugleich eine positive Bezugnahme voraussetzen, also einige Grundannahmen teilen, dann aber Erweiterungen, Ausdifferenzierungen und Fokusverschiebungen einklagen. Solche Abgrenzungen hat die dekolonialistische Theorie mindestens von den folgenden – in sich selbstverständlich ebenfalls sehr vielfältigen – Ansätzen vorgenommen, auf die sie sich auch positiv bezieht:

- von den Debatten innerhalb des Marxismus – in Theorie, Bewegungen und Parteien – und des Anarchismus im 20. Jahrhundert. In diesen Debatten wurde schon früh – und immer wieder – die besondere Situation der lateinamerikanischen Länder in Bezug auf Sozialstruktur, Ungleichheit, kulturelle Kodierung und Rassismus im Unterschied zu Europa diskutiert, auch um daraus Schlüsse für die Frage gesellschaftlicher Transformation zu ziehen. Als Erster wies wahrscheinlich der peruanische Marxist und Gründer der sozialistischen Partei Perus, José Carlos Mariátegui (1894–1930), bereits in den 1920er-Jahren darauf hin, dass die Effekte kultureller Kodierung – Menschen als ethnisiert/rassialisiert zu betrachten – für die soziale Ungleichheit und damit auch für die (marxistische) Sozialtheorie eine entscheidende Bedeutung hat bzw. haben sollte. »Der Indio«, schrieb Mariátegui 1929 in »Das Problem der Rassen in Lateinamerika«, »ist in 90 % der Fälle nicht Proletarier, sondern Leibeigener.«[8] Dieser zunächst banal erscheinende Satz und die ihm zugrunde liegende Wirklichkeit hatten enorme Konsequenzen für die politische wie auch theoretische Auseinandersetzung der Linken in Lateinamerika.

Im Anarchismus ist bereits von der Pariser Kommunardin Louise Michel (1830–1905), wie der Lateinamerikanist Alfredo Gómez Muller herausgestellt hat, ein »ethischer antikolonialer Anspruch«[9] in die europäische Arbeiter*innenbewegung getragen worden, der sich bis in die Praxiskonzepte der dekolonialistischen Theorie zieht. Auch Louise Michel hatte ihre Erfahrungen mit den ethnisch ›anders‹ Klassifizierten, den Einwohner*innen von Neu-Kaledonien, wohin sie nach ihrer Beteiligung an der Pariser Kommune verbannt worden war, zum Ausgangspunkt für diese Forderung nach ethischer Gleichheit gemacht.

- von einer akademischen Anthropologie, die die indigenen Bevölkerungsgruppen im Wesentlichen als Objekte und nicht als Subjekte ihrer eigenen Geschichte wahrnahm und die aufs Engste verknüpft war mit den hegemonialen Politiken der Nationalstaatsbildung in Lateinamerika, die auf Assimilation statt Anerkennung indigener Lebenswelten ausgerichtet waren. In Abgrenzung vom staatlichen Indigenismo[10] wie auch vom Mainstream der Ethnologie/Anthropologie formulierte 1971 eine Gruppe von Anthropolog*innen die »Deklaration von Barbados«, in der die (Selbst-)Befreiung der indigen Bevölkerungsgruppen gefordert wurde. Der Begriff der Dekolonisierung taucht im Titel eines Buches auf, das diese Gruppe im Anschluss an das zweite gemeinsame Symposium 1977 herausgegeben hatte: *Indianidad y Descolonización en América Latina. Documentos de la segunda reunión de Barbados* (1979)[11]. Befreiung

8 José Carlos Mariátegui: »Das Problem der Rassen in Lateinamerika« [1929]. In: Ders.: *Revolution und peruanische Wirklichkeit. Ausgewählte politische Schriften*, hrsg. v. Eleonore von Oertzen. Frankfurt am Main: ISP Verlag 1986a, S. 112-154, hier S. 115.

9 Alfredo Gómez Muller: *Anarquismo y anarcosindicalismo en América Latina. Colombia, Brasil, Argentina, México.* Medellín: La Carreta Editores 2009, S. 52.

10 Es gibt wohl keine einheitliche Definition des Indigenismo, gemeint ist hier eine Politik, die das kulturelle Erbe der indigenen Bevölkerungsgruppen zwar hochhält und als Basis der nationalstaatlichen Geschichte ansieht, ihren realen Lebensbedingungen und soziopolitischen Ausdruckformen aber paternalistisch gegenübertritt – und sie letztlich der modernen Nation als untergeordnet bzw. unterzuordnen betrachtet.

11 Ohne Autor*in: *Indianidad y Descolonización en América Latina: Documentos de la Segunda Reunión de Barbados*. México D.F.: Nueva Imagen 1979.

und Dekolonisierung wurden auch von Indigenen selbst als zusammenhängende Prozesse beschrieben, so etwa im Kontext des ersten Kongresses der Indigenen Bewegungen Südamerikas 1974.[12] Diese Abgrenzung von paternalistischen, assimilatorischen Modellen im Hinblick auf die indigenen Bevölkerungsgruppen und deren Konzeptualisierungen spiegelt sich nicht zuletzt bis heute in der starken Bezugnahme dekolonialistischer Ansätze auf die indigen geprägte Bewegung der Zapatistas in Chiapas/Mexiko – ein Aufgreifen, dem daher in diesem Buch auch ein eigener Exkurs gewidmet ist.

- von der Philosophie der Befreiung, die vor allem von Enrique Dussel (*1934) in Auseinandersetzung mit der westlichen Subjektphilosophie und der Theologie der Befreiung begründet wurde. Während die religiösen und theologischen Implikationen Dussels u.a. für die dekolonialistische Theorie kaum mehr eine Rolle spielen, sind doch zwei Grundannahmen als zentrale Charakteristika in die dekolonialistische Theorie eingegangen: erstens die These bzw. die Einsicht, dass die Vorstellung eines handelnden Subjekts ein Produkt der westlichen Aufklärung ist, das auf radikalen Ausgrenzungen (der als die ›Anderen‹ kategorisierten Menschen) beruht: »The conquistador«, schreibt Dussel in *The Invention of the Americas*, »was the first modern, active, practical human being to impose his violent individuality on the Other«[13]. Der zweite Aspekt des Ansatzes von Dussel, der zum Bestandteil der dekolonialistischen Theorie wurde, ist die daran anschließende praxistheoretische Perspektive: So wie die Moderne und Lateinamerika *er*funden (nicht *ge*funden), also durch Praxis erzeugt wurden, ist auch Veränderung durch Praktiken möglich. Befreiung kann sich demnach nie bloß im Denken vollziehen – wenn auch die Epistemologie einen zentralen Stellenwert

12 Vgl. Marie Chantal Barre: »Políticas indigenistas y reivindicaciones indias en América Latina 1940–1980«. In: Guillermo Bonfil et al.: *América Latina: etnodesarrollo y etnocidio.* San José, Costa Rica: FLACSO 1982, S. 39-82, hier S. 62; für die Diskussion um die Effekte der Deklaration fünfzig Jahre danach vgl. Alberto Chirif (Hg.): *Por la conquista de la autodeterminación. En el cincuentenario de la Declaración de Barbados.* Lima/Kopenhagen: Grupo Internacional de trabajo sobre asuntos indígenas 2021; zusammenfassend und auf Deutsch vgl. auch den Rückblick von einem der Mitautor*innen von 1971, Georg Grünberg: »›Für die Befreiung der Indianer‹. 50 Jahre Deklaration von Barbados«. In: *Lateinamerika Anders*, Wien, 46. Jg., Nr. 2/2021, Mai 2021, S. 30-31.

13 Enrique Dussel: *The Invention of the Americas: Eclipse of ›the Other‹ and the Myth of Modernity.* New York: Continuum 1995, S. 38.

einnimmt, dazu später mehr –, sie braucht auch eine (außerwissenschaftliche) Praxis, ja Dussel geht davon aus, dass jede Theorie »eine Praxis *voraussetzt*«[14].

- von der postkolonialistischen Theorie, die sich in Bezug auf den Kolonialismus ebenfalls, wie Stuart Hall resümiert, mit »der gleichzeitigen Gegenwart *eines Regimes und seiner Nachwirkungen*«[15] beschäftigt. Die postkolonialistische Theorie hat zwar – wie die dekolonialistische Theorie – die Folgen und Effekte des Kolonialismus zum Gegenstand, fokussiert aber vor allem den britischen und den französischen Kolonialismus ab dem 19. Jahrhundert. Die dekolonialistische Theorie nimmt hier eine geografische und damit auch eine historische Verschiebung auf Lateinamerika und den Zeitraum ab 1492 vor. Diese geografische und historische Schwerpunktverlagerung ist meines Erachtens auch der wesentliche Unterschied zwischen den beiden Strömungen. Es gibt demgegenüber aber Versuche, die dekolonialistische Theorie von ihren postkolonialistischen Vorläufer*innen abzusetzen, die im Wesentlichen mit zwei Argumenten unternommen werden: Zum einen wird behauptet, die postkolonialistische Theorie stelle den Kolonialismus als »überwunden«[16] dar, was nicht nur mit dem gerade zitierten Hall-Gedanken widerlegt ist, sondern auch logisch als wenig plausibel erscheint. Womit sollten sich postkolonialistische Studien sonst beschäftigen, wenn nicht auch mit dem Fortwirken des Kolonialismus? Zum anderen wird den Postcolonial Studies nachgesagt, sie betrieben bloß Wissenschaft und hätten keinerlei politischen Anspruch, es handle sich also, wie Walter D. Mignolo unterstellt, um ein Projekt »von der Akademie für die Akademie«[17]. Dieser Abgrenzungsversuch erscheint allerdings selbst als akademisches Manöver, das die eine Positionierung zwecks Selbstbehauptung gegen die andere setzt, ohne wirklich stichhaltige Gründe dafür anbringen zu können.[18] Die Abgrenzung ist inhaltlich

14 Enrique Dussel: *Ethik der Gemeinschaft. Die Befreiung in der Geschichte*. Düsseldorf: Patmos Verlag 1988, S. 233.

15 Stuart Hall: *Vertrauter Fremder. Ein Leben zwischen zwei Inseln*. Hamburg: Argument Verlag 2020, S. 39.

16 Diego Ballestero: »Koloniale Hegemonien benennen und herausfordern«. In: *ila*, Bonn, Nr. 432, Februar 2020, S. 4–6, hier S. 6.

17 Mignolo 2012, a.a.O., S. 54.

18 Diesen Eindruck teilt auch María do Mar Castro Varela, die über Mignolo zu Recht sagt, er schreibe sich 1995 »noch in die postkoloniale Theorie ein, um dann in seiner

nicht überzeugend, zeichnen sich doch sowohl die Texte als auch die außeruniversitären Aktivitäten der Hauptvertreter*innen postkolonialistischer Studien durch starke politische Ansprüche aus. Die politische Verortung postkolonialistischer Theorie im Antikolonialismus hat nicht zuletzt Robert J. C. Young in seiner großen Studie *Postcolonialism. An Historical Introduction*[19] nachgezeichnet.

- von den dependenztheoretischen Ansätzen, die in den 1960er- und 70er-Jahren die Abhängigkeiten Lateinamerikas von Europa und den USA vor allem auf ökonomischer und politischer Ebene untersucht haben. Hier nehmen die dekolonialistischen Theorieansätze vor allem eine epistemologische und kulturtheoretische Ergänzung bzw. Erweiterung vor. Der marxistische Interpretationsrahmen der dependentistas habe, schreibt etwa Ramón Grosfoguel, die ökonomische und politische Sphäre bevorzugt gegenüber den und auf Kosten von »cultural and ideological determinations«[20]. Mit Kultur ist dabei zweierlei gemeint: Zum einen beschreibt der Begriff die spezifischen Lebensweisen bestimmter Bevölkerungsgruppen, nämlich vor allem die der indigenen Gruppen. Diese seien von der Dependenztheorie nicht weniger vernachlässigt worden als von den Modernisierungstheorien, gegen die sich die dependenztheoretischen Ansätze gerichtet hatten. Armut, Ausbeutung und Abhängigkeit sei aber gerade in Lateinamerika auch an ethnische Zugehörigkeiten gebunden, die eine Analyse nicht außer Acht lassen dürfe, so die Kritik. Zum anderen ist Kultur aber noch in einem weiteren Verständnis gemeint, nämlich als allgemeine Denk-, Gefühls- und Wahrnehmungsweisen. Auch diese Ebene der Abhängigkeit sei den Dependenztheorien entgangen.

Veröffentlichung von 2005 nur noch von Dekolonialität zu schreiben. Die Themen und Argumente sind dieselben geblieben, nur die Einschreibung hat sich geändert«, María do Mar Castro Varela: »Postkolonial, dekolonial oder doch antikolonial? Ein Plädoyer für ein supplementierendes Denken«. In: Rebecca Steger, Marie Ludwig, Julia Brychy, Elisabeth Pütz, Kyra Sell (Hg.): *Subalternativen. Postkoloniale Kritik und dekolonialer Widerstand in Lateinamerika*. Münster: edition assemblage 2016, S. 63-78, hier S. 73.

19 Robert J.C.Young: *Postcolonialism. An Historical Introduction*. Malden, MA/Oxford/Carlton: Blackwell Publishimg 2001.

20 Ramón Grosfoguel: »Developmentalism, Modernity, and Dependency Theory in Latin America.« In: Mabel Moraña, Enrique Dussel und Carlos A. Járegui (Hg.): *Coloniality at Large. Latin America and the Postcolonial Debate*. Durham & London: Duke University Press 2008, S. 307-331, hier S. 326.

▸ von der Weltsystemanalyse im Anschluss an Immanuel Wallerstein (1930–2019).[21] In vielen Texten der heutigen dekolonialistischen Theorie wird Bezug genommen auf das Werk des US-amerikanischen Soziologen und Sozialhistorikers, der selbst auch an die dependenztheoretischen Arbeiten anknüpfte. Arbeit und Arbeitsteilung ebenso wie Produktionsweisen stehen im Fokus von Wallersteins marxistisch inspirierter Geschichtsschreibung. Auch wenn er vor allem die Entwicklung der Märkte, weltwirtschaftliche Konjunkturen und die Bedeutung politischer Regulationen im Blick hat, sind diese Prozesse auch für Wallerstein schon verknüpft mit Veränderungen auf anderen Ebenen, die wir hier zunächst behelfsweise und zusammenfassend als Ebenen kultureller Ordnungen verstehen können. In Bezug auf die Dekolonisierungsprozesse in den Amerikas gegen Ende des 18. und zu Beginn des 19. Jahrhunderts, im Zuge derer fast alle Kolonien in Lateinamerika zu souveränen Nationalstaaten wurden, hält er fest, dass diese Dekolonisierung »unter Ausschluß nicht nur der indigenen Bevölkerung, sondern auch der dorthin verschleppten Afrikaner [...] [erfolgte] [...] und somit ausschließlich in der Hand der europäischen Siedler«[22] lag – mit Ausnahme von Haiti, wo 1804 nach einer Revolution der erste von ehemaligen Sklav*innen gegründete, unabhängige Staat entstand. Diese Ausschlüsse zeitigen ihre Effekte bis heute. Zudem bietet der Wallerstein'sche Ansatz einen möglichen Ausweg aus dem »methodologischen Nationalismus« der klassischen Soziologie, der mittlerweile auch in deren Mainstream kritisiert wird:[23] Gesellschaft soll nicht mehr als eine Einheit verstanden werden, die durch den modernen Nationalstaat geografisch-juridisch begrenzt wird – und diesen

---

21 Immanuel Wallerstein: *Das moderne Weltsystem I. Die Anfänge kapitalistischer Landwirtschaft und die europäische Weltökonomie im 16. Jahrhundert.* Wien: Promedia Verlag 1986, Immanuel Wallerstein: *Das moderne Weltsystem II. Der Merkantilismus. Europa zwischen 1600 und 1700.* Wien: Promedia Verlag 2012a, 2. Aufl., Immanuel Wallerstein: *Die große Expansion. Das moderne Weltsystem III. Die Konsolidierung der Weltwirtschaft im langen 18. Jahrhundert.* Wien: Promedia Verlag 2004 und Immanuel Wallerstein: *Der Siegeszug des Liberalismus (1789–1914). Das moderne Weltsystem IV.* Wien: Promedia Verlag 2012b.

22 Wallerstein 2004, a.a.O., S. 276.

23 Vgl. etwa Ulrich Beck: *Weltrisikogesellschaft. Auf der Suche nach der verlorenen Sicherheit.* Frankfurt am Main: Suhrkamp Verlag 2007, S. 296 ff.

damit legitimatorisch immer wieder absichert, so die Kritik –, sondern eben als Welt-System.[24]

- von den Estudios Culturales Latinoamericanos und den Latin American Subaltern Studies, die sich bereits von den britischen und US-amerikanischen Cultural Studies logischerweise in ihrem regionalen Fokus, aber auch hinsichtlich der stärkeren Inklusion sozialer Bewegungen absetzten. Der argentinisch-mexikanische Kulturwissenschaftler Néstor García Canclini kritisierte etwa den »Textualismus« in den US-amerikanischen Cultural Studies, also Begriffe wie das Populäre, das Nationale, die Hybridisierung usw. vor allem als Narrationen zu interpretieren, »while the cultural and social movements to which such concepts allude are rarely studied«[25]. García Canclini fordert für die Estudios Culturales Latinoamericanos zudem die Untersuchung »of the condition under which knowledge and, in a separate context, critical thought«[26] generiert werden, ein. Die Subaltern Studies radikalisieren die Ansprüche der Estudios Culturales zum Teil, lassen sich zugleich aber sowohl inhaltlich als auch personell nicht sehr scharf von jenen abgrenzen (weshalb sie hier auch gemeinsam gelistet sind). Latin American Subaltern Studies sind in den Worten von Ilena Rodriguez in der Einleitung zum gleichnamigen Reader »postmodern and postrevolutionary attempts to understand the limits of previous hermeneutics [der bürgerlichen, liberalen, modernen Epistemologien, J.K.] by challenging culture to think of itself from the point of view of its own negations«[27]. Die dekolonialistischen Theorieansätze greifen sowohl die kulturtheoretische Wende in den Sozialwissenschaften auf als auch die Fokussierung auf kulturelle Praktiken, Wissensproduktion und soziale Bewegungen

24 Vgl. Ramón Grosfoguel: »Caos sistémico, crisis civilizatoria y proyectos descoloniales: pensar más allá del proceso civilizatorio de la modernidad/colonialidad«. In: José Romero-Lascano (Hg.): *Encuentros descoloniales. Memorias de la primera Escuela de Pensamiento Descolonial Nuestramericano*. Caracas: El Perro y La Rana 2018, S. 61-89.

25 Néstor García Canclini: »Cultural Studies and revolving doors«. In: Stephen Hart und Richard Young (Hg.): *Latin American Cultural Studies*. London: Hooder 2003, S. 12-23, hier S. 14.

26 Ebd., S. 21.

27 Ilena Rodriguez: »Reading Subaltern Across Texts, Disciplines, and Theories: From Representation to Recognition«. In: Dies. (Hg.): *The Latin American Subaltern Studies Reader*. Durham und London: Duke University Press 2001, S. 1–32, hier S. 9.

aus den Estudios Culturales und Subaltern Studies. Sie richten ihren Schwerpunkt dabei auf die Effekte kolonialer Herrschaft im weitesten Sinne.

- von den internationalen Debatten um die Grundlagen und Strategien des Feminismus. Hier setzen dekolonialistische Feministinnen letztlich doppelt an: Zum einen reihen sie sich ein in die Kritiken an den konstitutiven Ausgrenzungen, die ein weißer, bürgerlicher, ›westlicher‹ Feminismus in Bezug auf indigene und Schwarze Frauen, afrodesciendentes und andere Frauen* produziert hat. Sie knüpfen dabei an antikolonialen, intersektionalistischen und postkolonialistischen Diskursen an, wie etwa die in Northridge/Kalifornien als Professorin für Gender Studies forschende Breny Mendoza nachzeichnet.[28] Zum anderen setzen dekolonialistische Feministinnen aber auch an der Ausblendung der Existenz von Frauen* ebenso wie jener von Geschlecht und Sexualität für gesellschaftliche Herrschaftsverhältnisse an, die auch in den anderen dekolonialistischen Ansätzen (und ihren zuvor genannten sieben Bezugsfeldern) virulent sind. Diesem Desiderat wird mit feministischen Interventionen in die Debatte begegnet, wie sie besonders von Theoretikerinnen wie María Lugones direkt im Anschluss an Quijanos Modelle vorgenommen wurden. Zugleich wird aber auch auf geschlechterpolitische, gendertheoretische und feministische Positionen Bezug genommen, die bereits lange vor der im engeren Sinne dekolonialistischen Debatte existierten, wie etwa die Arbeiten der bolivianischen Soziologin und Aktivistin Silvia Rivera Cusicanqui (* 1949), die sich selbst zwar nicht der dekolonialistischen Theorie zurechnet, aber doch eine ihrer wichtigsten Stichwortgeberinnen ist. Auch andere feministische Arbeiten, die parallel bzw. zeitgleich zu den explizit dekolonialistischen Ansätzen ähnliche Fragestellungen behandeln, dienen als Bezugspunkt, wie etwa jene von Rita Laura Segato (* 1949), die für den von ihr diagnostizierten Krieg gegen die Frauen auch ein »kolonial-modernes kollektives Imaginäres«[29]

---

28 Vgl. Breny Mendoza: »La *colonialidad del género y poder*: De la postcolonialidad a la decolonialidad«. In: Karina Ochoa Muñoz (Hg.): *Miradas en torno al problema colonial. Pensamiento anticolonial y feminismos descoloniales en los Sures globales.* México D.F.: Ediciones Akal 2019, S. 35–69.

29 Rita Laura Segato: »Las nuevas formas de la guerra y el cuerpo de las mujeres«. In: Dies.: *Las nuevas formas de la guerra y el cuerpo de las mujeres.* Buenos Aires: Tinta Limón 2014a, S. 15–77, hier S. 63.

mitverantwortlich macht. Vor dem Hintergrund solcher feministischen Beiträge und auch der Vielfalt ihrer konkreten Formen kann durchaus von einem achten Bezugs- und Schwerpunkt für die dekolonialistischen Ansätze gesprochen werden. Daher wird der dekolonialistischen Geschlechtertheorie auch ein eigenes Kapitel in diesem Buch gewidmet.

Diese genealogischen Herleitungen mit ihren acht Schwerpunkten sind eine Setzung, deren Plausibilität sich im Folgenden erweisen wird. Aber sie ist sicherlich nicht unumstritten.[30] Als sich Ende der 1990er-Jahre die Gruppe modernity/coloniality als transnationales Forschungsnetzwerk[31] zusammenfand – mehr dazu in Kapitel 2 –, griff es auf die genannten Strömungen zurück, nahm aber bereits deutliche Abgrenzungen vor, vor allem zu den Postcolonial Studies. Mittlerweile wird auch dieses Forschungsnetzwerk, dessen Vertreter*innen häufig an US-amerikanischen Universitäten arbeiten, selbst als Form eines »akademischen Kolonialismus«[32] kritisiert, das die Wissensproduktion der Subalternen, aber auch die Geschichte der antikolonialen Kämpfe in Lateinamerika ausblende. Wenn hier also von dekolonialistischer Theorie die Rede ist, geht es nicht allein um die Arbeiten der Mitglieder des besagten Forschungsnetzwerks, sondern auch um die Kritik, die an ihnen formuliert wurde. Es geht also letztlich um ein ganzes Feld von theoretischen wie auch praktischen Interventionen in die Auseinandersetzung um die Folgewirkungen des Kolonialismus und die Frage, was gegen sie zu unternehmen ist. Die Arbeit der modernity/coloniality-Gruppe ist mittlerweile durch viele, auch nicht rein akademische Arbeiten und Untersuchungen ebenso wie durch weitere Forschungsnetzwerke ergänzt und erweitert worden, für die etwa die in Caracas situierte »Es-

---

30 Walter D. Mignolo etwa bezieht sich bei einer aktuellen Grundlegung der dekolonialistischen Theorie auf alle möglichen Vorläufer*innen, zu denen er M.K. Gandhi ebenso zählt wie den südafrikanischen Black-Consciousness-Aktivisten Steve Biko. Die Protagonist*innen der postkolonialistischen Theorie – allen voran Gayatri C. Spivak, Homi K. Bhabha und Edward Said – werden in dieser Genealogie ebenso wie im gesamten Buch nicht erwähnt. Auch grenzt Mignolo sich stark vom Marxismus ab. Beide Abgrenzungen halte ich für wissenschaftsstrategische Positionierungen Mignolos, die sich inhaltlich nicht plausibilisieren lassen – wie sich in diesem Buch zeigen wird.

31 Zusammenfassend vgl. Pablo Quintero und Sebastian Garbe (Hg.): *Kolonialität der Macht. De/Koloniale Konflikte: zwischen Theorie und Praxis*. Münster: Unrast Verlag 2013.

32 Claudia Zapata Silva: »El giro decolonial. Consideraciones críticas desde América Latina«. In: *Pléyade* 21, Januar-Juni 2018, S. 49–71, hier S. 64.

cuela Internacional de Formación Ecosocialista y Pensamiento Crítico Descolonial Nuestramericano« (»Internationale Schule für ökosozialistische Ausbildung und (unser-)lateinamerikanisch kritisch-dekolonialistisches Denken«) nur ein Beispiel ist.[33]

All die Ansätze, die hier und im Folgenden also zugleich verkürzend und verallgemeinernd als dekolonialistische Theorie bezeichnet werden, teilen zwei wesentliche Anliegen: Erstens sind sie angetreten, die Folgen und Effekte des Kolonialismus zu beschreiben und zu verstehen. Auf den Begriff gebracht, werden diese Folgen und Effekte nach dem Ende der militärisch-politischen Besatzung »Kolonialität«[34] genannt – ein Begriff, den der peruanische Soziologe Aníbal Quijano (1928–2018) geprägt hat. Die Kolonialität ist das Weiterwirken kolonialer Denk- und Wahrnehmungsweisen auch nach dem Ende politisch-militärischer Kolonialherrschaft. Sie schafft und reproduziert sozial wirksame Klassifizierungen und prädisponiert gesellschaftliche Konflikte. Kolonialität, so die grundlegende These, prägt nicht nur die Denk- und Wahrnehmungsweisen der Menschen in den ehemals kolonisierten Ländern, sondern sie erweist sich auch als das Fundament für die globale Arbeitsteilung bis in die Gegenwart hinein. Insofern sie das Augenmerk auf die koloniale Grundlage aller modernen Gesellschaften legt, füllt die dekolonialistische Theorie auch eine Lücke, die für den sozialwissenschaftlichen Mainstream bis heute konstitutiv ist. Denn die Diskussion über die Beschaffenheit der Moderne und ihre Effekte, die im (deutschsprachigen) sozialwissenschaftlichen Mainstream geführt wird, kommt nach wie vor ohne nennenswerte Hinweise auf die Rolle des Kolonialismus aus – das gilt für die Entwürfe von Jürgen Habermas[35] und Armin Nassehi[36] ebenso wie für die neueren Ansätze von Hartmut Rosa[37]

33 Vgl. zuletzt den Band von José Romero-Lascano (Hg.): *Encuentros descoloniales. Memorias de la primera Escuela de Pensamiento Descolonial Nuestramericano*. Caracas: El Perro y La Rana 2018.

34 Aníbal Quijano: *Kolonialität der Macht, Eurozentrismus und Lateinamerika*. Wien/Berlin: Verlag Turia & Kant 2016, S. 31 ff.

35 Jürgen Habermas: *Der philosophische Diskurs der Moderne. Zwölf Vorlesungen*. Frankfurt am Main: Suhrkamp Verlag 1985.

36 Armin Nassehi: *Der soziologische Diskurs der Moderne*. Frankfurt am Main: Suhrkamp Verlag 2009.

37 Hartmut Rosa: *Resonanz. Eine Soziologie der Weltbeziehung*. Berlin: Suhrkamp Verlag 2018.

und Andreas Reckwitz[38]. Die sozial- und kulturtheoretische Bedeutung der dekolonialistischen Theorie wird vielleicht erst deutlich, wenn sie mit diesen gesellschaftstheoretischen Ansätzen in Beziehung gesetzt wird.

Zweitens haben sich die dekolonialistischen Ansätze konstituiert, um die von ihnen beschriebenen Effekte des Kolonialismus zu lindern oder gar abzuschaffen, sie wollen also selbst dekolonisierend wirken. Damit wird einerseits eines der fundamentalen Anliegen aller kritischen Theorie reaktiviert: mittels der eigenen Tätigkeit in den behandelten Gegenstandsbereich auch eingreifen zu wollen. Dieser Anspruch, die beschriebenen Gesellschaften mittels und/oder durch die Beschreibung auch zu verändern oder Veränderungen dadurch anzustoßen, teilen die dekolonialistischen Ansätze mit der Kritischen Theorie, dem linken Poststrukturalismus, der Kultur- und Sozialtheorie Pierre Bourdieus und anderen.

Andererseits wird dieses Anliegen aber auch historisch und geografisch verortet: Die konkreten Ausgangspunkte von Theoriebildung und Wissensproduktion werden nicht nur benannt, sondern auch als entscheidend für die inhaltliche Ausrichtung angesehen. Damit verbunden ist der Anspruch, andere als vom ›Westen‹ – zur Problematik eines solch vereinheitlichenden Konzepts später – entwickelte Grundlagen des Denkens und der Erkenntnis zu entwickeln. Es bedarf demnach, um die Kolonialität offenzulegen und gegen sie anzugehen, nicht nur eines »epistemischen Ungehorsams« (Walter D. Mignolo), sondern auch einer »Epistemologie des Südens« (Boaventura de Sousa Santos), die sich gegen ein eurozentrisches Verständnis von Wissen und Wissensproduktion richtet.

Diese interventionistische Haltung äußert sich, so eine der hier vertretenen Thesen, in drei wesentlichen Strategien: Die Dekolonisierung kann erstens als Praxis des delinking (Entkoppelung) verstanden werden – ein Begriff, den unter anderem Walter D. Mignolo vom ägyptisch-französischen Politökonomen Samir Amin (1931–2018) aufgegriffen hat. Damit soll eine Abkehr von ›westlichem‹ Denken vollzogen und eine Hinwendung zu pluriversalen Konzepten erreicht werden. Zweitens kann Dekolonisierung in Formen des uneindeutigen »Grenzdenkens« (Gloria Anzaldúa) münden, das die Klassifizierung als zentrales Problem ansieht und daher starre bzw. essenzialistische identitäre Zuschreibungen zu unterlaufen versucht. Drittens kann aber auch der Kampf um die Aufwertung und Anerkennung

38 Andreas Reckwitz: *Die Gesellschaft der Singularitäten. Zum Strukturwandel der Moderne.* Berlin: Suhrkamp 2019.

des bisher Unterdrückten und Ausgeschlossenen die Agenda der Dekolonisierung bestimmen – von Enrique Dussel in die Formel der »Bejahung des Anderen *als anderer*«[39] gebracht – und eine Schlussfolgerung dekolonialistischer Anliegen sein.

Dekolonialistische Theorie wird hier als transnationalistische, transdisziplinäre und transversale Wissensproduktion verstanden. Transnationalistisch ist sie, weil sie Kolonialismen und ihre Effekte als transnationales Phänomen begreift und in ihren Studien bemüht ist, den vielfach kritisierten methodologischen Nationalismus der Sozialwissenschaften, der Gesellschaft als nationale Einheit denkt, zu vermeiden. Es ergäbe demnach wenig Sinn, von ›bolivianischer‹ oder ›mexikanischer‹ dekolonialistischer Theorie zu reden, auch wenn Forscher*innen in diesen Ländern leben und Fallstudien durchaus konkrete, regionale Gegenstandsbereiche haben. Transdisziplinär ist die dekolonialistische Theorie insofern, als sie neben soziologischen, philosophischen und theologischen auch politik- und literaturwissenschaftliche Ausgangs- und Schwerpunkte hat. Diese überlagern und überkreuzen sich häufig. Als transversal lässt sich die dekolonialistische Theorie insofern beschreiben, als sie nicht nur disziplinenübergreifend agiert, sondern auch jenseits wissenschaftlicher und akademischer Theorie und Forschung agiert, also quer dazu liegt und Akteur*innen aus den sozialen Bewegungen ebenso einbezieht wie alltägliche Praktiken, und zwar nicht nur als Gegenstand, sondern als eigenständige Wissensproduzent*innen.

Um ein Panorama dessen zu entwerfen, was dekolonialistische Theorie derzeit auszeichnet, habe ich mich für eine Herangehensweise entschieden, die sich nicht im engeren Sinne an Personen und ihren Positionierungen ausrichtet, sondern die sich entlang von inhaltlichen Fragestellungen entwickelt. Damit soll zugleich ein systematischer wie auch ein undogmatischer Zugang gewährleistet sein. Undogmatisch ist dieser Zugang in dem Sinne, als dass bestehenden Zuordnungen – wer gehört dazu, wer nicht – nicht unbedingt gefolgt wird (so teile ich etwa nicht das anti-marxistische Dogma Mignolos und auch nicht die dogmatische Abgrenzung gegenüber der postkolonialistischen Theorie vieler anderer). In der Diskussion der zentralen

39 Enrique Dussel: *Der Gegendiskurs der Moderne. Kölner Vorlesungen.* Wien/Berlin: Verlag Turia + Kant 2013a, S. 122 f.

Fragen sollen jeweils auch die Abgrenzungen und Anwendungen der oben genannten acht Vorläufer*innen herausgearbeitet werden.

Die Fragen sind die Folgenden:

Kapitel 1. Klasse und Klassifizierung. Zur Entstehung der dekolonialistischen Theorie aus den Debatten innerhalb des Marxismus: Inwiefern entwickelt sich die dekolonialistische Theorie aus den marxistischen Debatten heraus? Welches waren die entscheidenden Konzepte und Begriffe, aus denen heraus ein dekolonialistischer Standpunkt sich entwickelte? Wie wurde das Konzept der Klasse erweitert (begrifflich in Richtung Klassifikation, konzeptuell um race und gender)? An welchen marxistischen Traditionslinien wurde angeknüpft, welche Rolle spielen etwa die dependenztheoretischen Debatten, welche die Kritische Theorie?

Probleme einer Übersetzung. Exkurs zum pueblo: Ständige Referenz in den Diskursen der lateinamerikanischen Linken wie auch der dekolonialistischen Theorie ist el pueblo – das Volk. Aber welche Konnotation des Wortes führt zu dieser Bezugnahme und wie unterscheidet sich das pueblo im Spanischen vom Volk im Deutschen? Sind die Probleme mit dem Hinweis auf die unterschiedliche Verwendungsweise des Begriffes aus der Welt geschafft?

Kapitel 2. Der dekolonialistische Diskurs der Moderne: Wenn es als eine der wesentlichen Errungenschaften der dekolonialistischen Theorie betrachtet werden kann, die Kolonialität als Schattenseite der Moderne benannt zu haben, welche Moderne ist dann eigentlich gemeint? Wie greifen Moderne als zeitdiagnostische Signatur von technologischem, politischem, sozialem und kulturellem Fortschritt und Moderne als philosophischer Diskurs von Aufklärung, Emanzipation, Subjektivierung usw. ineinander? Wohin führt die dekolonialistische Kritik?

Kapitel 3. Eurozentrismus und epistemische Brüche: Einer der zentralen Einsätze der dekolonialistischen Ansätze ist die Verschiebung von Fragen ökonomischer Abhängigkeit hin zu Fragen epistemischer Hegemonie oder »epistemischer Gewalt« (Spivak). Warum ist der Fokus auf Epistemologie so wichtig und wieso nimmt er in der Auseinandersetzung mit der Kolonialität einen zentralen Stellenwert ein? Ist die »epistemische Gewalt«, die die *post*kolonialistische Theorie ausgemacht hatte, eine andere als die, gegen die Mignolo den »epistemischen Ungehorsam« proben will? Wenn mit der epistemischen Gewalt gebrochen werden kann und soll, wie sehen diese Brüche aus und wer führt sie durch, wer sind also ihre Träger*innen? Soziale Bewegungen oder indigene Bevölkerungsgruppen oder andere? Ist eine dekolonialistische *Theorie* nicht ein Widerspruch in sich, weil Theorie immer ›westliches Denken‹ ist? Was bedeutet »Epistemologie des Südens« (de Sousa Santos)?

Kapitel 4. »Wir sind keine Töchter der Aufklärung«. Kolonialismus, Geschlecht und die Rolle des Feminismus in der dekolonialistischen Theorie: Wie konzeptualisiert die dekolonialistische Theorie die Geschlechterverhältnisse? Welche Anleihen an den und welche Abgrenzungen zum ›westlichen‹ Feminismus gibt es, der auch von (nicht im Kontext dekolonialistischer Ansätze argumentierenden) Schwarzen Feministinnen schon als weiß, mittelschichtsbezogen und europäisch kritisiert wurde? Wie stehen die Klassifizierungen nach Ethnizitäten und jene nach Sexualitäten und Geschlechtern zueinander in Beziehung? Ist die dekolonialistische Theorie eine feministische Theorie? Was ist feminismo comunitario?

Kapitel 5. Konsequenzen dekolonialistischer Analyse: delinking, Bejahung des Anderen, border thinking: Welche Konsequenzen werden aus der Analyse der Kolonialität als Schattenseite der Moderne gezogen? Es sind drei Konzepte auszumachen, die immer wieder auftauchen und aufgegriffen werden: Was ist delinking, was ist border thinking, was ist die Bejahung der Anderen? Welche theoretischen Implikationen werden mit diesen Konzepten transportiert und verfochten? Welche Praxisformen entstehen aus diesen Konzepten? Welche Strategie ermöglicht die beste Dekolonisierungspraxis? Handelt es sich um falsche Alternativen?

»Wir sind das Ergebnis von 500 Jahren Kampf«. Exkurs zum Zapatismus: Die soziale Bewegung des Zapatismus spielt in vielen Texten dekolonialistischer Theoretiker*innen eine große Rolle – warum eigentlich?

Kapitel 6. Dekolonisierung als Praxis: Welche Rolle spielt die Praxis (gegenüber der Theorie) und was ist damit gemeint? Inwiefern wird die Praxis zum Maßstab für die Theorie? Ist die Unterscheidung von Dekolonisierung (als staatlich getragener Prozess) und Dekolonialität (als von unten organisiert) triftig? Welche Rolle spielen Strukturen? Welche Rolle nehmen soziale Bewegungen in Theorie und Forschung ein? Wieso ist der

Praxisbegriff so zentral? Welche Probleme bringt die starke Fokussierung auf (außerakademische) Praxis mit sich?

Während der Aufschwung dekolonialistischer Ansätze in Forschung, Theorie und Politik der Gegenwart kaum zu bezweifeln ist, mehren sich auch die Kritikpunkte an ihnen: So wird an der dekolonialistischen Theorie beispielsweise ihre Tendenz zur Vereinheitlichung sehr unterschiedlicher geopolitischer Situationen bemängelt, die mit dem Anspruch der dekolonialistischen Theorie auf Pluriversalität und Dezentralität durchaus in Spannung, wenn nicht in Widerspruch gerät. Die Besonderheiten von etwa karibischen im Gegensatz zu kontinentalen Gesellschaften oder von jenen Gesellschaften mit einem hohen Anteil indigener Bevölkerungsgruppen und jenen, in denen dieser Anteil sehr niedrig ist, werden häufig unterschlagen und verwischt, wenn von Lateinamerika bzw. Abya Yala als identitätsstiftende Einheit ausgegangen wird. Darüber hinaus und daran anschließend wird die Verabsolutierung von Differenz kritisiert, die kulturtheoretische Errungenschaften vergangener Jahrzehnte, wie etwa die antirassistisch motivierte Wendung gegen Essenzialismen aller Art negiert bzw. zurückschraubt.[40]

Schließlich und nicht zuletzt wird auch der Antisemitismus, der beispielsweise in der Einschätzung von Israel als kolonialem Staat zum Ausdruck kommt, kritisiert.[41] Damit einher geht auch die Kritik an unreflektierten Bezugnahmen auf den politisierten Islam. Mignolo etwa bezieht sich im Kontext seiner Moderne-Kritik mehrmals positiv auf den ägyptischen Theoretiker Sayyid Qutb, ohne dessen offen antisemitische und jihadistische Positionen auch nur zu erwähnen. Auch wenn hier nicht davon ausgegangen wird, dass antisemitische Positionierungen eine logische Konsequenz der Moderne-Kritik sind, so erscheint es doch dringlich geboten, sie zu benennen und zu kritisieren. Die Kritik an der Moderne-Kritik der dekolonialistischen Ansätze wird im Anschluss an das Kapitel zur Moderne ausgeführt.

40 Vgl. Jeff Browitt: »La teoría decolonial: buscando la identidad en el mercado académico«. In: *Cuadernos de Literatura*, Vol. XIII, No. 36, Julio–Diciembre 2014, S. 25–46.

41 Vgl. Julia Edthofer: »Israel as Neo-Colonial Signifier?: Challenging De-Colonial Anti-Zionism«. In: *Journal for the Study of Antisemitism*, Vol. 7, Issue #2 2015, Wien, S. 31–51.

Solche und andere Kritiken werden im Folgenden referiert, sie fließen in den darstellenden Text ein. Darüber hinaus werden aber auch meine eigenen Kritikpunkt als solche ausgewiesen. Besonders hervorzuheben ist dabei jene an der Vermischung von analytischen und politischen, von deskriptiven und normativen Positionen in Bezug auf die stärker in den Fokus gerückten marginalisierten und/oder subalternen Bevölkerungsgruppen und damit zusammenhängend in Bezug auf die Kategorie ›Volk‹. Weil sie, kurz gesagt, im analytischen Sinne für Politik »offensichtlich unentbehrlich«[42] ist, wie Enrique Dussel richtig schreibt, wird die Kategorie ›Volk‹ positiv aufgeladen und als dekolonialistischer Akteur gedacht. Diese Schlussfolgerung aber, aufgrund der analytischen Unentbehrlichkeit eine politisch positive Rolle in Bezug auf gesellschaftliche Transformationen nahezulegen, erscheint mir höchst problematisch. Denn sie vereinheitlicht und legt inhaltlich fest, was letztlich erst Ergebnis analytisch-empirischer Untersuchung sein müsste. Solch positive Zuschreibungen an das ›Volk‹ und/oder die Subalternen und/oder die Marginalisierten als emanzipatorische Akteur*innen sind jedoch kein Spezifikum der dekolonialistischen Ansätze: Sie ziehen sich, so eine der hier vertretenen Thesen, vom antiimperialistischen Diskurs über die Latin American Subaltern Studies bis in die Diskurse der Gegenwart. Die deutlichen Spuren, die der Antiimperialismus in der dekolonialistischen Theorie hinterlassen hat, werden daher auch immer wieder Thema in dieser Einführung sein. Hinsichtlich der Latin American Subaltern Studies kommt diese doppelte Problematik, zu vereinheitlichen und dabei politisch zuzuschreiben, etwa in Rodriguez' Beschreibung einer *subaltern history* als »to think in ungouvernability as insurrection, disobedience, or indisciplince«[43], paradigmatisch zum Ausdruck. Von subalterner Geschichte oder der Geschichte der Subalternen auf diese Weise zu sprechen, unterstellt eine gewissermaßen subalterne Essenz, die ganz bestimmte Effekte hat, nämlich keine angepassten, disziplinierten Praxisformen zu produzieren. Auch Silvia Rivera Cusicanquis emphatische Beschreibung, »indigene Gesellschaften [sind] selbstverwaltet und antiautoritär«[44], mag sicherlich auch über die Aymara-Gemeinden in Bolivien hinaus, die

42 Enrique Dussel: *20 Thesen zur Politik*. Münster: Lit Verlag 2013b, S. 96.

43 Rodriguez 2001, a.a.O., S. 14.

44 Silvia Rivera Cusicanqui: »Interview« von Sebastian Kalicha und Gabriel Kuhn. In: Sebastian Kalicha und Gabriel Kuhn (Hg.): *Von Jakarta bis Johannisburg. Anarchismus weltweit*. Münster: Unrast Verlag 2010, S. 358–361, hier S. 358.

sie dabei im Blick hat, vielfach zutreffend sein. Verallgemeinerbar ist sie nicht – oder eben nur auf Kosten einer extrem ahistorischen, homogenisierenden Perspektive. Die Kritik an diesen vereinheitlichenden, normativen Zuschreibungen wird immer wieder an konkreten Beispielen ausgeführt und die gesamte Darstellung durchziehen.

Abschließend ist es wohl kaum notwendig zu sagen, dass dieses Buch keinen Anspruch darauf erhebt, ein Feld theoretischer Ansätze oder auch nur eine über viele Jahre und viele geografische Räume hinweg geführte Debatte vollständig abzubilden. Wie jedes Überblickswerk fordert auch dieses dazu heraus, die Lücken und Auslassungen aufzuspüren und zu kritisieren. Das Buch beansprucht allerdings durchaus, einige der zentralen Achsen freizulegen und nachvollziehbar zu machen, entlang derer die Auseinandersetzungen geführt wurden, die sich inzwischen unter dem Label ›dekolonialistische Theorie‹ etabliert haben. Es soll eine Grundlage schaffen, auf der die Rezeption dieser Ansätze, die im deutschsprachigen Raum im Grunde gerade erst begonnen hat, vertieft werden kann.[45]

45 Bezüge zu theoretischen Ansätzen aus Lateinamerika tauchen sporadisch auf in Julia Reuter und Paula-Irene Villa (Hg.): *Postkoloniale Soziologie. Empirische Befunde, theoretische Anschlüsse, politische Intervention*. Bielefeld: Transcript 2010, systematisch und anhand von Fallstudien in Encarnación Gutiérrez Rodríguez, Manuela Boatcă und Sérgio Costa (Hg.): *Decolonizing European Sociology. Transdisciplinary Approaches*. Farnham/Burlington: Ashgate Publishers 2010. Transfers theoretischer und sozialbewegter Debatten finden sich außerdem in Jens Kastner und Tom Waibel (Hg.): *...mit Hilfe der Zeichen | por medio de signos...Transnationalismus, soziale Bewegungen und kulturelle Praktiken in Lateinamerika*. Reihe Atención! Jahrbuch des Österreichischen Lateinamerika-Instituts., Bd. 13. Wien/Münster: Lit Verlag 2009; Pablo Quintero und Sebastian Garbe (Hg.): *Kolonialität der Macht. De/Koloniale Konflikte: zwischen Theorie und Praxis*. Münster: Unrast Verlag 2013, Isabel Exner und Gudrun Rath (Hg.): *Lateinamerikanische Kulturtheorien. Grundlagentexte*. Konstanz: Konstanz University Press 2015 und Rebecca Steger, Marie Ludwig, Julia Brychy, Elisabeth Pütz, Kyra Sell (Hg.): *Subalternativen. Postkoloniale Kritik und dekolonialer Widerstand in Lateinamerika*. Münster: edition assemblage 2016.

1. Klasse und Klassifizierung

Zur Entstehung der dekolonialistischen Theorie aus den Debatten innerhalb des Marxismus

Es ist nicht so, als habe die ›westliche‹ Linke den Kolonialismus aus ihrem Denken, Schreiben und sonstigem Tun völlig ausgeblendet. Bekanntlich hatte sich bereits Karl Marx an verschiedenen Stellen seines Werkes über den Kolonialismus geäußert und ihm wesentliche Bedeutung für die Entstehung des Kapitalismus zugeschrieben: »Die Entdeckung der Gold- und Silberländer in (Süd- und Mittel-)Amerika«, heißt es etwa im *Kapital*, »die Ausrottung, Versklavung und Vergrabung der eingeborenen Bevölkerung in die Bergwerke, die beginnende Eroberung und Ausplünderung von Ostindien, die Verwandlung von Afrika in ein Gehege zur Handelsjagd auf Schwarzhäute bezeichnen die Morgenröte der kapitalistischen Produktionsära«.[46] Er beschreibt diese Prozesse als »Hauptmomente der ursprünglichen Akkumulation«[47]. Der Kolonialismus erscheint bei Marx als Folge einer inneren Notwendigkeit der kapitalistischen Produktionsweise, die auf beständige Ausdehnung drängt. »Die Bourgeoisie reißt durch die Verbesserung aller Produktionsinstrumente, durch die unendlich erleichterten Kommunikationen alle, auch die barbarischsten Nationen in die Zivilisation«, heißt es schon im kommunistischen Manifest.[48] Der Duktus klingt hier wenig anklagend, eher scheinen Marx und Engels eine mehr oder weniger logische Entwicklung zu beschreiben, die schließlich in einer globalisierten Ökonomie mündet. »Die Bourgeoisie«, heißt es kurz vorher, »hat durch ihre Exploitation des Weltmarkts die Produktion und Konsumtion aller Länder kosmopolitisch gestaltet«[49]. An diesem Punkt setzt auch eine erste Kritik aus dekolonialistischer Perspektive an: Marx

46 Karl Marx: *Das Kapital. Kritik der politischen Ökonomie*. In: Ders. und Friedrich Engels: *MEW*. Band 23, Berlin: Dietz Verlag 1962, S. 779.

47 Ebd.

48 Karl Marx und Friedrich Engels: »Manifest der Kommunistischen Partei«. In: Dies.: *Marx Engels Werke*. Band 4, Berlin: Dietz Verlag 1977, S. 458–493, hier S. 66.

49 Ebd.

habe den Kolonialismus bloß als »collateral effect of global European expansion«[50] begriffen, schreibt etwa der kolumbianische Philosoph und Sozialwissenschaftler Santiago Castro-Gómez (* 1958). Der Kolonialismus erscheint dabei nicht nur als misslicher Nebeneffekt, sondern letztlich auch als notwendiger Schritt auf dem Weg des Fortschritts. Für Marx sei der Kolonialismus daher kaum mehr als »the past of modernity«[51] gewesen, und nicht »a constituent of it«[52].

Während Marx zunächst den Kolonialismus als eine Art Nebenfolge der notwendigen geschichtlichen Entwicklung interpretierte, nahm er hinsichtlich der Einschätzung gegenüber der kolonialen Herrschaft und Ausbeutung im Verlauf seiner Arbeit verschiedene Positionen ein. Einer geschichtsphilosophischen und modernisierungstheoretischen Position folgte, wie Stefan Kalmring und Andreas Nowak es formulieren, »eine der Dependenztheorie vorgreifende Haltung bezüglich der externen Umstände einer blockierten kapitalistischen Entwicklung«[53]. Marx betont, dass die Verbreitung der kapitalistischen Produktion zu einer internationalen Arbeitsteilung führen kann, die die kolonisierten Länder benachteilige. »Die beständige ›Überzähligmachung‹ der Arbeiter in den Ländern der großen Industrie befördert treibhausmäßige Auswandrung [sic!] und Kolonisation fremder Länder, die sich in Pflanzstätten für das Rohmaterial des Mutterlands verwandeln«[54], heißt es im *Kapital*. Dominiert durch die landwirtschaftliche Produktionsweise, stehen ihnen die industriellen Zentren gegenüber. Nach Marx sind es demnach eindeutig externe Ursachen – und nicht interne wie die sogenannte asiatische Produktionsweise –, die für die gehemmte Entwicklung und damit auch für die Abhängigkeit der kolonisierten Länder verantwortlich sind. Die ökonomische Abhängigkeit der Länder des globalen Südens von der europäischen Entwicklung

50 Santiago Castro-Gómez: »(Post)Coloniality for Dummies. Latin American Perspectives on Modernity, Coloniality, and the Geopolitics of Knowledge«. In: Mabel Moraña, Enrique Dussel und Carlos A. Járegui (Hg.): *Coloniality at Large. Latin America and the Postcolonial Debate*. Durham & London: Duke University Press 2008, S. 259–285, hier S. 263.

51 Ebd., S. 263.

52 Ebd., S. 264.

53 Stefan Kalmring und Andreas Nowak: »Marx über den Kolonialismus. Kolonialismus und antikolonialer Widerstand als Lernprozess und Erkenntnisbewegung«. In: *Z – Zeitschrift marxistische Erneuerung*, Nr. 85, März 2011, http://www.zeitschrift-marxistische-erneuerung.de/article/47.marx-ueber-den-kolonialismus.html

54 Marx 1962, a.a.O., S. 475.

wurde fortan als eine zentrale Ursache für die globale soziale Ungleichheit betrachtet.

Die ökonomische und soziopolitische Abhängigkeit wurde im entstehenden Antiimperialismus der 1920er-Jahre ein zentraler Fokus der marxistischen Debatten. Der Antiimperialismus ist so etwas wie das »geteilte Imaginäre«[55] verschiedenster linker Theorieansätze, sozialer Bewegungen und Parteidoktrinen, das sich seit dem 19. Jahrhundert über verschiedene geografische Räume hinweg immer wieder neu konstituiert. Dabei ist die inhaltliche Bestimmung des Antiimperialismus nicht leicht, weil schon der Begriff und die Vorstellung von Imperialismus verschiedene Implikationen aufweisen.[56] Es gibt zweifellos eine enge Verbindung zwischen Marxismus und Antiimperialismus, die hier und im Folgenden im Mittelpunkt der Auseinandersetzung steht. Nichtsdestotrotz ist festzuhalten, dass nicht jeder Antiimperialismus zwangsläufig marxistisch und zugleich nicht jeder Marxismus automatisch auch antiimperialistisch war oder ist. Für den hier beschriebenen, marxistischen Kontext sind dabei sowohl ein an W.I. Lenin anschließendes Verständnis vom Imperialismus als höchstem Stadium des Kapitalismus[57] von Bedeutung wie auch eines, das den Imperialismus als Effekt der inneren Tendenz des Kapitalismus selbst begreift, im Zuge derer es zu verstärkten Abhängigkeiten in der globalen Ökonomie kommt. Neben diesen allgemeinen, analytischen Bestimmungen wurde der Imperialismus zudem im politischen Tagesgeschehen kommunistischer Parteien wie auch linker sozialer Bewegungen häufig konkret mit den USA und deren Außenpolitik identifiziert. Die US-Außenpolitik war auf der Grundlage der Monroe-Doktrin[58] gerade in Lateinamerika lange Zeit auf Kontrolle der

---

55 Andrés Kozel, Florencia Grossi und Delfina Moroni: »Introducción«. In: Dies. (Hg.): *El imaginario antiimperialista en América Latina*. Buenos Aires: CLACSO 2015, S. 7–22, hier S. 12.

56 Das *Historisch-kritische Wörterbuch des Marxismus* weist mindestens fünf Positionen zu dem aus, was als Imperialismus begriffen wird, mit zum Teil erheblichen Differenzen. Vgl. Jan Otto Andersson: Imperialismus. In: Historisch-kritisches Wörterbuch des Marxismus, Band 6.I. Hamburg: Argument Verlag 2004, S. 848–864.

57 Vgl. W.I. Lenin: »Der Imperialismus als höchste Stufe des Kapitalismus«. In: Ders.: *Werke*, Band 22. Berlin: Dietz Verlag 1960, S. 189–309.

58 US-Präsidenten James Monroe hatte in einer Rede 1823 die Grundzüge der Außenpolitik der USA festgelegt, die seitdem als Monroe-Doktrin bezeichnet wird. Die Ausrichtung war zunächst auch antikolonial motiviert, richtete sich also gegen den Einfluss der europäischen Staaten in den Amerikas. Die Monroe-Doktrin wurde

ökonomischen und politischen Verhältnisse ausgerichtet. Aus antiimperialistischer Perspektive wurden die USA daher, in den Worten Ernesto Che Guevaras, als der große »Feind des Menschengeschlechts«[59] verstanden und bekämpft.

Bei allen Schwierigkeiten, ihn genauer zu definieren, ist der Antiimperialismus sicherlich auch, wie der Historiker David Mayer herausstellt, »als spezifische Variante der Kritik am und des Widerstands gegen koloniale Herrschaft und/oder postkoloniale Abhängigkeiten«[60] zu verstehen. Damit stellt er auch einen konkreten Entwicklungskontext für die dependenztheoretischen Ansätze der 1960er- und 1970er-Jahre und schließlich für die dekolonialistischen Ansätze dar. Der Antiimperialismus bot laut Mayer eine kognitive Orientierung dafür, sowohl die historischen als auch zeitgenössischen Eigenheiten von Ländern und Regionen zu denken wie auch deren Einbettung in die globalen Strukturen des Kapitalismus. Der Antiimperialismus durchlief verschiedene Phasen, die erste lässt sich historisch spätestens ab dem Spanisch-US-Amerikanischen Krieg 1898 ansetzen (in dem Spanien mit Kuba und Puerto Rico u.a. seine letzten bedeutenden Kolonien verlor). In einer seiner Hochphasen in den 1920er-Jahren, die stark von der Komintern geprägt war, fand der Antiimperialismus seine organisatorische Form u.a. in der Liga Antiimperialista de las Américas (LADLA) (1925–1933).[61] Neben diesem, von den Kommunistischen Parteien geprägten Antiimperialismus, der das Bündnis mit dem Bürgertum suchte und zuweilen nationalistisch ausgerichtet war, entstand auch ein sozialrevolutionärer Antiimperialismus, der sich stärker an den indigenen Lebensweisen und internationalistisch orientierte und für den der oben bereits erwähnte Mariátegui stand.[62]

---

im 20. Jahrhundert aber auch zur Grundlage der US-Interventionen in Mittel- und Südamerika.

59 Ernesto Che Guevara: »Botschaft an die Völker der Welt« [1967]. In: Ders.: *Schriften zum Internationalismus. Ausgewählte Werke in Einzelausgaben, Band 4*. Bonn: Pahl-Rugenstein 2003, 2. Aufl., S. 213–231, hier S. 231.

60 David Mayer: »Mit Marx im Gepäck. Lateinamerikanische Vorläufer im Versuch, (post-)koloniale Bedingungen zu denken.« In: Felix Wemheuer (Hg.): *Marx und der globale Süden*. Köln: PapyRossa Verlag 2016, S. 145–169, hier S. 151.

61 Vgl. etwa Daniel Kersffeld: *Contra el imperio. Historia de la Liga Antiimperialista de las Américas*. México: Siglo XXI 2012.

62 »Wir sind Antiimperialisten, weil wir Marxisten sind, weil wir Revolutionäre sind, weil wir dem Kapitalismus den Sozialismus als antagonistisches System entgegensetzen, das dazu berufen ist, ihn zu überwinden, und weil wir im Kampf gegen die ausländischen Imperialismen unsere solidarische Pflicht gegenüber den revolutio-

Als kognitiver Hintergrund prägte der Antiimperialismus auch die populistische Ära im Lateinamerika der 1930er- und 1940er-Jahre und fungierte so über die Jahrzehnte als eine fast allen linken Politikformen und Theorieansätzen »zugrundeliegende Empfindungsweise«[63]. In den 1960er-Jahren, ausgelöst durch die Kubanische Revolution 1959, erlangten antiimperialistische Haltungen und Strategien erneuten Aufschwung in den sozialen Bewegungen, nicht nur in Lateinamerika. Auch die dependenztheoretischen Debatten, die in diesem Jahrzehnt begannen, wurden zum Teil implizit, zum Teil explizit im Rahmen des Antiimperialismus geführt. Diese kognitive Orientierung am Antiimperialismus kommt beispielsweise auch in einem auf Deutsch erschienenen Band mit einigen dependenztheoretischen Schlüsseltexten zum Ausdruck. In der Einleitung beschreiben Bolívar Echeverría und Horst Kurnitzky die sogenannte Unterentwicklung der lateinamerikanischen Länder als Effekte der imperialen »kapitalistischen Entwicklung auf Weltebene«[64] und wenden sich dann politisch gegen die aus ihrer Sicht bürgerliche Strategie der Kommunistischen Parteien: »Antiimperialistischer Kampf in Lateinamerika«[65] müsse bedeuten, gegen die nationalen Bourgeoisien und nicht im Bündnis mit ihnen gegen den Imperialismus anzutreten. Der antiimperialistische Kontext, die kognitive Orientierung ist hier klar benannt. Nicht zu unterschätzen ist in diesem Zusammenhang auch die Bemerkung, die notwendige Analyse der Klassenstruktur, die diesem Kampf vorausgehen müsse, hätte auch »die Rolle des sogenannten Lumpen- und Subproletariats, von den klassischen marxistischen Analytikern als korrupt und verkommen disqualifiziert, neu zu denken«[66]. Wichtig erscheint diese Stelle deshalb, weil hier die Abkehr oder, je nach Sichtweise, die Erweiterung der Klassenperspektive des orthodoxen Marxismus schon grundgelegt ist, die auf die stärkere Berücksichtigung von indigenen Bevölkerungsgruppen, von Frauen und anderen,

---

nären Massen in Europa erfüllen«, José Carlos Mariátegui: »Antiimperialistischer Gesichtspunkt«. In: Ders.: *Revolution und peruanische Wirklichkeit. Ausgewählte politische Schriften*, hrsg. v. Eleonore von Oertzen. Frankfurt am Main: ISP Verlag 1986b, S. 155–161, hier S. 161.

63 Kozel, Grossi und Moroni 2015, a.a.O., S. 13.

64 Bolívar Echeverría und Horst Kurnitzky: »Vorwort«. In: Dies. (Hg.): *Kritik des bürgerlichen Antiimperialismus. Entwicklung und Unterentwicklung. Acht Analysen zur neuen Revolutionstheorie in Lateinamerika*. Berlin: Wagenbach Verlag 1969, S. 7–13, hier S. 10.

65 Ebd., S. 13.

66 Ebd., S. 11.

ebenfalls Ausbeutung und Diskriminierung erfahrenden Gruppen abzielt und die für die dekolonialistischen Ansätze so wichtig wird. Hier findet sich auch ein anarchistisches Element, insofern schon der Mitbegründer des modernen Anarchismus, Michail Bakunin, »gerade in der armen Landbevölkerung mit ihren bereits vorhandenen Allmende-Strukturen und Autonomie-Idealen eine potenziell revolutionäre Kraft«[67] sah, während Marx und Engels der Landbevölkerung keine emanzipatorischen Potenziale abzugewinnen vermochten. Das analytische Augenmerk auf Ausbeutung und Abhängigkeit des »sogenannten Lumpen- und Subproletariats« wird dabei stets begleitet von dessen normativ-politischer Aufladung. Das heißt, es wird in dieser antiimperialistischen Vorstellung davon ausgegangen, dass Imperialismus und Kolonialismus durch die emanzipatorische »Kraft des Volkes«[68], wie Ernesto Che Guevara es in seinem Text »Taktiken und Strategien der lateinamerikanischen Revolution« Anfang der 1960er-Jahre formuliert hatte, besiegt werden. Das politische Vertrauen in eine solche »Kraft des Volkes« durchzieht die politisch-theoretischen Debatten bis heute.

Eine »neue Interpretation der Unterentwicklung«: Abhängigkeit und die Entstehung der dekolonialistischen Theorie

Die Abhängigkeit jedenfalls wird schließlich in den marxistischen Debatten der 1960er- und 1970er-Jahre zu einem zentralen Topos und u.a. zum namensgebenden Merkmal einer ganzen theoretischen Strömung, der Dependenztheorie – oder genauer, da es sich um keine einheitliche Theorie handelt: der dependenztheoretischen Ansätze. Um die Genese der heutigen dekolonialistischen Ansätze zu verstehen, ist es unabdingbar, sich mit den Debatten – in Theorien, Parteien und Bewegungen – zu beschäftigen, die ihnen vorangingen und sie geprägt haben. Denn eine solche Prägung

67 Daniel Loick: *Anarchismus zur Einführung*. Hamburg: Junius Verlag 2017, S. 168. Loick betont dies explizit im Kontext von Anknüpfungspunkten für eine antikoloniale Politik im klassischen Anarchismus.

68 Ernesto Che Guevara: »Taktiken und Strategien der lateinamerikanischen Revolution« [1962]. In: Bolívar Echeverría und Horst Kurnitzky (Hg.): *Kritik des bürgerlichen Antiimperialismus. Entwicklung und Unterentwicklung. Acht Analysen zur neuen Revolutionstheorie in Lateinamerika*. Berlin: Wagenbach Verlag 1969, S. 132–145, hier S. 145.

manifestiert sich selbst noch in Forderungen nach Ablösung und Entkoppelung, die von Theoretiker*innen erhoben werden, die jeden positiven Zusammenhang von dekolonialistischer Theorie und Marxismus leugnen bzw. abstreiten – wie etwa Walter D. Mignolo. Nicht nur logisch ist schwer zu denken, warum und inwiefern eine Entkoppelung stattfinden sollte, wenn es vorher keine Abhängigkeit gab. Auch begriffsgeschichtlich wird sich zeigen, dass die Idee der Entkoppelung, an die Mignolo anknüpft und die er fordert – »Der dekoloniale Umsturz ist ein Projekt der epistemischen *Entkoppelung* im Bereich des Sozialen«[69] –, deutlich in der Tradition der dependenztheoretischen Diskussion steht.

In jenen Debatten waren die Effekte des Kolonialismus bereits zentrales Thema. In dem weiter oben zitierten Band mit Texten der dependenztheoretischen Auseinandersetzung schrieben etwa Echeverría und Kurnitzky vor rund 50 Jahren gleich zu Beginn: »Seit dem 15. Jahrhundert entwickelte sich mit dem Entstehen des Weltmarktes ein mehr oder weniger kompliziertes System der Ausbeutung zwischen Metropolen und Kolonien.«[70] Ein System wurde hier daraufhin beschrieben, von dessen Fortdauern in verschiedenen Variationen die beiden Autoren – und mit ihnen viele andere – überzeugt waren. Für dessen Verständnis rückten sie den Begriff der Abhängigkeit in den Vordergrund der soziologischen, ökonomischen und politischen Debatten. Es ging um eine »neue Interpretation der Unterentwicklung«[71], die die beiden Autoren im Rahmen der dependenztheoretischen Ansätze forcieren wollten. Diese Neuinterpretation umfasste nicht nur die Benennung einer zwar national vermittelten, aber international stattfindenden Ausbeutung und die oben genannte Neubestimmung der Rolle des »Lumpen- und Subproletariats« im Kampf gegen diese Ausbeutung. Sie betraf auch die Abkehr vom orthodox-marxistischen geschichtsphilosophischen Stufenmodell, nach dem Sklaverei, Feudalismus, Kapitalismus, Sozialismus und schließlich Kommunismus notwendigerweise in dieser Abfolge nacheinander eintreten sollten. Echeverría und Kurnitzky etwa kritisieren dieses Modell als eine bürgerliche »Zwangsvorstellung linearen Geschichtsverlaufes«[72].

69 Mignolo 2012, a.a.O., S. 54.
70 Echeverría/Kurnitzky 1969, a.a.O., S. 7.
71 Ebd., S. 10.
72 Ebd., S. 9.

Der dekolonialistische Theoretiker Ramón Grosfoguel nennt drei wichtige Tendenzen für das Aufkommen der Dependenztheorien:[73] Erstens die Krise der importsubstituierenden Industrialisierung, womit auch die Grundlagen der CEPAL (Comisión Económica para América Latina y el Caribe, Wirtschaftskommission für Lateinamerika und die Karibik) infrage gestellt wurden. Die dependenztheoretischen Ansätze richteten sich also gegen das neo-entwicklungstheoretische Modell der CEPAL, weil es aus ihrer Sicht ein grundsätzlich bestenfalls halbherziges Unterfangen und nicht dazu in der Lage war, die bestehenden Abhängigkeiten einzudämmen. Zweitens führte die Kubanische Revolution 1959 dazu, dass die Feudalismusdoktrin innerhalb der marxistischen Debatten praktisch (erneut) in Zweifel gezogen wurde. Als Feudalismusdoktrin lässt sich, grob gesagt, jene marxistische Position beschreiben, die die Zeitdiagnose vertrat, die Gesellschaften Lateinamerikas befänden sich (noch) im Stadium des Feudalismus. Davon ausgehend traten ihre Vertreter*innen für die politische Strategie einer autochthonen Modernisierung im Bündnis mit dem Bürgertum ein. Paradigmatisch stand etwa der peruanische Politiker und Gründer der Alianza Popular Revolucionaria Americana (APRA), Víctor Raúl Haya de la Torre (1895–1979), für diese Position. Demgegenüber formierte sich bereits in den 1920er-Jahren eine Haltung bzw. Strömung um José Carlos Mariátegui – auf den wir noch ausführlicher zu sprechen kommen –, die für eine sozialrevolutionäre Transformation eintrat, die auch die Anerkennung indigener Traditionen miteinschloss. Diese zweite Position kann auch als Vorläuferin der dependenztheoretischen Ansätze begriffen werden. Denn auch die dependenztheoretischen Ansätze wandten sich, wie oben bereits angeklungen, gegen den (feudalismusdoktrinären) orthodoxen Marxismus der Kommunistischen Parteien.[74] Nicht mehr das Industrieproletariat, sondern eher die bäuerlichen und indigenen Bevölkerungsgruppen (eben das sogenannte Lumpen- und Subproletariat) stehen hier im Fokus und hinsichtlich der

73 Grosfoguel 2008, a.a.O.

74 Grosfoguel wirft der Dependenztheorie eine »feudalmanía«, eine Feudalismusversessenheit vor, die er auch historisch herleitet: Die Feudalismusversessenheit habe die Abwertung indigener Lebensweisen, die auch von den antikolonialen kreolischen Eliten betrieben wurde, fortgesetzt und habe damit zur Legitimierung von Abhängigkeit beigetragen. Er wirft auch historisch sowohl Víctor Raúl Haya de la Torre als auch José Carlos Mariátegui diese »feudalmanía« vor, was meines Erachtens im Falle Mariáteguis falsch ist. Mariátegui hält er aber immerhin »the first Latin American attempt to break with the denial of coevalness within the Marxist tradition« zugute, ebd., S. 315.

politischen Strategie wird auf deren Erhebung (nach Anleitung durch eine revolutionäre Avantgarde) gesetzt statt auf die Allianz mit dem Bürgertum. Drittens führte die Konzentration linker Intellektueller in Santiago de Chile in den 1960er-Jahren zur Entstehung theoretischer Strömungen, die sich gegen die verschiedenen Varianten der Modernisierungstheorie US-amerikanischer Prägung stark machten.[75] Die Modernisierungstheorien hatten die westlichen Industrienationen zum Maßstab für ökonomische, soziale und politische Entwicklung gemacht, der gegenüber die Länder Lateinamerikas, Afrikas und Asiens sich in einem stetigen ›Noch Nicht‹ oder eben in einem Zustand der ›Unterentwicklung‹ befanden.[76]

Das Fortwirken des Kolonialismus in Formen neuer Abhängigkeiten war das zentrale Thema der dependenztheoretischen Ansätze. Andre Gunder Frank (1929–2005), einer der tonangebenden Akteur*innen der dependenztheoretischen Ansätze, schrieb über das späte 19. Jahrhundert in Lateinamerika, dass die »imperialistischen Metropolen [...] sich ihres auswärtigen Handels und des Finanzwesens [bedienten], um die lateinamerikanische Wirtschaft zu durchdringen und das Produktionspotenzial dieser Wirtschaft effizienter und erschöpfender auszunutzen, als die kolonialen Metropolen es je hätten tun können.«[77] Der Kolonialismus wirkte ökonomisch fort, so das Argument, weil es eine globale kapitalistische Kapitalakkumulation gab (und gibt). Während Frank u.a. dieses Fortwirken in seinen sozioökonomischen Strukturen nachzeichnen und analysieren, bleiben die ideologischen und kulturellen Grundlagen dieser Entwicklungen doch stark unterbeleuchtet. Frank etwa tut nach einer kurzen Diskussion Max Webers die These von der Entwicklung des Kapitalismus aus dem Geist der protestantischen

75 Vgl. zusammenfassend auch Fernanda Beigel: »Das Erbe des lateinamerikanischen Dependentismo und die Aktualität des Begriffs der Abhängigkeit.« In: *Journal für Entwicklungspolitik*, Vol. XXXI, 3/2015, S. 11–38.

76 Grosfoguel behauptet über die hier referierte Darstellung hinaus, die Anhänger*innen der Dependenztheorie hätten durch ihren Fokus auf nationalstaatliche Entwicklung im Prinzip den modernisierungstheoretischen Diskurs, gegen den sie sich eigentlich gewendet hatten, reproduziert: »Dependistas reproduced the illusion that rational organization and development could be achieved from the control of the nation-state.«, Grosfoguel 2008, a.a.O., S. 321. Ein Vorwurf, der in dieser Allgemeinheit sicherlich den theoretischen Anstrengungen der Dependenztheorie nicht gerecht wird.

77 Andre Gunder Frank: *Abhängige Akkumulation und Unterentwicklung*. Frankfurt am Main: Suhrkamp Verlag 1980, S. 188.

Ethik ab, weil sie die verschiedenen Verhaltensweisen der Kolonisierten an unterschiedlichen Orten und damit die Unterentwicklung als Ganze »nicht erklären kann«[78]. Frank verwirft mit dem konkreten Inhalt der Weber'schen These (eben die protestantische Ethik) allerdings auch gleich die allgemeine Fragestellung (nach ideologischen und kulturellen Grundlagen der kolonialen Herrschaft).[79]

Hier also setzt die dekolonialistische Theorie an – etwa in der konkreten Form der in der Einleitung erwähnten Kritik von Grosfoguel – und stellt die Frage, wie diese Abhängigkeit und die mit ihr verbundenen, konkreten Herrschaftsverhältnisse sich über die ökonomischen Beziehungen hinaus halten und immer wieder reproduzieren konnten. Um diese kulturellen Faktoren in den Blick zu nehmen, wird also an bestimmten marxistischen Theoriedebatten angeknüpft, indem deren Fragestellungen – Abhängigkeit und Effekte des Kolonialismus nach dessen formalem Ende – auf andere Ebenen verlagert werden: kurz gesagt von der Ökonomie auf die Ebene der Kultur. Auch Castro-Gómez betont im Anschluss an Edward Saïd, dass es sich bei der post- und dekolonialistischen Theorie um eine Intervention in marxistische Debatten handelt, deren blinde Flecken (in Bezug auf den Kolonialismus) herausgearbeitet und erhellt werden, nämlich »the cultural and epistemological dimension of colonialism«[80]. Mit der Ebene der Kultur sind hier allgemeine Denk-, Gefühls- und Wahrnehmungsweisen gemeint. Kultur in diesem Sinne ist der Kontext, in dem Wissensformen und Subjektivitäten hergestellt werden. Auch und gerade auf diesem Gebiet

---

78 Ebd., S. 48.

79 Einen anderen Vorschlag macht Bolívar Echeverría: Auch er kritisiert die These Max Webers, das protestantische, nach Echeverría »realistische Ethos« als einzig relevantes für die Entstehung und Verbreitung des Kapitalismus anzusehen, als unzureichend. Statt deshalb aber die Idee und Bedeutung des Ethos als konkrete »Ausgestaltung menschlichen Verhaltens« ganz zu verwerfen, analysiert er vier »grundlegende Formen von Ethos der kapitalistischen Moderne«, neben dem »realistischen« das »romantische«, das »klassische« und das »barocke« Ethos. Letzteres ist das demnach vor allem in Lateinamerika dominante Ethos, »es hält an dem Anspruch auf die natürlich-gesellschaftliche Lebensform und ihre Gebrauchswerte fest, und zwar obwohl diese dem Kapital und seiner Akkumulation zum Opfer fallen. Es befördert den Widerstand gegen dieses Opfer«, Bolívar Echeverría: »Der barocke Schlüssel Lateinamerikas«. In: Ders.: *Für eine alternative Moderne. Studien zu Krise, Kultur und Mestizaje*. Hamburg: Argument Verlag 2021a, S. 194–205, hier S. 200, 201, 202.

80 Castro-Gómez 2008, a.a.O., S. 264.

war der europäische Kolonialismus wirkmächtig, die kulturelle Ebene war zentral für die »consolidation of European's imperial domain«[81]. Mit dieser Fokusverschiebung vom Ökonomischen hin zum Kulturellen wird zugleich an Stränge marxistischer Debatten angeschlossen, die wiederum den dependenztheoretischen Diskussionen vorausgingen und bereits in den 1920er-Jahren stattgefunden hatten. Gemeint sind etwa die Schriften von Mariátegui und die Debatten, die sich aus ihnen ergaben – und die im Übrigen auch bei Mignolo stark rezipiert werden. Die dependenztheoretischen Ansätze knüpfen also mit ihrem Fokus auf (post-)koloniale Abhängigkeiten bereits an frühere Auseinandersetzungen an.

Die Schriften José Carlos Mariáteguis schließlich finden etwa großen Widerhall in den Arbeiten des peruanischen Soziologen Aníbal Quijano, der auch die dekolonialistische Theorie geprägt hat.[82] Diesem Einfluss Mariáteguis und der theoretischen Weiterentwicklung durch Quijano ist daher der nächste Abschnitt gewidmet. Neben Quijano stellt zudem die Position des argentinisch-mexikanischen Philosophen und Theologen Enrique Dussel eine explizite Verbindung zwischen den 1920er-Jahren, den 1960er-Jahren und der dekolonialistischen Theorie der Gegenwart her. Begriffe wie Kapitalismus und Klasse ebenso wie Herrschaft und Subjekt sind Quijano wie Dussel zufolge ohne ihre ideen- wie auch ereignisgeschichtliche Eingebundenheit in den Kolonialismus gar nicht angemessen zu fassen. Eine gesellschaftstheoretische Analyse kann demnach ohne Blick auf koloniale Muster, die sich als »spezifisches Machtmuster«[83] mit globalen Ausmaßen etablierten, ebenso wenig zufriedenstellen, wie auch politische Strategien nur unzureichend sein können, wenn sie die Geschichte des Kolonialismus und sein Fortwirken nicht in Betracht ziehen.

---

81 Ebd., S. 265.

82 Rita Laura Segato hat den Entstehungskontext von Quijanos Ansatz und seine zentralen Thesen und Errungenschaften ausführlich nachgezeichnet, vgl. Rita Laura Segato: »Aníbal Quijano y la perspectiva de la colonialidad de poder«. In: Dies.: *La Crítica de la Colonialidad en Ocho Esayos. Y una antropología por demanda*. Buenos Aires: Prometeo Libros 2015a, S. 33–67.

83 Quijano 2016, a.a.O., S. 40.

Vom »Vorurteil der Minderwertigkeit« zur »sozialen Klassifikation«

Um Aníbal Quijanos Erneuerung des Verständnisses von Klassen einordnen zu können, ist ein Schritt zurück in die Geschichte der theoretischen Debatte hilfreich. Quijanos Neuerung wird besonders vor dem Hintergrund der theoretischen Interventionen von Mariátegui deutlich. Auch wenn Mariáteguis Werk für Walter D. Mignolo merkwürdigerweise für den »Bruch innerhalb des Marxismus«[84] steht, der aus der Konfrontation mit der andinen Wirklichkeit entstanden sei, gehe ich nicht von einer solchen Fraktur aus. Im Gegenteil, Mariátegui war Zeit seines Lebens darum bemüht, mit Hilfe der marxistischen Theorie die lateinamerikanische Wirklichkeit zu begreifen und die Theorie dabei zu erweitern und zu ergänzen. Von einem Bruch innerhalb des Marxismus kann bezogen auf Mariátegui meines Erachtens nicht die Rede sein. Mariátegui schrieb bis 1919 für verschiedene linke Zeitschriften, er verbrachte die Jahre von 1919 bis 1923 in Europa, wo er hauptsächlich in Italien lebte. Dort heiratete er nicht nur Anna Chiape, sondern wurde auch Zeuge der Fabrikbesetzungen in Turin (1919/20) und der Gründung der Kommunistischen Partei Italiens (1921). In Peru gründete er 1926 die Zeitschrift *Amauta*, an der er bis zu seinem Tod beteiligt war. Nach seinem ideologischen Bruch mit dem Führer der Alianza Popular Revolucionaria Americana (APRA), Víctor Raúl Haya de la Torre, wurde er 1928 Mitbegründer der Partido Socialista de Perú (Sozialistische Partei Perus), gründete neben *Amauta* auch die Zeitschrift *Labor* und 1929 die Gewerkschaft Confederación General de Trabajadores del Perú (Genralkonföderation der Arbeiter Perus).

Mariátegui trug 1929 auf der in Buenos Aires stattfindenden Konferenz der Kommunistischen Parteien Lateinamerikas ein Referat mit dem Titel »Das Problem der Rassen in Lateinamerika« vor. Darin formulierte er unter anderem einen – schon in der Einleitung zu diesem Buch erwähnten – recht banalen Satz, der für die theoretische wie auch für die politische Debatte der Linken erstaunlich folgenreich war: »Der Indio«, heißt es da, »ist in 90 % der Fälle nicht Proletarier, sondern Leibeigener«[85]. Die Andersheit der Indigenen erscheint hier nicht nur als eine der sozialen Stellung. Sondern sie gründet darüber hinaus auf Interpretationsmustern

84 Mignolo 2012, a.a.O., S. 54.

85 Mariátegui 1986a, a.a.O., S. 115.

oder, anders gesagt, auf kulturellen Kodes.[86] Denn, so Mariátegui weiter, es ist das »Vorurteil der Minderwertigkeit der eingeborenen Rasse«, das es dem Kapitalismus ermöglicht, »deren Arbeit bis zum Äußersten auszubeuten« und den Aufbau einer bürgerlichen Gesellschaft, frei »von feudalen Erbmängeln«[87] zu verhindern. Das Problem der ›Rassen‹, oder zeitgemäßer formuliert, die Ein- und Zuteilung in bzw. zu ethnisierten bzw. rassialisierten Bevölkerungsgruppen, ist ein Prozess, der mit dem Innersten der sozialen und ökonomischen Ordnung verwoben ist.

Mariáteguis banal erscheinender Satz interveniert einerseits in die innermarxistischen Debatten der 1920er-Jahre. Er weist auf die besondere ökonomische und soziale Situation Lateinamerikas gegenüber jener in Europa, auf der auch die Grundzüge der marxistischen Theorie basieren, hin. Er zeigt die grundsätzliche Verwobenheit von ›Arbeit‹ und ethnischer Zugehörigkeit auf, die bei Marx und vielen Marxist*innen noch keine oder kaum eine Rolle spielte. Der Klassenantagonismus werde durch die ethnische Zuschreibung noch vertieft, die Fremd- und Selbstzuschreibung be-

---

86 Ich unterscheide analytisch drei Dimensionen von Kultur: erstens Kultur als Konglomerat von Praktiken und Prozessen, die sich den Sinn- und Bedeutungsgebungen widmen, die sowohl im Alltag als auch kulturwissenschaftlich auf je eigene Art zu ›entschlüsseln‹ sind, daher die Rede von kulturellen Kodes. Dieser Kulturbegriff stammt aus der linguistischen Tradition. Allerdings ist es wichtig, bei den Sinn- und Bedeutungsgebungen die Ebene der Praxis, also der tätigen Aneignung zu betonen (was in der Linguistik häufig nicht geschieht). Damit wird Kultur auch als dynamisch und veränderbar konzipiert. Über die temporäre Gültigkeit und Geltung von Sinn- und Bedeutungsgebungen entscheiden gesellschaftliche Kräfteverhältnisse, die mit Pierre Bourdieu als Kapitalverhältnisse zu begreifen sind. Zweitens kann Kultur etwas spezifischer als Konglomerat von Merkmalen und Produkten verstanden werden, die sich auf – empirisch nachgesagte und politisch zugeschriebene – Gemeinsamkeiten einer Gruppe (›Rasse‹ oder ›Ethnie‹) beziehen. Ein solcher Kulturbegriff hebt auch auf gruppenspezifische Normen, Werte und Artefakte ab, die häufig als zeitlich und geografisch stabil konzipiert und genau dafür mittlerweile häufig kritisiert wurden. Die Prozesse von Fremd- und Selbstzuschreibungen werden in dieser ethnologischen Tradition erst ansatzweise und in unterschiedlicher Weise und Wertigkeit in den Blick genommen. Davon abzugrenzen wäre drittens ein (noch spezifischeres) Verständnis von Kultur als innergesellschaftlicher Bereich spezifischer Praktiken mit eigenen Regeln der Wertung, Legitimierung und Anerkennung. Dieses Verständnis von Kultur bezeichnet das, was umgangssprachlich ›Kunst und Kultur‹ genannt wird: Theater, Literatur, Musik etc. Dabei wird schematisch immer noch (wenn auch immer weniger) sogenannte Hochkultur als vom Alltag losgelöste konzipiert bzw. funktionierend beschrieben und von ›popularer‹ Kultur abgegrenzt, die als alltagskompatibel gilt.

87 Mariátegui 1986, a.a.O., S. 115.

günstige »die imperialistische Penetration absolut«[88], d.h. die ethnischen Grenzziehungen verhindern auch das Empfinden von möglichen Gemeinsamkeiten. Mariátegui macht unzweifelhaft deutlich, dass die Vorstellung einer gruppenbezogenen Minderwertigkeit der Indigenen nicht auf Fakten, sondern allein auf rassistische Ressentiments zurückzuführen ist. Sie beruhe auf keiner einzigen Tatsache, »die es Wert wäre, bei einer wissenschaftlichen Behandlung der Frage in Betracht gezogen zu werden«[89]. Ausgehend von seinem Fokus auf die ethnisierte Dimension von Arbeit und Ausbeutung fordert Mariátegui auch politisch-strategische Konsequenzen: Will man die »feudalen Erbmängel« aus einer Gesellschaft verbannen, reichen Klassenanalyse und Klassenkampf nicht aus, auch die ethnisierenden bzw. rassialisierten Zuteilungen müssen angegangen werden.[90]

Andererseits eröffnet sich hier aber noch ein theoretischer Horizont, der weit über die Auseinandersetzung unter marxistischen Theoretiker*innen und kommunistischen Strateg*innen hinausgeht. Die kulturelle Wertung, die Minderwertigkeit und Überlegenheit etabliert und die solch immense Auswirkungen hat, stellt sich bei genauerer Betrachtung nämlich als noch viel grundsätzlicher und systematischer heraus, als sie zunächst scheint. Es ist die Idee von ›Lateinamerika‹ selbst, die am Beginn der besonderen Ausbeutungsverhältnisse steht. Die Benennung eines (Sub-)Kontinents, stellt Walter D. Mignolo in seinem Buch *The Idea of Latin America* (2005) heraus, ist keine natürliche Reaktion auf die Beschaffenheit von Erdplatten, sondern ein machtbasierter, geo-politischer Prozess. Das werde in der Bezeichnung ›Lateinamerika‹ besonders deutlich: Eingesetzt von den französischen Kolonisator*innen und aufgegriffen von den kreolischen Eliten, funktionierte die ›Latinität‹ laut Mignolo in zwei Richtungen gleichzeitig, sie ordnete sich *unter* das Anglo-Amerikanische und *über* die indigenen und afrikanischen Gruppen und Geschichten, die sie (ein weiteres Mal, dieses Mal diskursiv) auslöschte.[91] Es handelt sich um Prozesse, die im

88 Ebd., S. 116.

89 Ebd., S. 117.

90 Mariátegui war allerdings selbst nicht von Zuschreibungen und damit verbundenen negativen Wertungen frei. Bei allem Einsatz für die Indigenen traute er auf der anderen Seite den Schwarzen in Lateinamerika keinen Beitrag zur modernen Gesellschaft zu – worauf u.a. Catherine Walsh hingewiesen hat: »¿Son posibles unas ciencias sociales/culturales otras? Reflexiones en torno a las epistemologías decoloniales.« In: *Nómadas*, No.26, Bogotá, Abril 2007, S. 102–113, hier S. 105.

91 Vgl. Walter D. Mignolo: *The Idea of Latin America*. Malden, MA/Exford/Victoria: Blackwell Publishing 2005, xv.

Zusammenhang mit dem Kolonialismus abgelaufen sind. Die koloniale Ein- und Aufteilung der Welt wird hier also nicht bloß geopolitisch und ökonomisch, sondern auch als kulturelle verstanden, d.h. als eine, die auf der Durchsetzung von Sinn- und Bedeutungsstrukturen beruht und solche kollektiven Denkmuster weiterhin prägt.[92] Die Analyse der sich in Zeichen und Repräsentationsformen verdeutlichenden Denkmuster beruhen, muss im Kontext der Conquista keinesfalls zur Ausblendung ›harter‹ ökonomischer und politischer Fakten führen.[93]

Auf diese langandauernden, bis in die Gegenwart hineinreichenden Effekte der mit der Eroberung in die Wege geleiteten Sinn- und Bedeutungsstrukturen zielen auch die Analysen Aníbal Quijanos.[94] Quijano war bis 1995 Senior Lecturer an der Fakultät für Sozialwissenschaften an der Universidad Nacional Mayor de San Marcos (UNMSM) und ist Autor zahlreicher Bücher zur marxistischen Theorie, zur Lage der Bauern/Bäuerinnen in verschiedenen Ländern Lateinamerikas und zur kolonialen Moderne. Für das Fortwirken kolonialistischer Strukturen – sowohl im kollektiven Denken als auch in der kulturellen Praxis – hat Quijano den Begriff der ›Kolonialität‹ geprägt. Die Kolonialität hat ein neues Machtmuster geprägt, das bis heute die globale soziale Ungleichheit bestimmt. Die Kolonialität der Macht ist nach Quijano das erste globale Machtmuster »in der bekannten Geschichte, das sich tatsächlich auf die ganze Welt ausdehnt.«[95] Diese

92 Insofern der Sinn als Effekt von symbolischer Ordnung und sprachlichen Strukturen begriffen wird, kann auch von einer *poststrukturalistischen* Einsicht gesprochen werden. »Die These, wonach Sinn immer ein Effekt, ein Resultat sprachlicher Strukturen ist, bildet die gemeinsame Überzeugung aller Poststrukturalisten.« Stefan Münker und Alexander Roesler: *Poststrukturalismus*. Stuttgart/Weimar: J.B. Metzler Verlag 2000, S. 29.

93 Tzevetan Todorov hat eindrucksvoll herausgestellt, inwiefern sie die politisch-ökonomischen Erklärungsweisen ergänzen und damit für das Verständnis der Eroberungsprozesse unabdingbar sind. Unumgänglich ist diese Analyseebene der Denkmuster und Repräsentationsformen nicht zuletzt auch deshalb, weil laut Todorov auch die Eroberung Amerikas »unsere gegenwärtige Identität vorgezeichnet und begründet [hat].« Tzvetan Todorov: *Die Eroberung Amerikas. Das Problem des Anderen*. Frankfurt am Main: Suhrkamp Verlag 1985, S. 13.

94 Quijano hat sich immer wieder mit Mariátegui auseinandergesetzt, vgl. insbesondere Aníbal Quijano: »José Carlos Mariátegui: Reencuentro y debate. Prólogo a ›7 ensayos de interpretación de la realidad peruana‹« [1978]. In: Ders.: *Cuestiones y Horizontes. De la Dependencia Histórico-Estructural a la Colonialidad/Descolonialidad del Poder*. Buenos Aires: CLACSO 2014a, S. 331–427.

95 Quijano 2016, a.a.O., S. 52.

Ausdehnung geschah in vierfacher Hinsicht: Erstens sei es das erste Machtmuster, »in dem in jedem Bereich gesellschaftlicher Existenz alle historischen Formen von Kontrolle über die entsprechenden gesellschaftlichen Beziehungen miteinander verbunden sind«[96]. Zweitens sei es das erste Machtmuster, das alle Beziehungen strukturell unter die Herrschaft bzw. die Hegemonie einer bestimmten Institution zwinge (Arbeit – Unternehmen; Geschlechtlichkeit – bürgerliche Kleinfamilie; Ressourcen – Nationalstaat; Intersubjektivität – Eurozentrismus). Drittens bestünden alle diese Institutionen untereinander in Interdependenzverhältnissen und viertens umfassten sie die gesamte Bevölkerung des Planeten.

Die Etablierung dieses Machtmusters zeichnet Quijano in verschiedenen Texten nach. Dabei wird auch der marxistische Bezugsrahmen seiner Argumentation deutlich. Die Kolonialität fußt, wie Quijano in seinem wegweisenden Aufsatz »Colonialidad del poder y clasificación social« (2014 [2000]) schreibt, auf der Durchsetzung einer »rassialisierten/ethnisierten Klassifikation der Weltbevölkerung«[97], die die alltägliche soziale Existenz ebenso bestimmt wie die gesellschaftliche Schichtung. Begriff und Verständnis der Klassifikation beziehen sich bei Quijano weniger auf ethnologische oder anthropologische Konzepte, als vielmehr auf die Diskussion um das Klassenkonzept im Marxismus. Quijano knüpft in seiner Diskussion des Klassenbegriffes explizit an andere (nicht aus Lateinamerika kommende) marxistische Theoretiker wie etwa Edward P. Thompson, Nicos Poulantzas und Erik Olin Wright an. Schließlich bezieht er sich aber vor allem auf Marx' Text »Der achtzehnte Brumaire des Louis Bonaparte«, wenn er den Aspekt der Praxis in der Konstitution von Klassen betont: Klassen entstehen durch »die konkreten Kämpfe konkreter Menschen«, sie seien »weder Strukturen noch Kategorien, die diesen Kämpfen vorausgehen«[98] würden. Die Zugehörigkeit zu einer Klasse leitet sich demnach nicht automatisch aus dem Produktionsprozess oder aus gesellschaftlichen Strukturen ab, sondern sie ist ein Effekt sozialer Kämpfe. Die Produktionsverhältnisse befinden sich nicht außerhalb der Kämpfe der Menschen, sondern seien stets Ergebnisse jener Kämpfe um die Kontrolle über die Arbeit und die

96 Ebd.

97 Aníbal Quijano: »Colonialidad del poder y clasificación social« [2000]. In: Ders.: *Cuestiones y Horizontes. De la Dependencia Histórico-Estructural a la Colonialidad/Descolonialidad del Poder*. Buenos Aires: CLACSO 2014b, S. 285–327, hier S. 285.

98 Ebd., S. 306.

Produktionsmittel. Der Begriff der Klassifikation macht Klasse also zu einem Prozess des Klassifizierens und Klassifiziert-Werdens: »Soziale Klassifizierung«, schreibt Quijano, »bezieht sich auf die Orte und Rollen der Menschen bei der Kontrolle der Arbeit, ihrer Ressourcen (einschließlich der ›Natur‹) und ihrer Produkte; des Geschlechts und seiner Produkte; der Subjektivität und ihrer Produkte (in erster Linie dem Imaginären und dem Wissen); und der Autorität, ihrer Ressourcen und ihrer Produkte«[99]. Die soziale Klassifikation gewährleistet erst die Verteilung von Menschen innerhalb von Machtbeziehungen. Diese soziale Klassifikation geschieht vor allem in den miteinander verschränkten Kategorien Arbeit, Ethnizität und Geschlecht. Sie ist zwar relativ stabil, aber dennoch nicht irgendwann ein für alle Mal installiert, sondern De- und Re-Klassifizierungen ausgesetzt.

Im Kontext des Kolonialismus war nun die ethnisierende bzw. rassialisierende Einteilung der Bevölkerung ein zentrales Instrument dieser Kontrollkämpfe.[100] Die drei wesentlichen, durch die »Kolonialität der Macht« eingesetzten Klassifizierungen seien jene über Arbeit, Geschlecht und »raza«.[101] Eine Kategorie wie ›Rasse‹ im modernen Sinne habe vor

---

99 Ebd., S. 310.

100 Ich verwende die Begriffe ›ethnisiert‹ und ›rassialisiert‹ hier bewusst synonym. Da es keine menschlichen Rassen gibt, gebrauche ich, anders als Quijano, den Begriff ›Rasse‹ nicht, sondern nur den auf Zuschreibungen hinweisenden der ›Rassialisierung‹. Effekte solcher Rassialisierung beschreibe ich demnach nicht als ›Rassen‹, sondern als Ethnizitäten oder ethnische Zugehörigkeiten. Anders als beim Wort ›Rasse‹ kann damit einerseits auf die sozialkonstruktivistische Einsicht rekurriert werden, dass es zur Untersuchung von Ethnizitäten keine vorgelagerten, d.h. jenseits sozialer Konstruktionsprozesse vorhandenen Gruppen geben muss, vgl. Rogers Brubakers: *Ethnizität ohne Gruppen*. Hamburg: Hamburger Edition 2007. Andererseits kann aber der materialistischen Erkenntnis Rechnung getragen werden, dass solche Gruppen in der sozialen Welt sehr effektvoll existieren, d.h. Zuschreibungen mit realen materiellen Auswirkungen sind. Ethnizität ist demnach nicht nur soziale Konstruktion, sondern auch »gewaltgenerierte Existenzweise«, Jens Kastner: »Staat und kulturelle Produktion. Ethnizität als symbolische Klassifikation und gewaltgenerierte Existenzweise.« In: Schultze, Michael, Jörg Meyer, Britta Krause und Dietmar Fricke (Hg.): *Diskurse der Gewalt – Gewalt der Diskurse*. Frankfurt a. M./Berlin/Bern/Brüssel/New York/Oxford/Wien: Peter Lang. Europäischer Verlag der Wissenschaften 2005, S. 113–126.

101 Dabei beschreibt Quijano allerdings Geschlecht (und Alter) als »biologische Attribute«, während Arbeitskraft und Phänotypen soziale Attribute seien, Quijano 2014b, a.a.O., S. 317. Eine Unterscheidung, die von feministischen Thereotikerinnen, die auch Geschlecht als soziale Kategorie ausmachen, kritisiert und zurückgewiesen wurde, siehe Kapitel 4.

der Kolonisierung Amerikas nicht existiert.[102] Auf ihr gegründete soziale Beziehungen haben laut Quijano neue Identitäten geschaffen – Indigene, Schwarze, Mestizen u.a. – und bestehende umdefiniert. Diese wiederum wurden zur Grundlage einer neuen Organisation der Arbeit, die auf der permanenten Instituierung von Überlegenheit und Minderwertigkeit beruht. Diese Ungleichheitsverhältnisse dehnten sich, ausgehend von der Unterscheidung in weiß und nicht-weiß, von Lateinamerika auf die ganze Welt aus. Quijano spricht in diesem Zusammenhang von einem »eurozentrierten Muster«[103] (patrón eurocentrado), das schließlich auch anderswo Anwendung fand. Die Verbreitung dieses, auf ethnifizierter Klassifikation beruhenden Machtmusters war nicht nur die Grundlage für die Neuordnung des Landes und der globalen Arbeitsteilung. Es hatte auch Auswirkungen auf die mentalen Strukturen der Bevölkerungsgruppen: »Die rassialisierte Klassifikation der Bevölkerung und die frühe Assoziation der neuen rassialisierten Identitäten der Kolonisierten mit den unbezahlten, nicht entlohnten Kontrollformen über die Arbeit führte bei Europäern oder Weißen zu der besonderen Wahrnehmung, dass bezahlte Arbeit ein Privileg der Weißen sei«[104]. Diese Wahrnehmung ist zweifellos ein Faktor der Stabilisierung der Herrschaftsverhältnisse. Die bis heute andauernden Effekte der kolonialistischen Aufteilung der Welt und die globale Organisierung der Arbeit seit der Eroberung Lateinamerikas gründen auf dieser hegemonial durchgesetzten Wahrnehmungsweise. Denn die zwischen dem kolonialen Zentrum und der Peripherie differenzierende soziale Klassifikation war der zentrale Mechanismus, um die Akkumulation des Wohlstands des Zentrums zu gewährleisten. Die für diese Akkumulation nützlichste Zuschreibung körperlicher bzw. verkörperter Merkmale wirkt bis heute fort, sie schafft und sichert nach wie vor soziale Hierarchien. Es handelt sich also nicht einfach um verschiedene soziale Einteilungen und Bedeutungsmuster, die nebeneinanderstehen. Es geht um machtbasierte Klassifikati-

102 Wegen der alleinigen Herleitung des modernen Rassismus aus der Geschichte Lateinamerikas – Afrika spielt bei Quijano keine Rolle –, spricht der Historiker David Mayer nicht zu Unrecht davon, dass bei Quijano ein »eigenartiger Kontinentalpatriotismus« zur Anwendung käme, David Mayer: »Rezension: Aníbal Quijano: *Kolonialität der Macht, Eurozentrismus und Lateinamerika*. Wien/Berlin: Turia + Kant 2016.« In: *Peripherie. Ökonomie, Kultur, Politik*, 40. Jg., Nr. 157/158, 1–2/2020, S. 199–201

103 Quijano 2014b, a.a.O., S. 319.

104 Quijano 2016, a.a.O., S. 38.

onen, die unterschiedliche Wertigkeiten und Legitimitäten produzieren. Dass soziale Hierarchien und damit auch Klassenverhältnisse vor dem Hintergrund der Kolonisierung immer auch ethnisch vermittelt sind, hatte zwar bereits Mariátegui betont, diese Ansicht war und ist allerdings unter Marxist*innen in Lateinamerika keinesfalls Konsens. Die Vermittlung von ›indigener Frage‹ und ›Klassenfrage‹ ist nach wie vor umstritten (nicht weniger als ihre jeweiligen Verknüpfungen mit den Kategorien Geschlecht und Sexualität).[105]

Die Matrix der Macht, die der Kolonialismus laut Quijano mit sich gebracht hat, basiert nicht nur auf der Klassifizierung und der daran anschließenden militärischen Unterdrückung der indigenen Bevölkerungen, sondern – wie Santiago Castro-Gómez Quijanos These zusammenfasst – auf dem Versuch, »to radically change their traditional knowledge of the world, to adopt the cognitive horizon of the dominator as their own«[106]. Wegen dieses Phänomens der (unbewussten) Übernahme der kognitiven Strukturen der Unterdrücker*innen spricht Quijano von einer »Kolonialität der Macht«. Ein solches Einwirken auf Wahrnehmungsstrukturen und Epistemologien durch den Kolonialismus wurde auch von Klassiker*innen des Antikolonialismus wie Frantz Fanon schon beschrieben.[107] Dies führt darüber hinaus zu einer von Poststrukturalismus wie dekolonialistischer Theorie gleichermaßen zentral behandelten Frage, nämlich der nach der Möglichkeit von Repräsentation – hier verstanden in der mehrfachen Bedeutung von Darstellen, Vorstellen und Stellvertreten.[108] Können Menschen sich ein positives Bild von sich selbst machen und können sie sich politisch vertreten

105 Georg Grünberg etwa schildert, dass jene linken Anthropolog*innen, die Anfang der 1970er-Jahre die indigenen Forderungen nach Autonomie und Befreiung aufgriffen und dafür auch die kulturelle Identität betonten, von marxistischen Kolleg*innen als »›Primordialisten‹, ›Kulturalisten‹ und ›Essenzialisten‹« beschimpft wurden, vgl. Grünberg 2021, a.a.O., S. 31.

106 Castro-Gómez 2008, a.a.O., S. 281.

107 Vgl. etwa Jens Kastner: »Klassifizierende Blicke, manichäische Welt. Frantz Fanon: ›Schwarze Haut, weiße Masken‹ und ›Die Verdammten dieser Erde‹.« In: Julia Reuter und Alexandra Karentzos (Hg.): *Schlüsselwerke der Postcolonial Studies*. Wiesbaden: VS Verlag 2012, S. 85-95.

108 Johannes Angermüller und Leonie Bellina: »Poststrukturalismus und Postkolonialismus. Jacques Derridas ›Grammatologie‹ sowie Gilles Deleuzes und Félix Guattaris ›Tausend Plateaus‹«. In: Julia Reuter und Alexandra Karentzos (Hg.): *Schlüsselwerke der Postcolonial Studies*. Wiesbaden: VS Verlag für Sozialwissenschaften 2012, S. 27-37.

(lassen), wenn die Mittel und Wege zur Darstellung und Vertretung gar nicht ihre eigenen sind? Während aber viele poststrukturalistische Machtanalysen wie etwa jene Michel Foucaults dabei »die europäische Erfahrung zur Basis ihrer Theoretisierung« machen, wie die Philosophin Montserrat Galceran Huguet betont, »während die Kolonisierung unterschätzt oder vernachlässigt wird«[109], steht sie in der dekolonialistischen Theorie im Zentrum der Theoriebildung.

Einer Theorie der sozialen Klassifikation muss es nach Quijano schließlich darum gehen, »nach der Geschichte, den Bedingungen und Bestimmungen einer bestimmten Verteilung der Machtverhältnisse in einer bestimmten Gesellschaft zu fragen«[110]. Die Prozesse der Einteilung und Zuordnung bei gleichzeitiger Wertung der Klassifikation als Grundlage von sozialer Organisation und von Herrschaft zu beschreiben, eröffnete den Sozialwissenschaften, die sich auch vorher schon mit Ausbeutungs-, Unterdrückungs- und Abhängigkeitsverhältnissen beschäftigt hatten, noch eine neue Dimension: Es handelt sich um die Dimension der Kultur, hier verstanden als Denk- und Wahrnehmungsweisen, oder genauer, als vielschichtige und wirkmächtige Prozesse der Sinn- und Bedeutungsgebungen. Die »eurozentrische Hegemonie in der Kultur der kapitalistischen Welt hat eine mystifizierende Wahrnehmung der Realität erschaffen«, schreibt Quijano, und zwar »sowohl im Zentrum als auch in der kolonialen Peripherie«[111]. Die ›Kolonialität der Macht‹ ist zwar einerseits langwierig und dauerhaft, andererseits aber auch nicht statisch und unveränderbar. Quijano denkt das Soziale in Prozessen und betont insofern auch, dass die »Macht immer im Status des Konfliktes und in Prozessen der Distribution und der Redistribution«[112] existiert, also niemals absolut und unbeweglich ist.

Was Quijanos Begriff der Klassifikation also schließlich zeigen kann, ist erstens, dass soziale Klassen in Kämpfen hergestellt werden, dass diese Genese zweitens zudem mit ethnifizierenden Einteilungen einhergeht und in sie verstrickt ist und dass sie drittens Effekte auf die Selbst- und Fremdwahrnehmungen aller Menschen bis heute hat. Viertens betont Quijano

109 Montserrat Galceran Huguet: *La bárbara Europa. Una mirada desde el postcolonialismo y la descolonialidad*. Madrid: Traficantes del Sueño 2016, S. 233.

110 Quijano 2014b, a.a.O., S. 310.

111 Quijano 2014b, a.a.O., S. 323.

112 Ebd., S. 314.

zudem, dass diese Einteilungen wie Wahrnehmungsformen nie ein für alle Mal festgelegt sind, sondern steten Re- und Deklassifizierungen, d.h. auch widerständig dekolonialistischen Interventionen ausgesetzt sind.

Von der Klasse zum ›Volk‹ (pueblo)

Für Enrique Dussel sind die Kämpfe anders als für Quijano der Existenz der Klassen nachgereiht. Auch Dussel aber entwickelt seine Philosophie der Befreiung teils im Rahmen, teils entlang der marxistischen Theorie. Ähnlich wie Quijano verkörpert Dussel eine Brücke zwischen den Positionen und Debatten der 1960er- und 1970er-Jahre und denen der dekolonialistischen Ansätze. Wie Quijano ist er in den Publikationen und Auseinandersetzungen um die dekolonialistische Theorie der letzten Jahre sehr präsent, seine mehr als dreißig Bücher zu Marx, zu Fragen der Subjektphilosophie und Ethik, zur Theologie und Philosophie der Befreiung verteilen sich aber auf die gesamten vergangenen fünf Jahrzehnte. In Argentinien geboren, promovierte Dussel in Philosophie in Madrid und später noch einmal in Geschichte an der Sorbonne in Paris. Er arbeitete in den 1960er-Jahren auch an der Universität Mainz in Deutschland, kehrte 1967 nach Argentinien zurück, wo er Professor für Kirchengeschichte und Ethik wurde. 1975 ging er ins Exil nach Mexiko, wo er bis heute lebt.

In Bezug auf die Klassenfrage knüpft Dussel zwar einerseits auch, wie Quijano, an die praxistheoretische Tradition innerhalb des Marxismus an und beschreibt Klassen als besondere Form von »gesellschaftlichen Herrschaftsverhältnissen«[113], die immer Effekte von Praxis sind. Allerdings definiert er dann die Klasse relativ statisch als »Gruppe von Personen, die innerhalb des praktisch-produktiven Gesamts der Gesellschaft eine strukturelle Funktion ausübt, welche durch den Produktionsprozess [...], die Arbeitsteilung sowie die Aneignung der Frucht der Arbeit [...] bestimmt wird«[114]. Die Klassen entstehen aus dem Produktionsprozess durch die Ausbeutung, in Dussels theologischer Formulierung sind die Klassen demnach »Frucht der Sünde«[115]. Dass die Kämpfe bei Dussel als nachgereiht betrachtet werden, bedeutet, dass sie nicht wie bei Quijano als konstitutiv

113 Enrique Dussel: *Ethik der Gemeinschaft. Die Befreiung in der Geschichte*. Düsseldorf: Patmos Verlag 1988, S. 89.

114 Ebd.

115 Ebd.

für die Entstehung der Klassen, sondern als Effekt ihrer Existenz gesehen werden. Der Klassenkampf könne als die »Spannungen, Widersprüche und praktischen Zusammenstöße verstanden werden«[116], die sich aus der Existenz der verschiedenen Klassen ergeben – aber da sind die Klassen eben schon da. Die unterdrückten oder »ausgebeuteten Klassen«[117] sind bei Dussel immer Teil einer größeren Menge von Menschen, die er mal die Armen, mal »Jene Ohne-Rechte«[118] und mal »Volk« (pueblo) nennt. Sie rücken viel stärker in den Fokus seiner Theorie als die Kategorie Klasse, was Dussel mit Blick auf die Debatten 1970er-Jahre um die Begriffe ›Klasse‹ und ›Volk‹ (pueblo) wie folgt begründet: Seine Schwerpunktsetzung »sollte zeigen, dass die Kategorie ›Klasse‹ weder die Analyse noch den Horizont der Unterdrückung erschöpft, da es Unterdrückung in Bezug auf Geschlecht, in der Pädagogik, in der Politik (und nicht nur in der Wirtschaft), in den Strukturen des fetischisierten Imaginären, in der Kultur, in der Ökologie, im Rassismus geben kann«[119]. Dussel bezieht sich dabei in *Hacia una Filosofía Política Crítica* auch explizit auf Marx und behauptet, dieser habe den Begriff des Volkes in den *Grundrissen der Kritik der Politischen Ökonomie* selbst in diesem Sinne verwendet. »Die ›Klassen‹ erschöpfen sich in jeder Produktionsweise, das Volk überlebt die ›Klassen‹ (der Sklave, der Diener und der Arbeiter) und hat Beständigkeit, historische Kontinuität. Deshalb muss Marx das ›Wort‹ *Volk* in dem Moment benutzen, in dem die eine Klasse sich auflöst (der Sklave) und die andere noch nicht geboren ist (der Lohnempfänger): Im Interregnum gibt es die ›Armen‹, das ›Volk‹«[120]. Auch durch José Carlos Mariátegui sieht Dussel sich in diesem Punkt bestätigt. Maríateguis Hinweis darauf, dass die Indigenen in Lateinamerika jene Funktion im Klassenkampf einnehmen müssen, die Marx dem Proletariat zugedacht hatte, sieht er als (bis heute gültiges) Argument für die theoretische Unterordnung des Klassenbegriffs.[121]

116 Ebd., S. 174.

117 Enrique Dussel: *Hacia una Filosofía Política Crítica*. Bilbao: Editorial Desclée de Brouwer, S.A. 2001, S. 151.

118 Ebd.

119 Ebd., S. 185.

120 Ebd., S. 188.

121 Vgl. Enrique Dussel: *Materiales para una Política de la Liberación*. Mexico D.F.: Plaza y Valdés Editores 2007, S. 49 ff.

Dussel ist sich durchaus bewusst, dass der Begriff ›Volk‹ auch durch die Herrschenden etwa in Kriegs- und Krisensituationen vereinnahmt werden kann, in denen alle Staatsbürger*innen als ›das Volk‹ erscheinen sollen. Er hält aber dennoch am emphatischen Begriff des Volkes (pueblo) als »der *gemeinschaftliche* Block der Unterdrückten«[122] fest. »Dieser ganze Block – im Sinne Antonio Gramscis – ist das Volk als geschichtliches ›Subjekt‹ eines gesellschaftlichen Gebildes, Landes oder einer Nation«[123]. Diese Festlegung auf einen positiven Volksbegriff hindert Dussel nicht daran, auch in Rechnung zu stellen – wie es in der anti- und dekolonialistischen Theorie von Fanon bis Quijano geschieht –, dass die Beherrschten die Denk- und Wahrnehmungsweise der Herrschenden zuweilen oder gar strukturell übernehmen. Dussel problematisiert durchaus, dass »das Volk die Ideologie und die Kultur der Herrschenden in sich selbst verinnerlicht«[124]. Zugleich aber lässt er keinen Zweifel daran, dass emanzipatorische Praxis und Befreiung »von der Volkskultur aus[geht]«[125]. Wie geht das zusammen? Wie können jene, die sich nur oder vor allem durch die Augen der Herrschenden wahrnehmen können und deren Sichtweisen verinnerlicht haben, aus sich selbst bzw. den ›eigenen‹ kulturellen Praktiken heraus emanzipatorische Perspektiven entwickeln?

Hier kommt der Begriff der Exteriorität ins Spiel, den Dussel an vielen Stellen seiner Philosophie entwickelt. Es sind die alltäglichen Praktiken, in denen sich ›das Volk‹ letztlich von den Herrschenden (und der Übernahme ihrer Weltanschauungen und Denkweisen) löst bzw. lösen kann.

> »Das Volk ist nicht nur der Block der Unterdrückten als *gesellschaftlicher* Block, sondern verfügt zugleich über Gemeinschaftspraktiken. Das sind Praktiken, die es innerhalb des Systems nicht gibt und die von diesem als Kindereien, als nichtexistent, unproduktiv und unnütz betrachtet werden. Als außerhalb des Systems stehende Realität, als *Äußerlichkeit, Exteriorität*, ist das Volk der ›gemeinschaftliche Block‹ der Unterdrückten«[126]

Die Exteriorität wird im Rahmen von Dussels Subjektphilosophie auch als Alterität oder Andersheit beschrieben – ein Strang der Diskussion, der

122 Dussel 1988, a.a.O., S. 91.
123 Ebd.
124 Ebd.
125 Dussel 2013a, a.a.O., S. 148.
126 Dussel 1988, a.a.O., S. 92.

hier jedoch beiseitegelassen werden muss. Aber auch mit der marxistischen Theorie wird der Begriff der Exteriorität erläutert, und zwar als Position der Ausgeschlossenheit aus dem Kapitalismus (etwa durch Sklaverei oder unbezahlte Hausarbeit). Dieses Ausgeschlossen-Sein der Armen macht die »*Exteriorität* ihrer Subjektivitäten – in der marxschen Ökonomie die ›Leiblichkeit der lebendigen Arbeit‹ *vor* der Subsumption durch das Kapital«[127] aus. Aus diesem, der kapitalistischen Durchdringung vorgeordnetem Status, erwächst laut Dussel auch ein Moment der Zurückweisung des Ausgeschlossen-Seins. Exteriorität meint also nicht nur Ausschluss, sondern zugleich auch Ablehnung dieser Positionierung: Die Exteriorität ist ein Ausschluss, der diesen zugleich zurückweist. Der Begriff der Exteriorität verneint, wie Jan Niermann in seiner Rekonstruktion des Dussel'schen Theoriegebäudes zusammenfasst, »die Beziehungskonstellation der Veranschlagung des Anderen, dessen Konstitutierung als Objekt, Verweisungs- und Beurteilungsmaterial«[128]. Die Exteriorität wird dadurch zu einer Verneinung der Verneinung (oder, anders formuliert, zu einem Widerstand gegen den Ausschluss), die dann für Dussel zum Ausgangspunkt für die Befreiung wird. Schließlich wird hier auch die Frage nach den Möglichkeiten des Widerstands gegen die Effekte des Kolonialismus, gegen die ›Kolonialität der Macht‹ gestellt. Dussel beantwortet sie so: »Diese negierte ›Exteriorität‹, diese stets existente und latente Alterität weist auf die Existenz eines unvermuteten kulturellen Reichtums hin, der langsam neu entsteht, wie ein Feuer aus der Glut, die unter dem Meer der jahrhundertealten Asche des Kolonialismus begraben liegt«[129]. Auf eine ähnliche Vorstellung von aufoktroyierten Charakteristika, die abgeschüttelt und durch verschüttete ersetzt werden sollen, appelliert auch Quijano, wenn er die Dekolonisierung der Gesellschaft mit der Aufforderung verbindet, »damit aufzuhören, das zu sein, was wir nicht sind«[130]. Um diesen verschütteten, aber gleichsam unberührten und zu bergenden kulturellen Reichtum zur Grundlage emanzipatorischer Praxis zu machen, muss Dussel jedenfalls die Verinnerlichungen und Affirmationen der (post-)kolonialen Kultur durch die Beherrschten allein der Macht der Herrschenden (und

127 Dussel 2013a, a.a.O., S. 124.

128 Jan Niermann: *Schlingensief und das Operndorf. Analysen der Alterität*. Wiesbaden: Springer VS 2013, S. 205.

129 Dussel, 2013a, a.a.O., S. 166.

130 Quijano 2016, a.a.O., S. 118.

nicht etwa eigenen Vorteilen, partieller Beteiligung, usw.) zuschreiben. Es gelte, jene Menschen, die von der Moderne negiert worden sind (und werden), also die »Opfer der Affirmation ihrer Alterität als Identität in der Exteriorität«[131] für unschuldig zu erklären. Diese Deklaration der Unschuld wiederum eröffne schließlich den Weg zu einer Trans-Moderne. Aber zur Trans-Moderne kommen wir dann im nächsten Kapitel.

Zunächst bleibt festzustellen, dass auch Dussel als zentraler Stichwortgeber der dekolonialistischen Theorie nicht ohne seine Bezüge zum Marxismus zu lesen ist. Auch er arbeitet daran, zentrale Konzepte der marxistischen Theorie auf den lateinamerikanischen Kontext zu beziehen. Dabei zweifelt er an der analytischen wie politischen Tauglichkeit des Klassenbegriffes und setzt an seine Stelle – auch unter Bezugnahme auf Antonio Gramsci – das ›Volk‹ (pueblo). Die Vorstellung des Volkes wird dabei mit jener der Exteriorität verknüpft, woraus sich für Dussel eine neue Perspektive der Erkenntnis ebenso wie der politischen Praxis ergibt, nämlich die Verneinung der Verneinung.

An dieser Stelle entsteht aus meiner Sicht allerdings das Problem einer allzu emphatischen Aufladung des ›Volkes‹ als Akteur der Emanzipation. Die Selbstverständlichkeit, mit der das ›Volk‹ als Träger progressiver gesellschaftlicher Entwicklungen gedacht wird, steht deutlich in der Tradition des Antiimperialismus und seines Vertrauens auf die emanzipatorische »Kraft des Volkes« (Ernesto Che Guevara). Auch wenn Dussel betont, es gelte den Begriff des Volkes als kollektiven politischen Akteur »auf eine neue Weise zu verstehen«[132] und dass diese neue Art und Weise nicht auf substanzielle, ahistorische oder gar biologische Merkmale abziele, bleibt sie doch eindeutig positiv im politisch-emanzipatorischen Sinne. Es kann dann kein reaktionäres Volk geben, weil das Volk in dieser neuen Verständnisweise eine Kategorie ist, die die Einheit aller »im politischen Kampf befindlichen Bewegungen, Klassen, Sektoren usw. umfassen«[133] soll. Die Beispiele der politischen Kämpfe, die Dussel in den *20 Thesen zu Politik* nennt, sind durchwegs links konnotiert (Feminismus, Antirassismus, indigene Bewegungen, Mobilisierungen der Alten und Ausgegrenzten,

131 Dussel 2001, a.a.O., S. 356.
132 Dussel 2013b, S. 96.
133 Ebd., S. 92.

Erwerbslosen, Industriearbeiter*innen, verarmten Bauern und Bäuerinnen, Landlosen u.a.).

Wie in Kapitel 6 noch zu zeigen sein wird, ist diese positive Zuschreibung an die Haltungen und Praktiken der Armen und Ausgebeuteten auch anderen dekolonialistischen Ansätzen eigen. Auch der australische Lateinamerikanist Jeff Browitt hatte an den dekolonialistischen Ansätzen – neben einigem anderen – schon kritisiert, dass ihre ›Kritik‹ vor allem darin bestünde, sich (angeblich) im Einklang mit subalternisierten Gruppen zu befinden und »ihre Erfahrungen und ihre Kosmologien als [in Abgrenzung vom Eurozentrismus, J.K.] besser vorzuschlagen, nur weil sie subalterne sind«[134]. Browitt wirft den dekolonialistischen Theorieansätzen sogar vor, Indigene und Afrodescendientes für ihre Zwecke zu instrumentalisieren, ihre Lebensweisen und politischen Vorstellungen zu vereinheitlichen und einer »Essenzialisierung und [einem] Binarismus«[135] zu unterwerfen. Die diskursive Verschiebung von der Klasse zum ›Volk‹ oder den Subalternen verhindere zudem, so Browitt nicht ganz zu Unrecht, dass die dekolonialistischen Ansätze die »Klassengesellschaft«[136] angemessen in den Blick nehmen könnten. Ohne einen solchen Blickwinkel wären die zweifellos auch von ethnischen Differenzen geprägten, aber doch vielfach von semifeudalen Strukturen gekennzeichneten Realitäten lateinamerikanischer Gesellschaften der Gegenwart nicht zu beschreiben. Die Versuche innerhalb der dekolonialistischen Theorie, den Klassenbegriff auszuweiten – konzeptionell mit der Idee der Klassifikation (Quijano), empirisch-definitorisch auf das ›Volk‹ (Dussel) – kann so gesehen zu dem paradoxen Effekt führen, die realen Klassenverhältnisse aus dem Blick zu verlieren. Den Klassenverhältnissen sollte in der Vielheit der Ausbeutungs- und Unterdrückungsformen schließlich doch ein eigenständiger, wenn auch nicht letztinstanzlicher Stellenwert zugestanden werden.

Am Beispiel von Dussels Auseinandersetzung mit der Kritischen Theorie – selbstverständlich ein weiteres Beispiel für die Verwobenheit der dekolonialistischen Theorie in marxistische Debatten – sollen die theoretischen und politischen Implikationen der emphatischen Verschiebung von der Klasse zum ›Volk‹ noch einmal herausgearbeitet und diskutiert werden.

134 Browitt 2014, a.a.O., S. 44.
135 Ebd., S. 42.
136 Ebd., S. 35.

»Gemeinschaft der Unterdrückten« vs. »Möglichkeit des Konflikts«: Dussel und die Kritische Theorie

Enrique Dussel hat sich mehrfach der Auseinandersetzung mit der Kritischen Theorie gewidmet und die kaum vorhandene Sichtbarkeit, die seine Ausführungen in den Fachpublikationen erhalten haben, scheint auf bittere Art und Weise zu belegen, wie recht Dussel mit seinem Diktum hatte, dass auch im akademischen Diskurs entscheidend ist, »*von wo aus* wir sprechen«[137]. Wäre er nicht ein lateinamerikanischer, sondern deutscher oder US-amerikanischer Intellektueller, hätten seine Anmerkungen vielleicht auch Eingang gefunden in die vielstimmige Literatur zum Thema.[138] Schließlich macht Dussel u.a. auf Unzulänglichkeiten in zentralen Kategorien und Begriffen der Kritischen Theorie wie ›Moderne‹ und ›Totalität‹ aufmerksam, die jeweils ohne einen Blick auf »die Opfer eines weltweiten Systems«[139], nämlich des Kolonialismus, unvollständig bzw. unzureichend konzipiert blieben. Der Blick auf die spezifischen Opfer des Kolonialismus – ausgebeutete Minenarbeiter, versklavte Plantagenarbeiter*innen, in die Prostitution gezwungene indigene Frauen u.v.a. – ist demnach zentral für ein Verständnis globaler Ungleichheit und der Verwerfungen des Kapitalismus, was von den wichtigsten Autor*innen der Kritischen Theorie aber eben nicht berücksichtigt wird. Diese Ausblendung lässt sich durchaus auch als Effekt jener Kolonialität des Wissens begreifen, deren Analyse sich die dekolonialistische Theorie zuwendet. Diese Kolonialität des Wissens hat die Kritische Theorie, wie auch Catherine Walsh betont, relativ unsensibel gemacht für die Existenz »of ›other‹ conceptual and political frameworks, ›other‹ knowledge production, and ›other‹ subjects marked not simply by distinctions of class but by the lived experience of coloniality and the racialized structure it has engendered«[140]. Gerahmt von der Wissenspro-

137 Dussel 2013a, a.a.O., S. 99.

138 Die Philosophin Ruth Sonderegger stellt hier sicherlich eine Ausnahme dar, indem sie den Beitrag Dussels in ihre Rekonstruktion und Erneuerung kritisch-theoretischer Ansprüche inkludiert, vgl. Ruth Sonderegger: *Vom Leben der Kritik. Kritische Praktiken – und die Notwendigkeit ihrer geopolitischen Situierung*. Wien: Zaglossus Verlag 2019, S. 281 ff.

139 Dussel 2013a, a.a.O., S. 103 f.

140 Catherine Walsh: »›Other‹ Knowledges, ›Other‹ Critiques: Reflections on the Politics and Practices of Philosophy and Decoloniality in the ›Other‹ America«. In: *Transmodernity*, Spring 2012, S. 11–27, hier S. 13. Fraglich ist allerdings, ob die Kritik der Kritischen Theorie deshalb nunmehr in Anführungszeichen gesetzt werden sollte, wie Walsh es tut.

duktion der klassischen Moderne und orientiert am marxistischen Fokus auf die Klassenantagonismen, kommen rassialisierte Verhältnisse und Kolonialismen in der Kritischen Theorie tatsächlich kaum vor. Insofern betreffen »die Kritiken an der Kolonialität des Wissens [...] die Autoren der Kritischen Theorie selbst«[141], wie Victor Manuel Andrade Guevara zu Recht schreibt.

Dussel schließt an diese Feststellung der Ausblendung nun eine Konsequenz an, die allerdings an den Ausgangspunkten der Kritischen Theorie vorbeigeht. Die Haltung, die dieser Kritik zugrunde liegt, ist aber geradezu paradigmatisch für die dekolonialistischen Ansätze. Dussels Hinweis darauf, dass es entscheidend sei, »*von wo aus* wir sprechen« – entscheidend für das, was gesagt wird, und entscheidend für die Chance, gehört zu werden – betrifft nicht allein das akademische Feld, sondern die globale Arbeitsteilung ebenso wie die Ökonomie der globalen Öffentlichkeit. Dieser Hinweis auf die Wichtigkeit der Verortung wird von Dussel in einem weiteren argumentatorischen Schritt nicht bloß als eine Infragestellung der wissenschaftlichen Neutralität und als kritischer Zweifel am westlichen Universalismus formuliert. Er versucht – und neben ihm tun das viele andere ebenso –, den Ort der Existenz, also der konkreten Lebenswelt der Menschen, zum Ausgangspunkt für Kritik und für (emanzipatorische) politische Praxis zu machen. Kritik und Praxis haben demnach ihre Grundlage in der Materialität der Ausgebeuteten und Diskriminierten. Diese Kritik soll von allen ausgegrenzten Praktiken ausgehen, die im herrschenden System »als nichtexistent, unproduktiv und unnütz betrachtet werden«[142], in dem also, was Dussel die Exteriorität nennt. Ihre Verneinung durch das System oder durch den hegemonialen Diskurs wird zum Ausgangspunkt für Kritik und Praxis. Hier findet sie ihr neues Außerhalb und hier (be-)gründet sich in Dussels Vorstellung eine kritische »Gemeinschaft der Unterdrückten«[143]. Damit wird emanzipatorischer Kritik und Praxis ein bestimmter Ausgangs- und Standort zugeschrieben, nämlich derjenige erfahrener Unterdrückung und Ausbeutung.

---

141 Victor Manuel Andrade Guevara: »La Teoría Crítica y el pensamiento decolonial: hacia un proyecto emancipatorio post-occidental«. In: *Revista Mexicana de Ciencias Políticas y Sociales*, Nueva Epóca, Año LXV, núm. 238, Januar – April 2020, S. 131–154, hier S. 140.

142 Dussel 1988, a.a.O., S. 92.

143 Dussel 2013a, a.a.O., S. 120.

Aus Dussels Sicht entsteht aus der materiellen und gemeinschaftlichen Grundlage von Kritik und Praxis die Möglichkeit, die Ansprüche der Kritischen Theorie »in einem radikaleren Sinn«[144] zu fassen, als alle drei Generation dieser Strömung es getan hätten. Er wirft der Kritischen Theorie im Umkehrschluss also mangelnde Radikalität vor. Aber genau dieser Vorwurf geht ins Leere: Dussel beansprucht, die Kritische Theorie gewissermaßen zu radikalisieren, indem er die Legitimität von Kritik an vermeintlich gemeinschaftliche materielle Erfahrungen bindet. Dabei verkennt er aber, dass es keineswegs Anzeichen fehlender Radikalität oder Ausdruck eines nicht konsequent zu Ende gegangenen Weges war, die Legitimität von Kritik von der Vorstellung eines gemeinschaftlich erfahrenen Leidens abzukoppeln. Es war der Ausgangspunkt der frühen Kritischen Theorie, sich dagegen zu verwahren, eine bestimmte soziale Lage und kollektiv erfahrene Ausbeutung und Diskriminierung zur notwendigen Voraussetzung für berechtigte Kritik zu machen. Legitime Gesellschaftskritik und Ausgebeutetsein wurden voneinander entkoppelt. Diese Position war gerade nicht, wie Dussel der frühen Kritischen Theorie vorwirft, mangelnder Radikalität oder einem Intellektualismus geschuldet, der sich vom materiellen Leid abgewendet habe. Im Gegenteil, es war ein bewusstes – und für die Kritische Theorie paradigmatisches – Statement, als Max Horkheimer in seinem wegweisenden Aufsatz »Traditionelle und kritische Theorie« (1937) schrieb, eine auf die Abschaffung von Unrecht und Leid ausgerichtete Theorie könne sich durchaus im Gegensatz zu Ansichten befinden, die beim Proletariat – in einer anderen Version des Textes spricht Horkheimer allgemeiner von »den Ausgebeuteten« – gerade vorherrschten. »Ohne die Möglichkeit dieses Konflikts«, schrieb Horkheimer, »bedürfte es keiner Theorie«.[145] Die Bodenlosigkeit der Kritik, die sich daraus ergibt, wurde von Horkheimer dabei durchaus in Rechnung gestellt und in Kauf genommen. Die Kritische Theorie, schrieb er, könne keine spezifischere Instanz für sich in Anspruch nehmen »als das mit ihr selbst verknüpfte Interesse an der Aufhebung gesellschaftlichen Unrechts.«[146]

---

144 Ebd.

145 Max Horkheimer: »Traditionelle und kritische Theorie« [1937]. In: Ders.: *Traditionelle und kritische Theorie. Fünf Aufsätze.* Frankfurt am Main: S.Fischer Verlag 1992, S. 205–259, hier S. 238.

146 Ebd., S. 259.

Dieser Punkt scheint mir zentral, denn die Dussel'sche Festlegung einer wie auch immer gearteten »Gemeinschaft der Unterdrückten« als einzig legitimen Ausgangspunkt einer verorteten Kritik und Praxis birgt doch große Probleme. Zum einen stellt sich die Frage, worin das Gemeinsame einer solchen Gemeinschaft liegen soll und wie die unzweifelhaft vorhandenen Differenzen in den Lebensweisen wie auch in den Ausbeutungs- und Diskriminierungsformen *theoretisch* in Rechnung gestellt werden sollen. Diese Frage ist auch an Catherine Walshs Vorstellung eines »anderen Wissens« zu richten, das sich ebenfalls als recht einheitlich aus verschiedensten Formen der Marginalisierung zu ergeben scheint. Das »andere Wissen« der »Gemeinschaft der Unterdrückten« wird nicht nur vereinheitlicht, sondern auch inhaltlich vereindeutigt: Es ist immer als emanzipatorisches Wissen gedacht. Damit stellt sich zum anderen auch praktisch das Problem, dass, wer über den Ausgangs- und Standpunkt einer solchen Zugehörigkeit zur »Gemeinschaft der Unterdrückten« nicht verfügt – ich, der Autor dieses Textes zum Beispiel –, als qua (sozialstruktureller, ethnisierter, geschlechtlicher und sexueller) Position nicht berechtigt erscheint, Wort und Praxis der Kritik für sich in Anspruch zu nehmen. Die Zugehörigkeit zur Community wird als entscheidender betrachtet als die Haltung an sich. Damit wird die Möglichkeit von Kritik tendenziell essenzialisiert, also an eine wesenhafte Vorstellung vom Dazugehören geknüpft. Die Ablehnung einer solchen Essenzialisierung, also der Behauptung einer wesensmäßigen Verbindung zwischen Standort der Kritik und kritischem Standpunkt, markierte allerdings schon den Beginn dessen, was uns heute als Kritische Theorie bekannt ist. Es ist nicht mangelnde Radikalität, die die Kritische Theorie eine direkte Verknüpfung von Diskriminierungs- und Ausbeutungserfahrung und emanzipatorischer Praxis (inklusive Kritik) ablehnen ließ, sondern ihr wohlbegründeter Anspruch auf eine auch theoretisch vollzogene Denaturalisierung sozialer Verhältnisse.

Das Problem, die Legitimität des kritischen Standpunkts an die Zugehörigkeit zur Gemeinschaft der Unterdrückten zu binden, wird auch damit nicht gelöst, dass diese so weit wie möglich ausgedehnt wird. Dussel schreibt in den Kölner Vorlesungen, sich selbst zitierend, die Exteriorität sei das Volk selbst und das Projekt der Befreiung müsse dementsprechend »von der Volkskultur aus[gehen]«[147]. Problematisch daran ist nicht nur,

147 Dussel 2013a, a.a.O., S. 148.

dass die Klasse und intersektionale Ausbeutungs- und Diskriminierungskategorien hier durch das tendenziell homogenisierende ›Volk‹ ersetzt werden. Das ist selbst dann noch problematisch, wenn Dussel das Volk als kollektiven politischen Akteur der Befreiung schlechthin verstanden wissen will und explizit nicht als »ein fetischisiertes substantielles ›historisches Subjekt‹«[148]. Denn problematisch ist der von Horkheimer angemahnte und nicht stark genug zu machende Punkt: Ein so verstandenes Volk kann per definitionem dem Projekt der Befreiung nicht entgegenstehen. Die politische Wunschvorstellung prädisponiert damit immer schon die analytische Kategorie. Anders gesagt: Rechte und reaktionäre Tendenzen haben im Begriff des Volkes keinen Platz. Das Volk bei Dussel enthält die Ausgegrenzten und Marginalisierten ebenso wie verschiedene emanzipatorische (und nur emanzipatorische) soziale Bewegungen, die sich im Dialog und durch »gemeinsame militante Praxis«[149] zum Volk konstituieren.

Auch wenn Dussel vor allem lateinamerikanische Gesellschaften im Blick hat, beansprucht er mit seinen Begrifflichkeiten doch, politische Verhältnisse überhaupt zu beschreiben. Dabei muss der emphatische Volksbegriff scheitern. Denn die Volksgemeinschaft des Nationalsozialismus, die ja nicht nur eine ideologische Anrufung war, sondern auch tatsächliche Realität (was nicht heißt, dass es im ›Volk‹ nicht auch Antifaschist*innen gab), lässt sich mit einem solchen Begriff nicht handhaben. Auch die britischen Arbeiter*innen, die, wie von Stuart Hall als äußerst theorierelevant herausgestellt wurde, 1979 in ihrer Mehrheit Thatcher wählten und damit eine Basis für den Aufstieg des Neoliberalismus bildeten, lassen sich dann nicht mehr verstehen.[150] Schließlich müssen auch die österreichischen Arbeiter*innen, die noch heute mehrheitlich FPÖ wählen, aus dem analytischen Blick fallen. Sie alle lassen sich mit dem Ansatz von Dussel nicht fassen, ihre Praxis muss ausgeblendet werden und damit unverstanden bleiben.

148 Dussel 2013b, a.a.O., S. 96.

149 Ebd., S. 93.

150 Vgl. Stuart Hall: »Der Thatcherismus und die Theoretiker«. In: Ders.: *Ideologie. Kultur. Rassismus. Ausgewählte Schriften 1*. Hamburg: Argument Verlag 1989, S. 172–296.

Referenzrahmen oder ›westliches Denken‹? Der umstrittene Marxismus

Die Rolle und Bedeutung des Marxismus für die dekolonialistische Theorie ist umstritten. Mit der Herleitung aktueller Positionen wie jener von Quijano und Dussel aus den marxistischen Debatten sollte gezeigt werden, dass maßgebliche Vertreter dekolonialistischer Ansätze die von Bolívar Echeverría vorgebrachte Ansicht teilen, dass eine kritische Theorie des Kapitalismus ein »privilegierter Ausgangspunkt«[151] für ein Verständnis der kolonialen Moderne ist. Denn die Moderne nicht nur in Lateinamerika ist in einem »oft nicht wahrnehmbaren Dialog mit dem undurchsichtigen Prozess der Entstehung, Konsolidierung und weltweiten Ausbreitung der kapitalistischen Produktionsweise«[152] entstanden.

Dass die dekolonialistischen Ansätze in zentralen Aspekten, wie gezeigt, aus dem Kontext marxistischer Debatten heraus entwickelt wurden und insofern diesen Referenzrahmen ausweiten, sehen aber keineswegs alle ihre Vertreter*innen so. Manche Theoretiker*innen der dekolonialistischen Studien grenzen sich hingegen stark vom Marxismus ab. Der portugiesische Soziologe Boaventura de Sousa Santos (* 1940) etwa merkt an, der Marxismus habe mit der »bürgerlichen westlichen Moderne zu viel gemeinsam«[153] gehabt, um wirklich eine dekolonialistische Option zu sein. Er bezieht sich dabei auf den Fortschrittsglauben einerseits und auf den Glauben an die unbegrenzte Nutzung der Natur andererseits.[154] Walter D. Mignolo schlägt den Marxismus unterschiedslos dem ›westlichen‹ Denken zu. So plädiert er beispielsweise dafür, die Metapher des pensée unique, des Einheitsdenkens, nicht nur auf den Neoliberalismus und seine einseitige Vorstellung von Markt, Staat und Unternehmertum zu reduzieren. Unter Einheitsdenken sei vielmehr das gesamte ›westliche‹ Denken zu fassen, »das heißt sowohl das liberale und neoliberale, christliche und neochristliche als auch

151 Bolívar Echeverría: »15 Thesen zu Moderne und Kapitalismus«. In: Ders.: *Für eine alternative Moderne. Studien zu Krise, Kultur und Mestizaje*. Hamburg: Argument Verlag 2021b, S. 79–134, hier S. 84.

152 Ebd.

153 Boaventura de Sousa Santos: *Epistemologien des Südens. Gegen die Hegemonie des westlichen Denkens*. Münster: Unrast Verlag 2018, S. 75.

154 Die »bürgerliche Zwangsvorstellung linearen Geschichtsverlaufs« ist allerdings, wie etwa von Echeverría und Kurnitzky, auch innerhalb des (dependenztheoretischen) Marxismus schon kritisiert worden, Echeverría/Kurnitzky 1969, a.a.O., S. 9.

das marxistische und neomarxistische Denken«[155]. Verallgemeinernde Abgrenzungen wie diese durchziehen das gesamte Schaffen Mignolos und sie implizieren immer wieder auch den Marxismus. Allerdings geht diese polemische Abgrenzung bei Mignolo mit einer durchgängigen (und nicht nur sporadischen) Bezugnahme etwa auf Mariátegui und Fanon einher, die zwei der wichtigsten Gewährsleute seiner gesamten Theoriearchitektur sind und die unleugbar Marxisten waren. Insofern fällt es nicht ganz leicht, die vehemente Abgrenzung wirklich ernst zu nehmen.

Indem der Marxismus – gleiches müsste wohl auch für Anarchismus und Feminismus gelten – pauschal dem ›westlichen‹ Denken zugerechnet wird, müssen schließlich alle Beiträge, die in diesem bzw. diese*n* Diskursrahmen zur Dekolonisierung geleistet worden sind, für nichtig und irrelevant oder zumindest für inkonsequent erklärt werden. Oder diese Versuche, wenn sie denn als existent und gar erfolgreich gewertet werden, müssen einer rückblickenden Säuberung unterzogen werden, d.h. die Spuren ›westlichen‹ Denkens müssen unsichtbar gemacht werden (wie es bei Mignolo in Bezug auf Mariátegui geschieht). Die Existenz eines spezifischen lateinamerikanischen Marxismus, für den etwa Mariátegui steht, wird wenn nicht geleugnet, so doch zumindest in seiner analytischen wie politischen Nützlichkeit auch für dekolonialistische Anliegen negiert. Von einer solchen, letztlich fatalen Geschichtspolitik einmal abgesehen, beraubt man sich durch die unterschiedslose Eingliederung des Marxismus in das ›westliche‹ Denken auch zentraler – und von dekolonialistischen Theoretiker*innen wie Dussel und Quijano, um nur die beschriebenen Positionen zu nennen, auch bis zuletzt in Anschlag gebrachten – analytisch-theoretischer und politisch-strategischer Werkzeuge, um mit der Kolonialität der Macht umzugehen.

Der Marxismus sollte schließlich weniger allein als ›westliches‹ Denken rubriziert, als vielmehr, wie David Mayer vorschlägt, als »globales Geflecht von wechselseitigen Referenzen«[156] begriffen werden, in dem politische und theoretische Fragen in ihren jeweiligen historischen und geografischen Situationen sowohl analytisch und theoretisch, als auch in politisch praktischer Hinsicht neu verhandelt wurden und werden. In diesen Sinne wären etwa auch die im Anschluss an Mariátegui geführten Debatten ebenso wie

155 Mignolo 2012, a.a.O., S. 67.
156 Mayer 2016, a.a.O., S. 149.

die dependenztheoretischen Ansätze als – mit dem kubanischen Anthropologen Fernando Ortiz gesprochen – »transculturation of Marxism«[157] zu begreifen, wie Robert J. C. Young vorgeschlagen hat, also als veränderndes Aufgreifen. Angesichts der Eingebundenheit des Abhängigkeits- ebenso wie des dekolonialistischen Diskurses in die marxistische Diskurs- und Praxisgeschichte, erscheint eine solche Sichtweise wesentlich plausibler als die vermeintlich klare Trennlinie zwischen westlichem und dekolonialistischem Denken.

157 Young 2001, a.a.O., S. 169.

Probleme einer Übersetzung

Exkurs zum pueblo

Mit einem Schweigemarsch von mehr als 40.000 Aktivist*innen machte die zapatistische Bewegung in verschiedenen Städten im Süden Mexikos am 21. Dezember 2012, dem Tag der Zeitenwende im Maya-Kalender, erneut von sich reden.[158] In der linken Tageszeitung *La Jornada* kommentierte der Anthropologe und Politikwissenschaftler Gilberto López y Rivas, die Aktion sei Ausdruck einer neuen Ära, in der die *pueblos* durch die autonomen Regierungsstrukturen jenseits der staatlichen Zentralmacht in Würde lebten (»... en la que los pueblos viven ...«).[159] Es sind alle drei Bedeutungsebenen des pueblo, die hier mitschwingen und deren politische Dimensionen eine vorschnelle Übersetzung allzu leicht verwischt: Erstens sind es die Dörfer (pueblos), die auf dem von der EZLN (*Zapatistische Armee zur Nationalen Befreiung*) seit dem bewaffneten Aufstand 1994 kontrollierten Territorien in Würde leben. Mit einer Strukturreform der zapatistischen Bewegung wird dort seit 2003 die von der mexikanischen Bundesregierung nicht zugestandene Selbstverwaltung schlicht eigenmächtig umgesetzt. Zweitens sind auch die als indigen identifizierten, gesamten Bevölkerungsgruppen (pueblos) gemeint, denen es durch die Praxis der Autonomie besser geht, und die im Deutschen oft als ›Völker‹ (pueblos) übersetzt werden. Zwischen diesen Ebenen gibt es noch eine dritte, die eher in den Übertragungen des Englischen ›people‹ geläufig ist, die das Wort ›pueblo‹ aber auch enthält: die Leute. Damit sind in der Regel die ›einfachen Leute‹ gemeint, diejenigen – sozialstrukturell gesehen – ›von unten‹.

Einerseits ist das Volk (the people, el pueblo, il popolo) zentraler Bezugspunkt jeder legitimen Politik innerhalb des modernen Nationalstaates. Verfassungen haben es als Subjekt, der staatspolitische Alltag muss sich auf das Volk (the people, el pueblo, il popolo) beziehen und es repräsentieren,

158 Dieser Exkurs erschien als Artikel in einer kürzeren Fassung in: *MALMOE*, Wien, Nr. 62, März 2013, S. 24.

159 Gilberto López y Rivas: »EZLN: más fortalecido que nunca«. In: *La Jornada*, México D.F., 04. Januar 2013., https://www.jornada.com.mx/2013/01/04/opinion/019a1pol

durch alle politischen Lager hindurch.[160] (Das immer wieder auch notwendig performative Scheitern dieses Repräsentationsanspruches lässt sich etwa an dem Namen der Zeitschrift der Kommunistischen Partei Österreichs (KPÖ) schön studieren, die offensichtlich nicht ist, was sie vorgibt zu sein: »Volksstimme«). Diese Praktiken und Repräsentationen allerdings unterscheiden sich je nach Region und Tradition auch historisch, sodass der Begriff andererseits durch unterschiedliche Konnotationen geprägt ist. Diese Prägung vollzog sich in Lateinamerika stark über den dritten bzw. damit auch mittleren Aspekt, deshalb ist der Bezug auf das pueblo in der dortigen Linken bis heute allgegenwärtig und selbstverständlich: Die meisten Länder Lateinamerikas sind seit der Kolonisierung von einer (mehr oder weniger) extremen und (durchgängig) ethnisch determinierten sozialen Ungleichheit geprägt, die ihren Ausdruck auch in den staatspolitischen Institutionen fand. Sprach man von den ›einfachen Leuten‹, hatte man oft (sozialstrukturell) 98 Prozent der Bevölkerung eines Landes erfasst und damit auch (potenziell politisch) das ›Volk‹ beschrieben.

Dass eine soziale Gruppe auch politisch am gleichen Strang zieht, ist allerdings nicht selbstverständlich, sondern bestenfalls Ergebnis oder Effekt von Mobilisierungen. Darauf weist etwa der weit verbreitete und eine immerwährende Hoffnung formulierende Demo-Spruch »El pueblo unido, jamás será vencido« (»Das vereinigte Volk/die vereinigte Bevölkerung wird niemals besiegt werden«) hin. Er stammt aus der Zeit der Militärdiktaturen in den 1970er-Jahren, die tatsächlich vor allem von den reichen Oberschichten getragen worden waren (dabei allerdings keineswegs ohne Beteiligung ›einfacher Leute‹ funktionierten). Diese Vorstellung vom (ausgebeuteten) Volk, das den (ausbeutenden) Eliten gegenübersteht, ist auch zentraler Angelpunkt jedes antiimperialistischen Politikverständnisses, in dessen Analyse die ›Völker‹ vom Imperium unterdrückt werden.

Diese antiimperialistische Aufladung, die auch Effekt einer historischen Konstellation der Kolonialität ist, hat das deutsche Wort ›Volk‹ demgegenüber nicht. Es ist viel stärker mit dem Subjekt des Nationalstaates verknüpft und hat eine in Gesetze eingelassene Geschichte (in Deutschland und Österreich), die es als Blutsgemeinschaft fasst. Volk kann zwar auch im Deutschen als Gegensatz zu den Eliten die ›einfachen Leute‹ bedeuten, ist aber spätestens seit dem Nationalsozialismus von biologistischen, extrem

160 Vgl. etwa Pierre Bourdieu: »Der Begriff ›Volk‹ und sein Gebrauch«. In: Ders.: *Rede und Antwort*. Frankfurt am Main: Suhrkamp Verlag 1992, S. 167–173.

exkludierenden Gemeinschaftsvorstellungen nicht zu trennen. In diesen werden die sozialen Klassen performativ in der Volksgemeinschaft aufgelöst – wobei Sprechakt und soziale Realitäten in historischer Perspektive sehr eng aufeinander bezogen waren, d.h. als Teil der deutschen Volksgemeinschaft ließ sich auch als Proletarier*in profitieren. (Dieser historischen Verquickung wurde in der radikalen Linken u.a. mit dem Austausch von Buchstaben, gleichsam Derrida'schen Differenzmarkierungen, in Volxunis und Volxküchen begegnet, um wieder an die anti-herrschaftliche Ausrichtung des Volksbegriffes im Sinne des pueblo anknüpfen zu können.) Angesichts von unterschiedlichen Konnotationsgeschichten ist es also auch kein Zufall, dass die partidos del pueblo (wie auch die People's Parties) eher linke Organisationen sind, während die Volksparteien im deutschsprachigen Raum politisch eher rechts stehen.

Die Übersetzung von ›pueblo‹ als ›Volk‹ ist also politisch heikel. Als sprachpolitisch nicht gerade feinfühlig muss es deshalb gewertet werden, dass etwa beim Gegengipfel zum Treffen der Staatschefs der EU mit jenen aus Lateinamerika und der Karibik in Wien 2006 ein »Tribunal der Völker« stattfand. Dabei sollten im Rahmen der Gegenmobilisierung (»Enlazando Alternativas«, »Alternativen Verknüpfen«) die Machenschaften transnationaler Konzerne angeklagt werden. Dass das Volk bzw. die Völker als vor allem ausgebeutet und somit auch prinzipiell ›unschuldig‹ beschrieben werden, steht klar in linker, antiimperialistischer Tradition. Die systematische Verstrickung von weiten Teilen der Bevölkerung in rassistische und antisemitische Denkweisen und Praktiken – von denen man gerade in Deutschland und Österreich gehört haben sollte, weshalb sich solch ein Tribunal eigentlich verboten hätte – wird hier ausgeblendet. Unter anderem als Reaktion auf diese unreflektierte Bezugnahme auf ›das Volk‹ hat sich Anfang der 1990er-Jahre die linke Strömung der Antideutschen gebildet. Die antideutsche Reaktion auf die skandalöse Ausblendung war allerdings (analytisch wie politisch) häufig auch nicht unproblematischer: So mancher, den sogenannten Antideutschen zuzurechnende*r Autor*in wertet schon jeden positiven Bezug aufs Kollektive als ›völkisch‹ und setzt damit etwa die basisdemokratische Organisierung der Zapatistas mit der Vernichtungsmaschinerie der Nazis gleich.

Es gibt also sowohl ein analytisches als auch ein politisches Problem bei der Übersetzung des Wortes pueblo. Noch komplizierter wird es letztlich mit den ›pueblos indígenas‹. Denn sie sind immer schon eine partikulare Gruppe innerhalb oder jenseits der Vorstellung vom modernen Nationalstaat. Deshalb ist auch der deutsche Ausdruck ›indigene Völker‹ vor dem Hintergrund der stark wirksamen Verknüpfung der Konnotationskette Volk – Staat – moderne Nation ein Widerspruch in sich. Gerade wegen ihres Querliegens zu dieser Konnotationskette wurden die ›pueblos indígenas‹ auch von der modernisierungsfixierten Linken lange Zeit eher als (in modernisierungstheoretischer Perspektive) rückständig und dementsprechend konservativ betrachtet. Dass sich hingegen die emphatische, positive Konnotierung wie bei Lopez y Rivas auch in linken Kreisen durchsetzen konnte, ist erst seit rund 40 Jahren der Fall und damit ein relativ neues Phänomen. Es hat mit einer gewandelten Anerkennung gegenüber modernisierungskritischen, antistaatlichen Praktiken zu tun wie im Falle der Zapatistas (Subsistenzwirtschaft, nicht-repräsentative Entscheidungsstrukturen etc.), aber auch mit neuen, neostaatlichen politischen Praktiken, die nicht denen des europäischen Nationalstaates entsprechen wie im Falle der bolivianischen *Bewegung zum Sozialismus* (MAS) (plurikulturelle bzw. plurinationale Staatskonzepte). (Diejenigen, die heute als Indigene adressiert werden, wurden in linken Analysen bis zur neuen Welle indigener Selbstorganisierungen ab den frühen 1970er-Jahren als ›Bauern‹ kategorisiert.) Trotz dieser widersprüchlichen Konzeption der ›pueblos indígenas‹, die sozusagen weniger als ein Staatsvolk und mehr als eine Gruppe sind, kann die strategische politische Bezugnahme auf das Konzept ›indigene Völker‹ aus emanzipatorischer Sicht sinnvoll sein: Um bestimmte kollektive Rechte zu erhalten, die etwa durch die ILO Konvention 169 garantiert werden, muss das jeweilige Kollektiv als ›Volk‹ anerkannt werden. Als ähnlich politisch-strategisch kann die Rede von ›pueblos indígenas‹ als Nationen gewertet werden. Ein plurinationaler Staat, wie ihn die Verfassungen von Ecuador und Bolivien festschreiben, ist im eurozentrisch-modernisierungstheoretischen Kontext nicht denkbar, in dem nur eine Nation einen Staat bilden konnte bzw. sollte.

Die politisch-strategische Nutzung eines Konzeptes und seine analytische Gebrauchsweise gehen in der Realität selbstverständlich schnell ineinander über. Wie schon beim linken ›pueblo unido‹ oder der ›Volksstimme‹, werden die ›pueblos indígenas‹ in der positiven Aufladung häufig vereinheitlicht und – anstatt von spezifischen Bewegungen, Gruppen, Parteien etc. zu sprechen – zu linken Akteur*innen gemacht. Dass es auch in Chiapas rechte Paramilitärs gibt, die sich aus indigenen Dörfern rekrutieren, ist in der Rede von der neuen Ära der pueblos nicht vorgesehen.

2. Der dekolonialistische Diskurs der Moderne

Die dekolonialistische Theorie ist nicht ohne Kritik der Moderne zu denken. Mit Moderne ist dabei sowohl der Selbstverständigungsdiskurs der europäischen Aufklärung gemeint, wie ihn Jürgen Habermas und im Anschluss an diesen etwa Armin Nassehi nachgezeichnet haben. Mit Moderne ist auch eine gesellschaftliche Konstellation gemeint, die die Entwicklung der europäischen sozialen Räume (spätestens) seit dem 18. Jahrhundert kennzeichnet und die zum Modell für die Entwicklung anderer Weltregionen gemacht wurde – mit den bekannten und hier nur stichwortartig aufgelisteten Charakteristika wie der Industrialisierung, der Bildung und Etablierung der Nationalstaaten, Urbanisierung, Individualisierung u.a.

Die Kritik der Moderne ersetzt dabei nicht, wie dem Diskurs der philosophischen Postmoderne oft vorgeworfen wurde, die Kritik am Kapitalismus. Sie ersetzt auch nicht die Kritik am Kolonialismus, sondern, im Gegenteil, betrachtet eben gerade Kapitalismus, Kolonialismus und Moderne als konstitutiv ineinander verwoben. Enrique Dussel macht sehr deutlich, dass »die Moderne, der Kolonialismus, das Welt-System und der Kapitalismus [...] Aspekte einer selben zeitgleichen und sich wechselseitig konstituierenden Realität«[161] sind. Dieser Gedanke ist letztlich auch der Ausgangspunkt der Forschungsgruppe modernity/coloniality, aus dessen Kreis einige der vernehmbarsten Stimmen dekolonialistischer Theorie hervorgegangen sind. Diese Gruppe hat sich als Netzwerk von Forscher*innen aus Lateinamerika und den USA auf dem Weltsoziologie-Kongress in Montreal 1998 formiert, mit verschiedenen Tagungen und Kongressen gefestigt und durch diverse Publikationen inhaltlich positioniert.[162] »Die Moderne«, beschreibt Sebastian Garbe zusammenfassend

161 Dussel 2013a, a.a.O., S. 158.

162 Sebastian Garbe hat die Entstehungskontexte und inhaltlichen Ausrichtungen des Forschungsnetzwerkes für ein deutschsprachiges Publikum bereits ausführlich dargestellt, vgl. Sebastian Garbe: »Das Projekt Modernität/Kolonialität – Zum theoretischen/akademischen Umfeld des Konzepts der Kolonialität der Macht.« In: Pablo Quintero und Sebastian Garbe (Hg.): *Kolonialität der Macht. De/Koloniale Konflikte: zwischen Theorie und Praxis*. Münster: Unrast Verlag 2013, S. 21–45.

den Gründungskonsens, »wird hier nicht nur als innereuropäisches Phänomen gesehen, entstanden durch die spezifischen sozialen, politischen und kulturellen Kapazitäten der europäischen Bevölkerung, sondern dieser eurozentrischen, provinziellen und regionalen Version der Moderne wird in der deskolonialen Perspektive eine globale und empirisch überprüfbare Moderne gegenübergestellt«[163].

Bevor aber auf diese alternativen Vorstellungen einer globalen Moderne eingegangen wird, soll zunächst der Kritik am sozusagen herkömmlichen Modell – der Moderne als Diskurs und der Moderne als gesellschaftliche Konstellation – in groben Zügen nachgezeichnet werden.

Kritik der Moderne als Selbstverständigungsdiskurs und als gesellschaftliche Konstellation

Die Kritik an der Moderne als philosophischer Diskurs setzt mit der Kritik an der Rezeption René Descartes ein und reicht bis zur Gegenwartsphilosophie. Dussel hat verschiedentlich aufgezeigt, wie und inwiefern das cogito ergo sum als Grundlage des modernen Selbstverständigungsdiskurses nicht nur die Trennung von Geist und Körper zur Folge hatte, sondern weit darüber hinausgehend die Grundlage bildet für eine »Verfassung des Körpers als Ware, die durch den Preis quantifiziert werden kann, so wie es im System der Sklaverei oder der kapitalistischen Lohnarbeit geschieht«[164]. Dussel zeichnet auch nach, wie dieser moderne Selbstverständigungsdiskurs aufs Engste mit den Legitimationserzählungen der Eroberungsfeldzüge im heutigen Lateinamerika verknüpft war. Diese Verknüpfung nicht einzugestehen, ist für Dussel und die anderen Vertreter*innen der dekolonialistischen Theorieansätze auch einer der am vehementesten vorgebrachten Kritikpunkte am philosophischen und sozialwissenschaftlichen Diskurs. Wie berechtigt er ist, lässt sich durch einen Blick auf die beiden oben erwähnten, im deutschsprachigen Diskurs tonangebenden Bücher von Habermas und Nassehi schnell nachvollziehen: Vor allem Habermas hat mit seiner These von der Moderne als Selbstbegründung der Subjektivität, die ihre »*Normativität aus sich selber schöpfen*«[165] muss, internationale Standards gesetzt. Moderne ist ein neues Zeitbewusstsein, das Habermas mit der »Entdeckung der ›Neuen

163 Ebd., S. 36.
164 Dussel 2013a, a.a.O., S. 40.
165 Habermas 1988, a.a.O., S. 16.

Welt‹ sowie Renaissance und Reformation«[166] ansetzt, ist Rationalität und »weltbild*verändernde* Kumulation von Wissen«[167]. Mit der Moderne verliert die Religion ihr Monopol auf Welterklärung. Zudem verknüpft die Idee der Machbarkeit von Welt die Problematisierung von Subjektivitäten mit der Entwicklung rationalen Wissens und mit der Frage der Veränderung in der Zeit. Nassehi setzt sich selbst in die Tradition von Habermas und beansprucht, eine »Fortsetzung«[168] unter soziologischen Vorzeichen zu betreiben. Ihm geht es darum zu zeigen, »inwiefern die soziologische Begriffsarchitektur an einer Imago gesellschaftlicher Selbstbeschreibung mitgeschrieben hat und Gesellschaften mit nützlichen Bildern ihrer selbst ausgestattet hat«[169]. Dass ein wesentliches dieser nützlichen Bilder eines war, in dem der Kolonialismus nicht aufscheint, fällt Nassehi nicht auf. In beiden Büchern ist die Moderne ausschließlich europäisch gedacht. Es werden Diskurse männlicher Autoren nachgezeichnet, die scheinbar in keinerlei Auseinandersetzung mit Positionen, Gedanken und Autor*innen aus anderen Weltregionen standen. So werden – mit Ausnahme von Ernesto Laclau bei Nassehi – auch keine Denker*innen aus Lateinamerika rezipiert. Darüber hinaus ist dieser Diskurs der Moderne bei Habermas wie bei Nassehi rein akademischer Art. Das heißt, auch wenn Habermas noch feststellt, dass die »*historischen Schlüsselereignisse* für die Durchsetzung des [modernen, J.K.] Prinzips der Subjektivität [...] *Reformation, Aufklärung* und *französische Revolution*«[170] seien, wird diesen Ereignissen doch letztlich nur in Form ihrer Effekte auf den philosophischen Diskurs nachgegangen und nicht etwa als eigenständigen, alltäglichen und/oder in sozialen Bewegungen formierten Wissensformen und/oder -inhalten.

Diese Stelle bei Habermas fordert allerdings noch eine grundsätzlichere Entgegnung heraus: Nicht nur müssen Reformation, Aufklärung und französische Revolution, sondern vielmehr noch die Eroberung der Amerikas als Ausgangspunkt der Moderne betrachtet werden. Enrique Dussel nimmt diese Bemerkung von Habermas zum Anlass, um zu betonen, dass »the experience not only of discovery, but especially of the conquest is *essential* to the constitution of the modern ego, not only as a subjectivity,

166 Ebd., S.13.
167 Ebd., S. 389.
168 Nassehi 2006, a.a.O., S. 11.
169 Ebd., S. 17.
170 Habermas 1988, a.a.O., S. 27.

but as subjectivity that takes itself to the center or end of history«[171]. Die Selbstvergewisserung der modernen Subjektivität ist demnach ohne die Geschichte der Eroberungen nicht zu denken. Insofern ist die moderne Selbstvergewisserung auch nicht nur reiner *Monolog*, in dem das Selbst sich in Auseinandersetzung mit sich entwickelt, sondern ein gewaltsamer *Dialog*, in der die Selbstvergewisserung der einen auf der Unterdrückung der anderen beruht. »Modernity began in 1492«, resümiert Dussel, »with Europe thinking itself the center of the world and Latin America, Africa, and Asia as the periphery«[172].

Die Kritik an der Moderne als philosophischem Diskurs knüpft zwar auch an innereuropäischen Moderne-Kritiken an. So greift Quijano etwa den Topos der instrumentell gewordenen Vernunft aus der Kritischen Theorie auf.[173] Es geht aber in der dekolonialistischen Kritik vor allem um die Moderne als europäisches Selbstgespräch, das sich der Wirkungen und Effekte seiner eigenen Begriffe, Sprachnormen und Redeweisen auf Andere nicht bewusst ist und diese Anderen somit doppelt ausgrenzt: als Subjekte und gleichberechtigte Partner*innen sowieso, aber auch als Objekte der eigenen Rede. Diese Rhetorik der Moderne, die sich selbst als emanzipatorisches Projekt wahrnimmt und geriert, verberge, so Walter D. Mignolo, ihre Schattenseite: »die konstante Reproduktion der *Kolonialität*«[174]. Dieses europäische oder eurozentrische Selbstgespräch blieb aber nicht auf Europa beschränkt, sondern erfasste den Mainstream der Sozialwissenschaften (und zu einem nicht geringen Teil wohl auch jenen der Alltagserfahrungen) weltweit: Auch die Sozialwissenschaften in Lateinamerika betrachteten, wie der chilenische Soziologe Aldo Mascareño herausgestellt hat, die philosophischen wie gesellschaftlichen Entwicklungen »durch das Prisma des europäischen bzw. [US-]amerikanischen Denkens«[175].

---

171 Dussel 1995, a.a.O., S. 28.

172 Ebd., S. 132.

173 Vgl. Aníbal Quijano: »Lo público y lo privado: Un enfoque latinoamericano«. In: Ders.: *Cuestiones y Horitzontes. De la Dependencia Histórico-Estructural a la Colonialidad/Descolonialidad del Poder*. Buenos Aires: CLACSO 2014c, S. 705–732, hier S. 711.

174 Mignolo 2012, a.a.O., S. 46.

175 Aldo Mascareño: *Die Moderne Lateinamerikas. Weltgesellschaft, Region und funktionale Differenzierung*. Bielefeld: Transcript Verlag 2012, S. 131.

Die Kritik an der Moderne als zeitdiagnostische Signatur ist ausführlich betrieben und dargestellt worden und soll hier nur am Beispiel der Autor*innen, die der dekolonialistischen Theorie zuzurechnen sind, noch einmal nachgezeichnet werden. Sie lässt sich vielleicht in zwei wesentliche, sich vermeintlich auch widersprechende Aspekte unterteilen: die Kritik am europäischen Modell als Maßstab und die Betonung der Existenz von anderen, nicht-europäischen Modernen.

Es geht also zum einen darum herauszustellen, dass die europäische Moderne als Modell und Maßstab für außereuropäische Gesellschaften fungierte, die auch die gesellschaftliche Entwicklung in Lateinamerika als »eine zweitrangige und unvollkommene Version der europäischen Moderne«[176] erscheinen ließ. Die europäische Moderne als Modell und Maßstab wirkte dementsprechend ausschließend gegenüber Lebensmodellen und Gesellschaftskonzeptionen, die jener nicht entsprachen, sie hatte aber auch sehr widersprüchliche Konsequenzen. Für die Kritik am europäischen Modell der – sowohl philosophischen, als auch sozioökonomischen – Moderne als Maßstab können die Texte Enrique Dussels als beispielhaft gelten. Dussel etwa unterteilt zeitdiagnostisch in Anlehnung an Immanuel Wallersteins mehrteiliges Werk *Das moderne Weltsystem* in frühe, reife und späte Moderne,[177] an anderer Stelle spricht er übereinstimmend mit dieser Einteilung von erster (iberischer) Moderne (1492–1630), zweiter Moderne (1630–1688) und britisch-französisch geprägter dritter Moderne.[178] Die frühe, erste Moderne bringt sowohl ein neues Zeitverständnis hervor, in dem Geschichte gradlinig und teleologisch gedacht wird und zudem als an geografische Räume gebunden erscheint (mit Europa im Zentrum). Auch der Welthandel entsteht mit dem sich entwickelnden Kapitalismus, damit einher gehen neue Formen der Herrschaft und ihrer Legitimation. Die frühe Moderne erschafft zudem ein neues Subjektverständnis, das diesen sozioökonomischen Prozessen zugrunde liegt, das zugleich aber mit Cer-

176 Ebd., S. 130.

177 Vgl. Dussel 2001, S. 195 ff.

178 Nicht zuletzt weil Wallerstein das »moderne Weltsystem« und nicht die »Moderne« fokussiert, liegt Dussels Einteilung etwas quer zu den historischen Verläufen, die Wallerstein als »Phasen« bezeichnet. Nach dem »langen 16. Jahrhundert« in Band I beschreibt Wallerstein in Band II die »Auseinandersetzung im Zentrum« in Phase 1 (1651–1689) und Phase 2 (1689–1763), in Band III dann Phase 3 (1763–1815). Von der Mitte des 19. Jahrhundert bis zum I. Weltkrieg reicht dann Band IV, vgl. Wallerstein 1986, 2004, 2012a und 2012b, a.a.O.

vantes *Don Quijote* auch die moderne Literatur begründet. Ohne dass an dieser Stelle im Einzelnen nachzeichnen zu können, ist zu betonen, dass es die Kolonisierung der Amerikas ist, die diese frühe Moderne und mit ihr den Beginn eines kapitalistischen Welt-Systems markiert. »Seit jener Zeit«, schreibt Wallerstein,

> »hat die kapitalistische Weltwirtschaft a) im Zuge ihrer geographischen Ausdehnung den gesamten Erdball umfaßt; b) sich durch ein zyklisches Muster von Extraktion und Kontraktion [...] sowie die räumliche Verlagerung ökonomischer Funktionen ausgezeichnet (den Aufstieg und Fall hegemonialer Mächte, das Auf und Ab bestimmter zentraler, peripherer oder semiperipherer Zonen); und c) einen säkularen Transformationsprozess durchlaufen, der technologischen Fortschritt, Industrialisierung, Proletarisierung und die Entstehung eines organisierten politischen Widerstands gegen das System selbst umfaßt – eine Transformation, die sich auch heute noch vollzieht«[179].

Als zweite Moderne wird die Periode des Merkantilismus und des sich globalisierenden Welthandels unter der Vormachtstellung der Niederlande verstanden. Dussel setzt hier die Glorious Revolution 1688 und den Bruch mit dem Absolutismus mit der Durchsetzung der Bill of Rights als Endpunkt der zweiten Moderne an, für Wallerstein endet diese Epoche (oder, in Wallersteins Worten, diese Phase) erst mit dem Siebenjährigen Krieg (1756–1763), in dem sich die europäischen Großmächte in Mitteleuropa, Nordamerika und Indien bekämpften und in dem Großbritannien seine globale ökonomisch-politische Dominanz grundlegen konnte. In dieser Phase kommt es vor allem zur Integration verschiedener Weltregionen in die kapitalistische Warenproduktion, die somit eine entscheidende Expansion erfährt. Dabei spiegelten die Handelsbeziehungen (Export-Import) laut Wallerstein vor allem »die Dichotomie von Zentrum und Peripherie, welche die zentrale Achse der Arbeitsteilung in der kapitalistischen Weltwirtschaft darstellte«[180]. In diesem ungleichen Tausch von Rohstoffen aus der Peripherie gegen Fertigerzeugnisse aus den Zentren entwickelten sich schließlich auch jene Abhängigkeitsstrukturen, die bereits von den dependenztheoretischen Ansätzen kritisiert wurden und die heute als Extraktivismus und als »Rohstoffkonsens«[181] in der Kritik stehen. Mit Ende

179 Wallerstein 2012a, a.a.O., S. 7.

180 Wallerstein 2004, a.a.O., S. 197.

181 Maristella Svampa: *Epochenwechsel in Lateinamerika. Progressive Regierungen, Extraktivismus und soziale Bewegungen*. Münster: Unrast Verlag 2020, S. 75.

dieser Phase, die Wallerstein im dritten Band seines Werkes nachzeichnet, beginnt schließlich die Dekolonisierung der Amerikas (1763–1833).

Unter der dritten Moderne wird im Wesentlichen der sich ausbreitende Besitz-Individualismus mit der Entstehung des Industrie-Kapitalismus verstanden.[182] Sie reicht bei Dussel also vom Ende des 18. Jahrhunderts bis ins 20. Jahrhundert hinein. Wallerstein beschreibt sie als »Siegeszug des Liberalismus« im vierten Band von *Das moderne Weltsystem,* wobei Liberalismus hier – neben Konservatismus und Sozialismus – als eine von drei wesentlichen »Haltungen zur Moderne«[183] beschrieben wird, die sich schließlich durchsetzt und deshalb diese Epoche bzw. Phase kennzeichnet.

Der zentrale ›Widerspruch‹ wird hier darin gesehen, dass der entstehende Humanismus, der Aufstieg des auf Emanzipation drängenden Bürgertums sowie die Ausweitung des Handels auf der Grundlage der Entstehung einer weltweiten Währung mit dem Silber aus lateinamerikanischen Minen usw. mit der Peripherisierung Lateinamerikas und der brutalen Unterjochung seiner Bevölkerung einhergingen. Lateinamerika ist, insofern seine ›Entdeckung‹ den Startschuss zu den genannten Entwicklungen gab, sowohl »das Andere« der europäischen Moderne als auch »ein konstitutives Moment der Moderne«[184]. Dieser Widerspruch ist auch insofern konstitutiv für die europäische Moderne, als das eigene aufklärerische Projekt als das historisch am weitesten fortgeschrittene konzipiert wurde, womit andere gesellschaftliche Entwicklungen und Entwicklungen anderswo als in Europa als rückständig abgewertet werden konnten. Diese Abwertung war die legitimatorische Voraussetzung für die Durchsetzung der als zivilisatorisch angesehenen Mission der Kolonisierung. Legitimiert wurden damit auch die Opfer dieser kolonisierenden Praxis: »the suffering of the conquered and colonized people appears as a necessary sacrifice«, schreibt Dussel, »and the inevitable price of modernization«[185]. Dussel zeigt auf, dass diese Legitimationsfigur nicht nur entscheidend für die Kolonisierenden selbst war, sondern auch den sie begleitenden, zeitgenössischen philosophischen Diskurs geprägt hat. Er bezeichnet dieses Narrativ von den notwendigen Opfern auch als »Mythos der Moderne« und als ein »*sacrificial paradigm* which calls for the sacrifice of the victim of violence for human progress –a key tenet for

---

182 Vgl. Dussel 2013a, a.a.O., S. 154 ff.
183 Wallerstein 2012b, a.a.O., S. 25.
184 Dussel 2013a, a.a.O., S. 160.
185 Dussel 1995, a.a.O., S. 64.

Kant and Hegel, but not for Marx«[186]. Ein Widerspruch der Moderne ist dies insofern, als dass das eigentlich als universell konzipierte Emanzipationsprojekt zugleich nicht nur die Nicht-Emanzipation vieler, sondern auch deren Opferung umfasst; und dass diese Opferung der Vielen nicht nur in Kauf genommen, sondern aktiv betrieben und gerechtfertigt wird.

Indem Dussel auf diesen legitimatorischen Aspekt der europäischen Philosophie aufmerksam macht, geht er auch über Wallerstein hinaus. Die hispano-amerikanische Welt habe seit dem 16. und 17. Jahrhundert dem europäischen Zentrum des Weltsystems nicht nur menschliche Arbeit und Rohstoffe geliefert, fasst Castro-Gómez Dussels Position zusammen, sondern auch »the epistemic, moral, and political foundations of modernity«[187].

Der zweite Aspekt der Moderne-Kritik besteht nun in der Betonung anderer, eben auch lateinamerikanischer Modernen. Neben der Kritik an der Moderne als Modell und Maßstab geht es zum anderen bei der Kritik an der Moderne als zeitdiagnostische Signatur also auch grundsätzlich darum infrage zu stellen, dass es sich bei der Moderne selbst, in diesem Kontext vor allem als umfassende gesellschaftliche Modernisierung verstanden, um ein ausschließlich europäisches Projekt handelt. Diese Bemühungen, aufzuzeigen, dass selbstverständlich auch in Lateinamerika und anderen Weltregionen Entwicklungen stattgefunden haben, die den Kriterien einer Moderne durchaus genügen (wenn auch unter anderen Vorzeichen und mit anderen Mitteln), steht zur Kritik an der europäischen Dominanz nicht unbedingt im Widerspruch. Die zentrale Kritik daran, die Moderne als rein europäisches Phänomen zu betrachten, wird vielleicht am besten von Aníbal Quijano auf den Punkt gebracht: »Wenn sich das Konzept der Moderne nur oder hauptsächlich auf die Ideen von Neuheit, Fortschritt, Rationalität, Wissenschaft, Laizismus und Sekularität bezieht – jene Ideen, die normalerweise mit dem Konzept assoziiert werden –, gibt es keinen Zweifel, dass das Phänomen in allen Kulturen und allen historischen Epo-

186 Ebd., S. 66 f. Die Kulturwissenschaftlerin Iris Därmann spricht Marx in dieser Hinsicht nicht frei. Marx und Engels hätten die »weiße« gegen die »schwarze« Sklaverei gegeneinander ausgespielt und vor allem auch deren Praktiken und Projekte des Widerstands unsichtbar gemacht, sie hätten etwa »wie vor ihnen bereits Hegel, die Haitianische Revolution unvernehmlich gemacht.« Iris Därmann: *Undienlichkeit. Gewaltgeschichte und politische Philosophie*. Berlin: Matthes & Seitz 2020, S. 35.

187 Castro-Gómez 2008, a.a.O., S. 272.

chen vorkommen kann«[188]. Quijano beschreibt damit nicht nur eine Potenzialität, sondern bezieht sich konkret auf die sogenannten Hochkulturen der Maya, der Aztek*innen/Mexicas, der Inka/Tawantinsuyo u.a., also auf historische Beispiele. »Es wäre auf dem jetzigen Stand der historischen Forschung wirklich fast lächerlich, diesen nicht-europäischen Hochkulturen als Erkennungsmerkmal eine mythisch-magische Mentalität zuzuschreiben, zum Beispiel im Gegensatz zu Rationalität und Wissenschaft als Charakteristika Europas«[189]. Dieses Plädoyer dafür, andere Modernen als solche wahrzunehmen und die ausschließliche Bindung des Moderne-Begriffes an die europäische Geschichte zu bestreiten, ist eingebettet in eine transnationale Debatte um ›andere‹ und/oder ›alternative‹ Modernen, auf die hier jedoch nicht weiter eingegangen werden kann.[190]

Beide Aspekte der Moderne-Kritik, das Offenlegen der europäischen Dominanz und ihrer kolonialen Grundlagen wie auch das Insistieren auf der Existenz anderer Modernen, dienen letztlich demselben Zweck. Die Soziologin Manuela Boatcă formuliert dieses Ziel in ihrer Rekonstruktion der Moderne-Debatte so: »Durch die Kritik der Moderne aus der subalternen Position der Kolonialität heraus wird die vom Westen postulierte Universalgeschichte als lokale Geschichte mit partikularem Charakter enthüllt«[191]. Diese Enthüllung erst macht den Weg frei für eine sowohl epistemologische als auch politische Emanzipation. Den kolonialen Charakter der europäischen Moderne zu enthüllen, der eben von der europäischen Philosophiegeschichte vor allem verhüllt wurde, war auch der zentrale Einsatz des einleitend schon erwähnten modernity/coloniality-Forschungsprojektes. Der kolumbianisch-US-amerikanische Anthropologe Arturo Escobar, der auch Teil der Forschungsgruppe modernity/coloniality war, beschreibt das zentrale Credo der gesamten Herangehensweise der modernity/coloniality-Gruppe deshalb mit dem schlichten Satz: »there is

188 Quijano 2016, a.a.O., S. 48 f.

189 Ebd., S. 49.

190 Vgl. exemplarisch Saurabh Dube und Ishita Benerjee (Hg.): *Otras Modernidades. Teorias, Culturas, Identidades*. México D.F.: El Colegio de México 2011.

191 Manuela Boatcă: »Die zu Ende gedachte Moderne – Alternative Theoriekonzepte in den lateinamerikanischen und osteuropäischen Peripherien.« In: Thomas Schwinn (Hg.): *Die Vielfalt und Einheit der Moderne*. Wiesbaden: Springer VS 2006, S. 281–304, hier S. 301.

no modernity without coloniality«[192]. Escobar hatte gemeinsam mit Sonia Álvarez und Evelina Dagnino 1998 den Band *Culture of Politics – Politcs of Culture*[193] herausgegeben, der in den Forschungen zu sozialen Bewegungen recht einflussreich wurde und auch die Arbeit der Forschungsgruppe beeinflusste. Zudem verortet Escobar die Anliegen des Forschungsnetzwerkes explizit in der Tradition der Dependenztheorien, das modernity/coloniality-Forschungsprogramm »emerges as heir to this tradition«[194]. Escobar erläutert in einem Aufsatz die Perspektive auf die Moderne in Abgrenzung zu dem oben skizzierten, inner-europäischen Diskurs. Die von Escobar gebündelten Aspekte werden hier, noch einmal zusammengefasst, skizziert. Um der Ausgrenzung und Subalternisierung von Geschichte(n) entgegenzuwirken, die ein auf Europa konzentriertes Verständnis der Moderne mit sich bringt, schlug die Forschungsgruppe modernity/coloniality einen im Wesentlichen aus fünf Aspekten bestehenden, alternativen Blick auf die Moderne vor: Erstens geht es darum, die Moderne im Kontext des Kolonisationsprozesses (1492 ff.) zu lokalisieren und nicht erst als Phänomen der Aufklärung zu betrachten. Diese Lokalisierung bedeutet auch, die philosophischen Diskurse als eingebunden in die sozioökonomischen und geopolitischen Entwicklungen zu betrachten. Diese Lokalisierung läuft schließlich auf die Forderung einer Dezentrierung Europas (bzw. europäisch geprägter Denk- und Politikmodelle) von seinen Rändern her hinaus. Zweitens muss die Moderne also konstant im Kontext von Kolonialismus und dem kapitalistischen Weltsystem als für sie konstitutive Bedingungen begriffen werden. Dabei bringen die dekolonialistischen Studien eine neue räumliche und zeitliche Konzeption der Moderne ein, die die Spanischen und Portugiesischen Kolonialismen auf der einen und die Französischen, Niederländischen und Britischen (und Deutschen, müsste ergänzt werden) auf der anderen Seite nicht getrennt voneinander, sondern in ihren Konti-

192 Arturo Escobar: »›Worlds and Knowledges Otherwise‹. The Latin American modernity/coloniality Research Program.« In: *Cultural Studies*, Vol. 21, 2-3/2007, S. 179–210, hier S. 185.

193 Sonia Álvarez, Evelina Dagnino und Arturo Escobar (Hg.): *Culture of Politics – Politcs of Culture. Revisioning Latin American Social Movements.* Boulder: Westview Press 1998. Die Einleitung daraus erschien auch auf Deutsch: Sonia E. Alvarez, Evelina Dagnino und Arturo Escobar: »Kultur und Politik in Sozialen Bewegungen Lateinamerikas.« In: Olaf Kaltmeier, Jens Kastner und Elisabeth Tuider (Hg.): *Neoliberalismus – Autonomie – Widerstand. Soziale Bewegungen in Lateinamerika.* Münster 2004: Verlag Westfälisches Dampfboot, S. 31–58.

194 Ebd., S. 180.

nuitäten begreift. Daraus folgt drittens eine globale Perspektive (statt einer auf Europa beschränkten), deren Fokus auf der Peripherisierung anderer Weltregionen durch das europäische Moderne-Projekt liegt und daher viertens in Rechnung stellt, dass die europäische Herrschaft über den Rest der Welt zum Kern des modernen Projektes gehört. Keine andere Moderne hat sich als Projekt auch nur annähernd vergleichbar geopolitisch ausgedehnt. Fünftens bedarf es einer Konzeption von Eurozentrismus als kennzeichnende Wissensform der Moderne/Kolonialität, und zwar nicht zuletzt deshalb, weil Erkenntnis und Selbsterkenntnis sich als zutiefst in Herrschaft verstrickt erwiesen haben (und erweisen).[195] Auch Mignolo betont in *The Darker Side of Western Modernity*, dass »knowledge in the modern world was and is a fundamental aspect of coloniality«[196]. Eine Re-Lektüre der Mythen der Moderne steht somit auf dem Programm der dekolonialistischen Theorie. Ob damit die Infragestellung des emanzipatorischen Gehalts der modernen Rationalität im Sinne ihrer totalen Negierung gemeint ist oder vielmehr eine Fokus-Verschiebung auf dessen ›Rückseite‹, also auf die Ausgrenzungen, Ausblendungen und Unterdrückungen der nichteuropäischen ›Anderen‹, ist durchaus umstritten.

In den Schlussfolgerungen ihrer Moderne-Kritik stützen sich dekolonialistische Ansätze nicht nur auf die Kritik der Abhängigkeit der Dependenztheorie(n) und die Weltsystemtheorie, sondern sie knüpfen auch an die Debatten um die Postmoderne als Zeitdiagnose und postmodernistische Theorie als Beschreibungsmodus an. Die Moderne-Kritik postmodernistischer Ansätze sei etwa insofern bereichernd gewesen, notiert Boaventura de Sousa Santos, als sie zwei Herausforderungen für das Verständnis von Geschichte und Emanzipation auch für dekolonialistisches Denken auf den Punkt gebracht hätte. Er formuliert sie als Fragen: »is it possible to give meaning to social struggle without giving meaning to history? Is it possible to think social emancipation without such concepts as progress, development, modernization?«[197]. Die Teleologie geschichtlicher Entwicklung

195 Vgl. ebd., S. 184f.

196 Walter D. Mignolo: »The Darker Side of the Enlightenment. A Decolonial Reading of Kant's *Geography*«. In: Ders.: *The Darker Side of Western Modernity. Global Futures, Decolonial Options.* Durham & London: Duke University Press 2011a, S. 181–209, hier S. 205.

197 Boaventura de Sousa Santos: »From the Postmodern to the Postcolonial – and Beyond Both«. In: Encarnación Gutiérrez Rodríguez, Manuela Boatcă und Sérgio

infrage zu stellen, schien gesellschaftstheoretisch ebenso wie soziologisch geboten angesichts der Ausschlüsse und Diskriminierungen von Denk- und Lebensweisen, die eine solche Vorstellung produziert hatte. Dies hatte auch Auswirkungen auf die Konzepte von Emanzipation, die sich weder als treibende Kraft noch als selbstverständlicher Nebeneffekt der Moderne erwies und insofern einer neuen Begründung bedurfte. Darüber hinaus und damit einhergehend führte die sogenannte Postmoderne-Debatte in Lateinamerika auch zur Infragestellung der Nationalstaatsorientierung linker Politik, zur Inklusion feministischer Ansätze in die Sozialtheorie und zu einer Neukonzeption des Verhältnisses von Intellektuellen und Bevölkerung bzw. popularen Klassen.[198] Während die Auseinandersetzung um den Nationalstaat ebenso präsent ist wie jene mit der Rolle und Bedeutung der popularen Klassen in den Forschungen zu sozialen Bewegungen und den schon erwähnten Subaltern Studies, sind Gender Studies und feministischer Aktivismus erst verspätet in die dekolonialistischen Studien aufgenommen worden. Feministische Ansätze, beklagt und kritisiert schon Escobar, seien in der dekolonialistischen Theorie viel zu wenig berücksichtigt worden. Die wenigen Bezugnahmen zumindest bei Dussel und Mignolo auf feministische Forschung »hardly get at the potential contributions of feminist theory to the MC framework«[199], so Escobar. Dabei haben (nicht nur dekolonialistische) feministische Theoretikerinnen (und Aktivistinnen) immer wieder darauf hingewiesen, dass die Trennung von Privatheit und Öffentlichkeit, die ein charakteristisches Merkmal der westlichen Moderne ist, immer auch eine Geschlechtertrennung implizierte. Silvia Rivera Cusicanqui etwa betont, dass die »Idee der (Menschen-)Rechte [...] bereits von Beginn an durch die formale und reale Unterordnung der Frauen im Haushalt geprägt«[200] war. Diese Trennung hat letztlich, so Rita Laura Segato, das »Geschlecht« überhaupt erst hergestellt und »als eine binäre und ungleiche Struktur«[201] etabliert, in der eben das Männliche mit dem

---

Costa (Hg.): *Decolonizing European Sociology. Transdisciplinary Approaches.* Farnham/Burlington: Ashgate Publishers 2010, S. 225–242, hier S. 239.

198 Vgl. Berverly, Oviedo und Aronna 1995, a.a.O.

199 Escobar 2007, a.a.O., S. 192.

200 Silvia Rivera Cusicanqui: »Der Begriff der ›Rechte‹ und die Widersprüche der postkolonialen Moderne«. In: Dies.: *Ch'ixinakax utxiwa. Eine Reflexion über Praktiken und Diskurse der Dekolonisierung.* Münster: Unrast Verlag 2018c, S. 100–136, hier S. 101.

201 Rita Laura Segato 2014a, a.a.O., S. 62.

Öffentlichen und das Weibliche mit der Privatheit im Imaginären assoziiert wurde, um es in der sozialen Realität umzusetzen. Diesen geschlechterpolitischen Einsätzen und den feministischen Aspekten der dekolonialistischen Theorie geht das übernächste Kapitel daher ausführlicher nach.

Eine »statische und reduktionistische Interpretation« Summarische Moderne-Konzepte

Die Moderne ist ein komplexes Phänomen, das in ihrem eigenen Diskurs seine eigenen Wiedergänger als Post- oder zweite oder reflexive Moderne mit hervorgebracht hat – auf die hier nicht weiter eingegangen werden kann. Fast all diese ›westlichen‹ Diskurse und Meta-Diskurse blenden jedoch die koloniale Eingebundenheit der Moderne mehr oder weniger aus. Die Verwobenheit des emanzipatorischen Diskurses mit der Geschichte systematischer Gewalt wird ebenso wenig thematisiert wie die Tatsache, dass die realgeschichtlichen Fortschritte in politischer, sozialer, kultureller und ökonomischer Hinsicht mit der Unterdrückung und Ausbeutung anderswo und von ›anderen‹ einherging, ja sogar auf ihnen basierte. Insofern bieten die dekolonialistischen Ansätze tatsächlich neue Dimensionen der Kritik und auch neue Perspektiven. Zugleich aber fallen gerade die Kritiken häufig so allgemein aus, dass sie selbst immer wieder in die Kritik geraten. Das betrifft die Vereinheitlichung ›westlichen‹ Denkens und ›westlicher‹ Geschichte, aus der die internen Konflikte und Kämpfe letztlich ausgeblendet werden, die die Moderne schließlich auch ausgemacht haben. Jeff Browitt geht deshalb sogar soweit, den dekolonialistischen Ansätzen eine »statische und reduktionistische Interpretation von Europa, dem Okzident und der Moderne« vorzuwerfen.[202] Ganz von der Hand zu weisen ist dieser Vorwurf nicht, denn es stellen sich tatsächlich einige grundlegende Fragen an die Moderne-Konzeptionen innerhalb der dekolonialistischen Theorie: Kann und muss den einfachen Bäuerinnen und Bauern im mitteleuropäischen 16. Jahrhundert, die gegen die Kirche in den Krieg zogen, nicht auch Anteil an der Entstehung ›westlichen‹ Denkens zugesprochen werden, wie dem katholischen Klerus, gegen den sie vorgingen? Auch die europäischen Arbeiter*innenbewegungen ab dem 19. Jahrhundert mögen sich in ihren Kämpfen um kürzere Arbeitszeiten, höhere Löhne, gegen das Zeitregime und bürgerliche Werte nicht immer im direkten Widerspruch

202 Browitt 2014, a.a.O., S. 27.

oder gar Widerstand gegen den Kolonialismus positioniert und etabliert haben, aber sind sie deshalb ebenso Teil der kolonialen Moderne wie die herrschenden Klassen? Zudem gibt es in der Geschichte der europäischen Arbeiter*innenbewegung auch explizite Motivationen und Stellungnahmen, die gegen ihre Subsumierung unter die koloniale Moderne sprechen. »Besonders scharf«, schreibt etwa Kristin Ross in ihrer Studie zur Pariser Kommune über die Haltung der Kommunard*innen, »wurde die Unterdrückung in den Kolonien verurteilt«[203]. Und die Frauen, die weder wählen noch studieren durften, deren Arbeitskraft doppelt und dreifach ausgebeutet wurde und die mit ihren Kämpfen um Emanzipation zweifellos das Projekt der Moderne vorangetrieben haben, sind auch sie unterschiedslos Repräsentantinnen der Kolonialität? Selbst wenn man die sozialen Kämpfe von unten ausklammert und auf der Ebene der Diskursproduktion im engeren Sinne argumentiert, ist dann Spinoza in gleicher Weise ›modern‹ (und damit Repräsentant der Kolonialität) wie Voltaire und wie Olympe de Gouges? Solche Fragen ließen sich fortsetzen, sie kommen als Fragen interner Differenzen in der dekolonialistischen Theorie aber nicht (oder nur sehr sporadisch) vor. Dussel immerhin grenzt Marx in dieser Hinsicht von Kant und Hegel ab, aber in der Regel wird doch in Bezug auf das ›westliche Denken‹ eher summarisch vorgegangen.

Ein Beispiel für das Summarische der Moderne-Konzeptionen innerhalb der dekolonialistischen Theorie soll nun kurz aufgegriffen werden, um anschließend zwei Alternativen zu einem solch dualistischen Modell zu diskutieren, das ›westliches‹ und ›anderes‹ Denken als gegenläufige Pole konzipiert. Abschließend werden dann noch weitere Fallstricke der dekolonialistischen Moderne-Kritik diskutiert.

Walter Mignolo nennt in *The Darker Side of Western Modernity* zwölf recht allgemein bzw. stichwortartig formulierte »historico-structural nodes«[204], die die westliche Moderne ausmachen würden. Sie werden nur aufgeführt und auch im Verlauf des Buches kaum eingehend besprochen: Erstens die rassialisierte Formierung mit ihren Wurzeln im Spanischen

203 Kristin Ross: *Luxus für alle. Die politische Gedankenwelt der Pariser Kommune.* Berlin: Matthes & Seitz 2021, S. 46.

204 Walter D. Mignolo: »Coloniality. The Darker Side of Western Modernity«. In: Ders.: *The Darker Side of Western Modernity. Global Futures, Decolonial Options.* Durham & London: Duke University Press 2011b, S. 1–24, hier S. 17 ff.

Christentum, zweitens eine partikulare Klassenformierung mit diversen Formen der Arbeit, drittens eine Arbeitsteilung in Zentrum und Peripherie, viertens ein Euro-Amerikanisches Staatensystem, fünftens eine rassialisierte/ethnisierte Hierarchie, an deren oberen Ende die europäischen Weißen stehen, sechstens eine globale Geschlechterhierarchie, siebtens die Erfindung der Unterscheidung von Homo- und Heterosexualität, achtens die religiöse Hierarchie, die das Christentum global privilegiert, neuntens eine ästhetische Hierarchie, die die Normen des Schönen und Wahrnehmbaren bestimmt, zehntens eine das ›westliche Wissen‹ bevorzugende epistemische Hierarchie, elftens eine linguistische Hierarchie, die die europäischen Sprachen gegenüber anderen als wertvoller erscheinen und wirken lässt, und zwölftens schließlich ein mit der Renaissance installiertes, männlich dominiertes Subjektverständnis.

Auch wenn sicherlich jeder dieser Punkte für sich genommen diskussionswürdig ist, wäre doch genauer zu bestimmen, inwiefern es sich jeweils um typisch ›westlich-moderne‹ Phänomene handelt, wie genau sie miteinander zusammenhängen und wie sie sich auch im Austausch und in Kämpfen durchgesetzt haben. Darüber hinaus wäre durch eine genauere historische Analyse auch zu differenzieren: Ist nicht die erstens genannte rassialisierte Hierarchie ein wesentlich entscheidenderes Merkmal für die Moderne als viele der anderen genannten Punkte? Die zweitens genannte Klassenformierung ist zweifelsohne Teil kapitalistischer Entwicklung und damit ein Teil der Moderne, allerdings waren auch die präkolumbianischen Gesellschaften keine klassenlosen sozialen Räume. Dies wird aber häufig implizit, manchmal auch explizit unterstellt. Die als drittes und viertes genannten Aspekte der Herausbildung einer globalen politökonomischen Ordnung sind sicherlich zentral, wobei hier die schon von den dependenztheoretischen Ansätzen geleisteten Differenzierungen (etwa in der Beachtung von Zentren innerhalb der Peripherien) nicht wieder aufgegriffen und damit eingeebnet werden. Die fünftens aufgeführte rassialisierte Hierarchie wäre ebenso zu differenzieren wie die sechstens genannte Geschlechterhierarchie. Die Erfindung der Homosexualität zum Produkt der Moderne zu erklären, gibt zumindest keinen Hinweis darauf, wieso sie in vielen nicht-westlichen, insbesondere islamistisch geprägten Ländern und Regionen gesellschaftlich und gesetzlich wesentlich härter ausgegrenzt und geahndet wird als im ›Westen‹. Die achtens aufgeführte Privilegierung des Christentums ist sicherlich Teil der Geschichte westlicher Gesellschaften, allerdings fragt sich, inwieweit die globalen Machtordnungen der Gegenwart überhaupt noch auf eine solche systematische Bevorzugung von Religion gestützt sind. Die neuntens genannte, ästhetische Hierarchie prägt zwar das Kunstfeld der Gegenwart nach wie vor, wurde und wird aber von zahllosen Akteur*innen mit unterschiedlichen geografischen und politischen Hintergründen immer wieder auch gestört, unterlaufen und infrage gestellt. Die Infragestellung der ästhetischen Hierarchie gehört vielleicht sogar zu den Merkmalen der ›westlichen‹ Moderne statt ihre antikoloniale Gegenmethode zu sein. Die Hierarchie, die zehntens das ›westliche Wissen‹ privilegiert, wäre auch hinsichtlich der unterschiedlichen Wissensformen in verschiedenen Ländern und Regionen sowie Klassen und Milieus auszudifferenzieren, gleiches gilt für die elftens genannte linguistische Hierarchie, die die westlichen Sprachen privilegiert. Diese sollte zudem in ihren historischen Verschiebungen untersucht werden (etwa vom Einflussverlust des Französischen zur globalen Dominanz des Englischen). Das zuletzt genannte, männliche Subjektverständnis, das von feministischen Theoretikerinnen schon ausgiebig untersucht und kritisiert worden ist, wäre ebenfalls in seiner historischen Genese und in seinen spezifischen Effekten in den Blick zu nehmen.

Es gibt neben diesen eher summarischen Moderne-Kritiken durchaus Versuche, das ›Westlich-Moderne‹ nicht als absolutes Gegenüber einer abgebrochenen bzw. verhinderten autochthonen Entwicklung zu sehen, sondern es als Grundlage einer widersprüchlichen und hybriden Geschichte zu verstehen, in der sich unterschiedliche Traditionslinien von Praktiken und Strukturen vermischen und überkreuzen. Ein Beispiel für eine solche Moderne-Vorstellung bietet die Konzeption hybrider Kulturen bei Néstor García Canclini, ein anderes das Konzept der Trans-Moderne von Enrique Dussel. Beide Konzepte gehen von der Kritik an eurozentrischen Moderne-Konzepten aus, sehen die Moderne aber weniger als homogene Entwicklung, sondern vielmehr als eine, die von Gegen-Bewegungen wie auch von popularen Praktiken durchzogen war und ist.

Hybride Kulturen als »product of unequal appropriation«

Néstor García Canclini (*1939) gehört zu den einflussreichsten Kulturwissenschaftler*innen Lateinamerikas. Er ist nicht den dekolonialen Studien im engeren Sinne zuzuordnen, aber seine Arbeiten zur Moderne, zu kulturellen Formationen und den Effekten der Globalisierung (vor dem

Hintergrund der Kolonialgeschichte) gehören zu den meistrezipierten Werken der Estudios Culturales Latinoamericanos. In seiner viel gerühmten Studie *Hybrid Cultures* widmet sich García Canclini der Frage der Moderne in Lateinamerika historisch ab dem 19. Jahrhundert. Hier konstatiert er ein Auseinanderfallen von ökonomischer und sozialer Modernisierung (Industrialisierung und Alphabetisierung) auf der einen und ästhetischer Moderne auf der anderen Seite. Während eurozentrierte Moderne-Vorstellungen wie jene von Habermas immer davon ausgehen, dass die künstlerisch-ästhetische Moderne die technologischen Modernisierungen gleichzeitig vorantrieben und reflektierten, war das für die lateinamerikanischen Avantgarden keineswegs der Fall. Da es eine Modernisierung im europäischen Maßstab auf sozioökonomischer Ebene lange Zeit nicht gab, waren auch die ästhetischen Modernismen ganz andere und erschienen vielmehr »as attempts to intervene in the intersection of a semi-oligarchic dominant order, a semi-industrialized capitalist economy and semitransformative social movements«[205]. Die Moderne-Kritik García Canclinis mündet schließlich in eine Auseinandersetzung mit popularen Kulturen, die auch in den im engeren Sinne dekolonialistischen Ansätzen aufgegriffen wird und eine wichtige Rolle spielt. Populare Kulturen werden dabei weder als leere Formen ausgefasst, die jeweils spezifische Funktionen erfüllen, noch als mentale Prozesse, die als Effekte von Strukturen gelesen werden. García Canclini grenzt sich mit dieser Herangehensweise von funktionalistischen wie auch von strukturalistischen Ansätzen ab. Er plädiert dafür, populare Kulturen als hybride Ausdrucksformen zu verstehen, die auch Effekte aktiver Aneigungsprozesse sind. »In short«, fasst García Canclini in *Transforming Modernity* zusammen, »popular cultures are the product of *unequal appropriation* of cultural capital, the *people's own reflections* about their living conditions, and *conflict-ridden* interaction with hegemonic sectors«[206]. Zwar werden die Zugänge zu Ressourcen ebenso wie jene zu kulturellem Kapital als extrem ungleich beschrieben, dennoch finden auch vor dem Hintergrund dieser Ungleichheit Vermischungs- und Austauschprozesse statt: So hat beispielsweise auch das von Indigenen im Süden Mexikos ausgeübte Kunsthandwerk sich an touristische Ansprüche und

205 Néstor García Canclini: *Hybrid Cultures. Strategies for entering and leaving modernity.* [1990] Minneapolis/London: University of Minnesota Press 2005, S. 54.

206 Néstor García Canclini: *Transforming Modernity. Popular Culture in Mexico.* Austin: University of Texas Press 1993, S. 22.

Erwartungen angepasst. Es bewahrt zwar eine Eigenständigkeit gegenüber anderen Produkten für den Tourismus, hat aber nichts oder nur noch sehr wenig Ursprüngliches an sich. Populare Kulturen sind den hegemonial-modernen diesem Verständnis nach weder eindeutig untergeordnet noch normativ als widerständig entgegengesetzt.

Zwar betont auch García Canclini an anderer Stelle, dass in den ländlichen, indigenen Bevölkerungsgruppen wie auch bei Subalternen in den Städten »relativ autonome symbolische Praktiken«[207] vorzufinden seien, die nicht unbedingt an den Normen der Herrschenden ausgerichtet sind. Er konstatiert dies in Auseinandersetzung mit Pierre Bourdieus Thesen aus *Die feinen Unterschiede*, in denen der französische Soziologe, grob gesagt, den beherrschten Klassen eine kulturelle Orientierung an den Herrschenden nachgesagt hatte.[208] Zugleich aber betont er immer wieder, dass grundsätzlich – und unter neoliberalen Bedingungen erst recht – keine einheitlichen kollektiven Identitäten als präexistent vorauszusetzen sind, die politisch eindeutig zuzuordnen wären. Statt von einer Widerständigkeit popularer Klassen geht er demnach vielmehr von relativ dynamischen, »interethnischen und internationalen Prozessen«[209] der Identifizierung aus. Eine so verstandene Interkulturalität zeichnet nach García Canclini die Moderne aus.

Keineswegs alle Ansätze, die innerhalb des dekolonialistischen Theorierahmens argumentieren, vertreten eine derart anti-essenzialistische, prozessorientierte Auffassung des Popularen, für die García Canclini schon Anfang der 1990er-Jahre plädiert hatte. Hybridisierung zu fokussieren, bedeutet im Sinne García Canclinis schließlich, auch Macht und Herrschaft als komplexe Verhältnisse zu denken, die sich nicht in dichotomen Gegenüberstellungen beschreiben lassen – das wird in Kapitel 5 noch einmal aufgegriffen. Diese Komplexitätsannahme bedeutet aber nicht, soziale und kulturelle Ungleichheit aus dem Blick zu verlieren. Sie nicht

---

207 Néstor García Canclini: *Diferentes, Desiguales y Desconectados. Mapas de la Interculturalidad.* Barcelona: Gedisa Editorial 2008, 3. Aufl., S. 73.

208 Zur Bourdieu-Rezeption García Canclinis vgl. ausführlich Jens Kastner: »Handlungsmacht, Struktur, Bewegung. Zur Rezeption der Kulturtheorie Pierre Bourdieus bei Néstor García Canclini«. In: Waibel, Tom und Hansel Sato (Hg.): *Handlungsmacht, Ausdruck, Affekt. Zum Bedeutungswandel affektiver Aussageformen in Lateinamerika.* ¡Atención! Jahrbuch des Österreichischen Lateinamerika Instituts, Band 16, Wien/Münster 2013 (Lit Verlag), S. 29–41.

209 García Canclini 2008, a.a.O., S. 161.

nur zu beschreiben, sondern auch daran zu arbeiten, »to reduce social inequality«[210], formuliert García Canclini ausdrücklich als Anspruch der Estudios Culturales.

Ein »differenziertes Pluriversum«: Trans-Moderne

Enrique Dussel zeichnet in verschiedenen seiner Bücher historische Entwicklungen nach, die hier alle nur angerissen werden können. In Bezug auf die Moderne ist seine zentrale These die, dass erst die globale ökonomische Hegemonie Europas, die mit der Industrialisierung im 19. Jahrhundert durchgesetzt wurde, die Aufklärung als kulturelles Phänomen eurozentrischen Wissens ebenfalls hat hegemonial werden lassen. Anders gesagt, die Moderne als Diskurs folgt der Moderne als sozio-ökonomische Konstellation, wobei beide auf dem Ausschluss, der Exteriorisierung alles Anderen beruhen. Dieses Andere, also die kulturellen und wissenschaftlichen, sozialen und technologischen Entwicklungen in den lateinamerikanischen, aber auch den afrikanischen und asiatischen Weltregionen, wurde abgewertet und ausgegrenzt. Der Begriff des Trans-Modernen zielt nun darauf ab, Europa als Zentrum zu dezentrieren und ein gleichberechtigtes Nebeneinander unterschiedlicher lokaler ›Kulturen‹ – im Sinne von materiellen Errungenschaften ebenso verstanden wie in jenem von kollektiven Gewohnheiten sowie Sinn- und Bedeutungsproduktionen – zu ermöglichen. Die oder das Transmoderne – Dussel benutzt beide Varianten, mal mit und mal ohne Bindestrich – breche dann »aus der alternativen Exteriorität des stets Distinkten [...] von universellen Kulturen, die sich entwickeln und die Herausforderungen der Moderne und sogar der europäisch-nordamerikanischen Post-Moderne auf sich nehmen, aber *von einem anderen Ort her* [...] antworten«[211], in die Moderne hinein. Von Trans-Moderne zu sprechen, heißt demnach, eine neue Perspektive zu eröffnen, also neue (oder ungewohnte) Blicke auf die Geschichte zu werfen. Von Trans-Moderne zu sprechen, schreibt Dussel in *Hacia una Filosofía Política Crítica*, meint eine »neue Interpretation des gesamten Phänomens der Moderne« vom Standpunkt bzw. vom Ort der aus ihr Ausgeschlossenen aus, »um eine neue, zukünftige Zivilisation für das 21. Jahrhundert zu entwickeln«[212]. Diese

210 García Canclini 2003, a.a.O., S. 22.
211 Dussel 2013a, a.a.O., S. 167.
212 Dussel 2001, a.a.O., S. 390.

andere Interpretation der europäischen Moderne, der Blick von außen, soll nicht nur Europa als Zentrum dezentrieren, sondern er soll schließlich auch deutlich machen, dass die Moderne immer auch andere »lebendige, widerständige, wachsende Kulturen aus ihrer eigenen ›Exteriorität‹«[213] affirmiert hat. Die neue Perspektive soll sichtbar machen, was bisher ausgeblendet wurde, aber letztlich konstitutiv für die Moderne war.

Transmoderne ist weniger ein zeitdiagnostischer Begriff – wir leben nicht in der Transmoderne –, als vielmehr eine wissenschaftlich-politische Herangehensweise an historische Phänomene mit dem Anspruch auf Effekte in der Zukunft. (Diese Anspruchshaltung der transmodernen Perspektive sagt in etwa: Wenn wir erkennen, dass die eurozentrische Moderne in Wirklichkeit immer schon über ihr Selbstbild hinausging, also trans-modern war, dann eröffnet sich dadurch auch die Möglichkeit einer nicht-eurozentrischen, zukünftigen Entwicklung.) In diesem Sinne nimmt der Begriff der Transmoderne bei Dussel, wie der Kunsthistoriker Christian Kravagna herausstellt, »die Form eines programmatischen Entwurfs«[214] an. Die Trans-Moderne als Änderung des Blickwinkels (oder der Blickwinkel) ist also zunächst ein *epistemologisches* Projekt, eben weil und insofern es auf Änderung der Beschreibungsperspektiven abzielt. Zugleich und damit ist die Trans-Moderne aber auch ein *politisches* Projekt. Es zielt auf die Transformation der Realität. Dieses Projekt hat, wie Dussel in *Materiales para una Política de la Liberación* schreibt, nicht »eine einzige, homogene universelle Kultur« zum Ziel, »sondern ein *differenziertes Pluriversum*, entstanden aus dem Dialog zwischen der ausgegrenzten Tradition der großen Kulturen [...] der postkolonialen Peripherie [und] der okzidentalen Moderne«[215].

Die Trans-Moderne ist demnach auch eine potenzielle zukünftige Realität, die aus dem programmatischen Entwurf hervorgehen soll. Als solche entsteht sie aus dem, was Dussel die ›Gegen-Moderne‹ nennt. Dieser Ausgangspunkt ist insofern wichtig, weil er auch die Homogenisierungen, die die Verwendung des Moderne-Begriffs immer impliziert, etwas abschwächen kann: Unter ›Gegen-Moderne‹ werden philosophische (oder

213 Ebd., S. 391.

214 Christian Kravagna: *Transmoderne. Eine Kunstgeschichte des Kontakts*. Berlin: b_books 2017, S. 12.

215 Dussel 2007, a.a.O., S. 209.

allgemeiner, diskursive) Strömungen innerhalb der Moderne verstanden, sie findet im Zentrum der Moderne selbst und als Teil von ihr statt, sie ist selbst »ein moderner Diskurs«[216]. Als Beispiel nennt Dussel die Schriften von Bartolomé de Las Casas (1474–1566), der als Bischof von Chiapas/Mexiko den Genozid an den Indigenen beschrieb und beklagte,[217] aber auch und vor allem nennt er Felipe Guaman Poma de Ayala (1534/50–1615). Der im heutigen Peru geborene, indigene Intellektuelle, der auch bei Mignolo und bei Silvia Rivera Cusicanqui als zentrale Referenz auftaucht, hat mit *Primer Nueva Corónica y Buen Gobierno* einen knapp 1200-seitigen Bericht über das Leben der andinen Bevölkerung unter der spanischen Herrschaft verfasst und mit 398 Zeichnungen bebildert. Für Dussel repräsentiert dieses Buch den »eigentliche[n] Gegen-Diskurs zur Moderne«[218]. Es sei ein Protest gegen den sich durchsetzenden Kolonialismus und zugleich der Versuch, die Inka-Kultur durch Verschriftlichung am Leben zu erhalten. Dussel sieht darin »die authentische Hermeneutik eines Indios aus einer Inkafamilie«[219], während Poma de Ayala zugleich eine christliche Perspektive einnehme, um seine Kritik plausibler zu machen: Das Verhalten der Christ*innen wird mit Bezug auf die Bibel kritisiert, der Widerspruch der Moderne wird hier erstmals in moderner Form aufgezeigt.

Auch Silvia Rivera Cusicanqui sieht im Werk Poma de Ayalas eine Kritik, die darauf abziele aufzuzeigen, »dass eine legitime Herrschaft und eine gute Regierungsführung im kolonialen Kontext unmöglich ist«[220]. Rivera Cusicanqui interessiert sich vor allem für die erwähnten Zeichnungen in dem Buch, die ihr zufolge in besonderer Weise die sozialen Narrative der vorkolonialen Zeit verdeutlichen können. Die Bilder vermittelten nicht nur einen Eindruck von der Qual aufoktroyierter Arbeit. Es gehe in ihnen

216 Dussel 2013a, a.a.O., S. 64.

217 Der 1552 veröffentlichte Bericht über die Greueltaten der Spanier in Mittelamerika gehört zu den bekanntesten Quellen der frühen kolonialen Ära und ihr Verfasser zu den prominentesten Kritikern aus dem Inneren des Kolonialsystems heraus. Auch im deutschen Sprachraum war der Bericht spätestens seit seiner mit einem Nachwort von Hans Magnus Enzensberger versehenen Ausgabe von 1966 vergleichsweise bekannt, Bartolomé de Las Casas: *Kurzgefaßter Bericht von der Verwüstung der Westindischen Länder*. [1966] Frankfurt am Main: Insel Verlag 1981.

218 Dussel 2013a, a.a.O. S. 65.

219 Ebd., S. 67.

220 Silvia Rivera Cusicanqui: »Soziologie des Bildes. Eine Vision der Kolonialgeschichte des Andengebietes«. In: Dies.: *Ch'ixinakax utxiwa. Eine Reflexion über Praktiken und Diskurse der Dekolonisierung*. Münster: Unrast Verlag 2018a, S. 42–74, hier S. 49.

auch um »den Verlust der Würde sowie die Internalisierung der Werte der Unterdrücker«[221]. Die Bilder enthüllen demnach nicht nur die reine Gewalt des Arbeitsregimes, sondern zeigen zudem auch die psychologischen Effekte der kolonialen Herrschaft.[222] Neben diesen psychologischen Effekten, die Rivera Cusicanqui im Einklang mit Frantz Fanon als typisch für die koloniale Herrschaft kennzeichnet, zeigen die Bilder aber auch eine Geschichte von Praktiken, die auf eine Geschichte ›anderen‹, zuweilen auch widerständigen Handelns verweist. Auf diese Praktiken sei auch für die Zukunft zu setzen: »Seit jeher sind es die Weberinnen und die Dichter-Astrologen der Gemeinden und Dörfer, die uns alternative und subversive Praktiken und Wissen aufzeigen, mit deren Hilfe die Welt wieder ins rechte Lot gebracht werden kann«[223]. Rivera Cusicanqui sieht Widerstandsstrategien auch in der Gegenwart auf diese Praxis und Wissensproduktion bezogen bzw. beschreibt sie als von ihr ausgehend. Ähnlich argumentiert Dussel für das Konzept der Gegen-Moderne schlechthin: Auch er betont, dass die Gegen-Moderne nicht nur ein *Diskurs* im Sinne von alltäglichen und institutionalisierten Interpretationen der sozialen Welt ist, sondern auch widerständige *Praxis* umfasst (wobei Diskurse auch aus Praktiken hervorgehen und umgekehrt in sie eingehen). Die Eroberung Lateinamerikas war schließlich keineswegs mit der Einnahme Tenochtitlans (dem heutige Mexiko-Stadt) 1521 abgeschlossen. Sie wurde von unzähligen koordinierten und spontanen, militärischen und subversiven Widerstandspraktiken über die Jahrhunderte begleitet, gestört und unterbrochen.[224]

Im Unterschied zu Rivera Cusicanqui aber, die sich mit ihrem Bezug auf die Weberinnen und Dichter-Astrologen auf eine anscheinend ungebrochen vor-koloniale Produktion von Wissen und Praxis auch für die Zukunft beruft, ist Dussels Vision immer eine hybride, eben trans- und nicht vormoderne: Historisch zeigt sich diese Hybridität der Transmoderne etwa

221 Ebd., S. 50.

222 In ihrer Konzentration auf die Aussagekraft und die Effekte der Bilder lässt sich Cusicanqui allerdings auch zu mehr als zweifelhaften Aussagen in Bezug auf schriftliche Überlieferungen hinreißen: »Worten«, schreibt sie, »kommt im Kolonialismus eine spezielle Rolle zu: sie benennen nicht, sondern sie verschleiern«. Ob demnach auch die 1189 von Poma de Ayala beschriebenen Seiten und sämtliche anderen anti-koloniale Schriften als Verschleierungen zu lesen sind, darüber sagt Rivera Cusicanqui nichts, ebd., S. 42.

223 Ebd., S. 56.

224 Vgl. etwa Dussel 1995, a.a.O., S. 106ff.

darin, dass der Gegen-Diskurs der Moderne nicht nur als Reaktion beschrieben wird, sondern selbst auch als Aktion generierend und zwar nicht nur in der Peripherie. Dussel betont, dass etwa die Argumente von Las Casas auch innerhalb der niederländischen Befreiungsbewegung des 17. Jahrhunderts gegen die Spanische Krone aufgegriffen wurden und später in der Nordamerikanischen Revolution und in den Unabhängigkeitsprozessen in Lateinamerika noch widerhallten.[225] Diese Wechselwirkungen können auch als möglicher Anknüpfungspunkt für trans-modernistische Praxis gelesen werden. Ideen und Konzepte, die zwar in ihrer Genese ortsspezifisch sind, müssen das in ihren Effekten keineswegs bleiben.

Und schließlich zeigt sich die hybride Konzeption der Transmoderne auch in Bezug auf die Politiken der Befreiung. In Dussels Konzeption transzendieren befreiende Praktiken auch die mythologischen Vorstellungen (etwa von Dichter-Astrologen) und vereinen sie mit der dekolonialistisch gewendeten, modernen Rationalität. »The act of liberation rationalizes modernity by transcending and deconstructing its irrational myth. As a practico-political program, liberation surpasses both capitalism and modernity in search of a new transmodernity characterized by ecological civilization, popular democracy, and economic justice«[226]. In dieser Konzeption wird zudem auch die inhaltliche Ausrichtung der Transmoderne explizit deutlich: ökologisch, basisdemokratisch, von ökonomischer Gerechtigkeit geprägt.

Diese Ausrichtung entspricht durchaus den politischen Ansprüchen, die viele soziale Bewegungen in Lateinamerika der letzten dreißig Jahre (und früher) auf ihre je spezifischen Weisen zum Ausdruck bringen. Bereits in den Debatten um den Cultural-Politics-Ansatz in der Bewegungsforschung, die u.a. im Anschluss an das erwähnte Buch von Álvarez, Dagnino und Escobar geführt wurden, ist darauf insistiert worden, nicht nur die Parteipolitik und Gewerkschaftspraktiken als Politik zu behandeln, sondern auch alltägliche, basisdemokratisch organisierte Praktiken als Verhandlungen des Politischen zu begreifen und sie in die Analyse miteinzubeziehen.[227] Im Kontext dekolonialistischer Theorie hat zuletzt der

225 Vgl. Dussel 2013a, a.a.O., S. 64f.

226 Dussel 1995, a.a.O., S. 117.

227 Die Cultural-Politics-Ansätze wurden im deutschsprachigen Raum nur wenig rezipiert, vgl. dazu u.a. Olaf Kaltmeier, Jens Kastner und Elisabeth Tuider (Hg.):

uruguayische Journalist und Sozialforscher Raúl Zibechi immer wieder diese Position eingeklagt, nicht zuletzt auch als Kritik an der fortschrittsorientierten Linken selbst. Die Linke in Lateinamerika habe, schreibt Zibechi in *Descolonizar la rebeldía* (»Die Rebellion dekolonisieren«) die »popularen Sektoren als Problem für die Entwicklung, nicht als deren Subjekt«[228] betrachtet. Dies zu ändern, waren und sind die dekolonialistischen Ansätze ebenfalls angetreten. Gesellschaftliche Transformationen sollten auch und gerade ›von unten‹ – in Bezug auf sozialstrukturelle Positionierung und Marginalisierungserfahrungen – in den Blick genommen werden.

Arturo Escobar hatte in seiner Zusammenschau des modernity/coloniality-Projektes 2007 noch einen Konsens hinsichtlich der drei bevorzugten Orte und Agent*innen radikalen Wandels konstatiert: subalterne soziale Akteur*innen und Bewegungen, intellektuelle Aktivist*innen und die Universitäten. Die Universität allerdings und das gesamte akademische Feld werden heute von ganz unterschiedlichen Theoretiker*innen wie Cusicanqui und Mignolo als ein solcher Ort stark infrage gestellt. Aber dazu mehr in Kapitel 6.

Es ist wichtig festzuhalten, dass diese emanzipatorische, hier in Anlehnung an das Transmoderne-Konzept von Dussel geschilderte Ausrichtung zentral ist für die dekolonialistischen Ansätze insgesamt. Dennoch gibt es auch Effekte der Theorieentwicklung, die in Bezug auf emanzipatorische Anliegen durchaus zweifelhafte und fragliche inhaltliche Ausrichtungen zur Folge haben. Diese fraglichen Aspekte schließen an ein holistisches, vereinheitlichendes Konzept des ›Westens‹ an und führen zu bedenklichen, weil antisemitischen Argumentationsfiguren. Diese Entwicklungen sollen im Folgenden exemplarisch nachgezeichnet werden.

Neoliberalismus – Autonomie – Widerstand. Soziale Bewegungen in Lateinamerika. Münster: Verlag Westfälisches Dampfboot 2004, und Kastner und Waibel 2009, a.a.O.

228 Raúl Zibechi: »Introducción. Colonialismo y movimientos antisistémicos.« In: Ders.: *Descolonizar la rebeldía. (Des)colonialismo del pensamiento crítico y de las practicas emancipatorias.* Carcaxeint/Málaga: Baladre/Zambra 2015, S. 13–38, hier S. 27.

Die »incorporation of European Jews as ›Whites‹« Islamismus und Antisemitismus als Fallstricke der Moderne-Kritik

Mit der Kritik an der Moderne im Rahmen der dekolonialistischen Ansätze gibt es ein Problem. Gerne wird behauptet, wie bereits angeschnitten, die geleistete Kritik an der Moderne gehe über die als postmodern bezeichnete Kritik hinaus, was in Bezug auf den Fokus Kolonialismus sicherlich eine plausible Behauptung ist. Die Frage ist aber nicht nur, *wie weit* die Moderne-Kritik geht, sondern auch *wohin* sie geht, also welche inhaltliche Richtung sie einschlägt. Und in den Antworten auf diese Frage tut sich das Problem auf: In ihrer Kritik an Moderne, Aufklärung und Universalismus nehmen dekolonialistische Ansätze zuweilen sehr fragliche anti-moderne Positionen ein.

Vor allem Walter D. Mignolo hat seinen Dekolonialismus immer wieder mit einer Wertschätzung nicht nur gegenüber vor-modernen und außerhalb der Moderne entstandenen Denk- und Wahrnehmungsweisen verbunden, sondern eben auch mit anti-modernen. In *Epistemischer Ungehorsam* betont er etwa, dass außerhalb von Europa Wissensformen – Konzepte von Ökonomie, kulturelle Gründungsnarrative u.a. – entstanden seien, die für europäische Denker*innen nicht verständlich gewesen seien und wohl auch heute kaum verstanden werden könnten. »Wie hätten sie auch verstehen können, dass Guamán Poma de Ayala und Ottobah Cugoano politische Theorien zur Dekolonialisierung entworfen hatten, etwas, das Sayyid Q'utb im 20. Jahrhundert unternehmen würde?«[229] Mit Sayyid Qutb (1906–1966) bezieht Mignolo sich hier auf jenen ägyptischen Journalisten und islamistischen Theoretiker, der als einer der Stichwortgeber des zeitgenössischen Jihad gilt. Er war einer der führenden Denker der in Ägypten gegründeten und in verschiedenen arabischen Ländern aktiven Muslimbruderschaft. Qutb schrieb einen dreißigbändigen Koran-Kommentar und inspirierte den radikalen Islamismus ab der zweiten Hälfte des 20. Jahrhunderts. In seinen Schriften forderte er nicht nur die gesetzliche Einführung der Scharia, sein gesamtes Werk ist implizit wie explizit antisemitisch und von verschwörungstheoretischen und einfach irren Behauptungen durchzogen. Qutb hatte Anfang der 1950er-Jahre einen einflussreichen Aufsatz mit dem Titel »Our Struggle Against the Jews« verfasst, der 1970 von der

229 Mignolo 2012, a.a.O., S. 68.

saudi-arabischen Regierung nachgedruckt und in hoher Auflage verbreitet wurde. Darin wird den Jüdinnen und Juden nicht nur allerlei naturalisiertes Böses zugeschrieben, Adolf Hitler wird auch als Bote Allahs verstanden, um die Juden zu beherrschen. Die Historikerin Tânia Puschnerat schreibt Qutb in ihrem Text »Antizionismus im Islamismus und Rechtsextremismus« eine Schlüsselrolle in der Entwicklung eines islamistischen Antisemitismus zu.[230] Qutb stellte demnach die ideologische Verbindung zwischen europäischem und islamischem Antisemitismus her. Mignolo bezieht sich nun unkommentiert auf diesen Jihadisten und Stichwortgeber islamistischen Terrors als jemanden, der »Theorien der Dekolonisierung« entworfen habe. Er erwähnt Qutb noch einmal als wichtig für die »Entwürfe einer globalen Zukunft«[231]. Dabei stellt er ihn in die Reihe anderer antikolonialer Kämpfer*innen:

> »In den 1960er und 1970er Jahren wurde von arabisch-islamischen Denkern (Sayyid Q'utb, Ali Shariati, Ayatollah Komeini [sic]), von afro-karibischen Denkern (Aimé Césaire, Frantz Fanon), von der Befreiungsphilosophie in Lateinamerika sowie von indigenen Intellektuellen und Aktivist_innen in Lateinamerika, Australien, Neuseeland und Kanada die Dekolonialität klar formuliert«[232].

Mignolo verharmlost Qutb hier ebenso wie Khomeini als »islamische Denker«, die die Dekolonialität – offenbar nicht zu Mignolos Missfallen – »klar formuliert« hätten.[233] Zwar argumentierte auch Khomeini durchaus antikolonial, aber er war auf dieser Grundlage zweifelsohne auch Jihadist, der als Staatschef ein Terrorregime errichtete und Zehntausende Menschen hinrichten ließ. Khomeini bezog sich bereits in den 1960er-Jahren positiv

---

230 Tânia Puschnerat: »Antizionismus im Islamismus und Rechtsextremismus«. In: Bundesministerium des Inneren (Hg.): Feindbilder und Radikalisierungsprozesse. Elemente und Instrumente im politischen Extremismus. Berlin: Bund 2005, S. 42–73.

231 Mignolo 2012, a.a.O., S. 71.

232 Ebd.

233 Als Übersetzer von Mignolos *Epistemischer Ungehorsam* haben wir in unserer Einleitung angesichts dieser positiven Bezugnahmen damals darauf hingewiesen, dass die »dekoloniale Option nicht per se in die Befreiung mündet«, Jens Kastner und Tom Waibel: »Dekoloniale Optionen. Argumentationen, Begriffe und Kontexte dekolonialer Theoriebildung«. In: Mignolo 2012, a.a.O., S. 7–42, hier S. 31 FN30. Uns wurde dennoch Verharmlosung von Antisemitismus vorgeworfen, Vorwurf und Entgegnung finden sich hier http://argument-wasnun.blogspot.com/2012/04/entgegnungen-auf-den-offenen-brief.html (25.05.2021)

auf den Antisemitismus von Qutb und erklärte 1981, eines der wichtigsten Ziele der iranischen Revolution sei die Vernichtung Israels.[234]

Qutb und Khomeini in eine Reihe mit Fanon und Césaire zu stellen, wird, neutral ausgedrückt, Letzteren wohl kaum gerecht. Es ist zudem einer Dekolonialität als emanzipatorische Perspektive nicht gerade zuträglich. Im Gegenteil, es muss konstatiert werden, dass *eine* dekoloniale Option im Anschluss an Mignolo offensichtlich auch offen antisemitisch und reaktionär ist. Dass diese Feststellung keineswegs übertrieben ist, können die folgenden Ausführungen noch unterstreichen. Wenn in diesem Kapitel also der Antisemitismus innerhalb der dekolonialistischen Theorie kritisiert wird, sollte deutlich werden, dass es nicht bloß um die Haltung dekolonialistischer Theoretiker*innen gegenüber der aktuellen israelischen Siedlungspolitik geht. Während sich darüber durchaus streiten lässt, ob die Kritik an der Siedlungspolitik oder an militärischen Maßnahmen Israels als antisemitisch zu bezeichnen ist, gilt das für die positiven Bezüge auf Qutb und Khomeini wohl kaum.

Dass Mignolo diese positiven Bezugnahmen auf Qutbs und Khomeinis offenen Antisemitismus nicht zufällig geschehen, sondern sie offenbar einer pro-islamistischen Ausrichtung seines Denkens geschuldet sind, lässt sich noch an zwei weiteren Textstellen aufzeigen. Ebenfalls in *Epistemischer Ungehorsam* kritisiert er den Einmarsch der USA in den Irak im Anschluss an das Attentat vom 11. September 2001 u.a. mit dem vorgeblich dekolonialistischen Argument, man diskreditiere »die islamischen Denker, die den Irak rekonstruieren und eine Verfassung auf der Grundlage von Scharia und Koran schreiben wollen, anstatt auf der okzidentalen Basis von Demokratie (in deren Namen das Land zerstört wurde) und Bibel (als Wahlmöglichkeit anstelle des Koran)«[235]. Die Kritik an Okzidentalismus und ›westlicher‹ Moderne mündet hier in eine Befürwortung der Scharia.

Schließlich bedient sich Mignolo in einem Aufsatz mit dem Titel »Dispensable and Bare Lives« noch einmal Argumentationsmustern, die zumindest antisemitisch konnotiert sind. Die Gründung des Staates Israel wird hier nicht etwa als Effekt der Shoah beschrieben, sondern als

---

234 Vgl. Matthias Küntzel: »Islamischer Antisemitismus«. In: *Bundeszentrale für politische Bildung*, 30.04.2020, https://www.bpb.de/politik/extremismus/antisemitismus/307771/islamischer-antisemitismus

235 Mignolo 2012, a.a.O., S. 198.

koloniales Projekt, das Ergebnis einer Komplizenschaft zwischen säkularen Jüdinnen und Juden und dem »imperialen Kapitalismus« sei: »The major consequence of the complicity between secular Jews and Euro-American economic and political practice ended up in the construction of the State Israel«[236]. Damit formuliert Mignolo eine Position, die zwar in antiimperialistischen – aktivistischen wie akademischen – Kreisen verbreitet, aber nichtsdestotrotz bestenfalls reduktionistisch ist.

An die in diesem Aufsatz formulierte Darstellung Mignolos knüpft in derselben Ausgabe der Zeitschrift *Human Architecture* auch Ramón Grosfoguel mit nicht weniger bedenklichen – um nicht zu sagen abenteuerlich argumentierenden – Thesen an. Die Gründung des Staates Israels sei ohne Kolonialgeschichte nicht zu verstehen, wobei die Geschichte des Judentums in Europa so interpretiert wird, dass den Jüdinnen und Juden eine Entwicklung von den »victim's of Christian Europe's anti-semitism«[237] hin zu einer »incorporation of European Jews as ›Whites‹ in most of the Western metropolitan centers after Second World War«[238] nachgesagt wird. Von den Opfern eines eliminatorischen Antisemitismus (den Grosfoguel nicht so nennt) seien die Jüdinnen und Juden also binnen weniger Jahrzehnte zu »Weißen« geworden, also Teil der hegemonialen, auch für den Kolonialismus verantwortlichen Gruppen. Gleichzeitig vollzog sich laut Grosfoguel eine Fortsetzung des »Hitlerismus« nach dem Zweiten Weltkrieg: »Hitlerism continues to manifest itself in the post-Second World War«, schreibt er, »but, I will add, incarnated in the new institutional international regime organized by the postwar hegemonic superpower: the United States of America«[239]. Die Staatsgründung Israels erscheint hier folglich nicht als eine Konsequenz, die aus der nationalsozialistischen Vernichtungspolitik gezogen wurde, sondern fügt sich laut Grosfoguel als »colonial project directly at the center of US hegemony and global White

236 Walter Mignolo: »Dispensable and Bare Lives. Coloniality and the Hidden Political/Economic Agenda of Modernity«. In: *Human Architecture. Journal of the Sociology of Self-Knowledge*, VII.2, Frühjahr 2009, S. 69-88, hier S. 87.

237 Ramón Grosfoguel: »Human Rights and Anti-Semitism After Gaza«. In: *Human Architecture. Journal of the Sociology of Self-Knowledge*, VII.2, Frühjahr 2009, S. 89–101, hier S. 94.

238 Ebd., S. 95.

239 Ebd., S. 93.

supremacy«[240]. Da die Jüdinnen und Juden nun zum Teil der white supremacy gemacht worden sind, ist der letzte Schritt nur konsequent: Die Jüdinnen und Juden werden letztlich zu den neuen Nazis erklärt. »What is the difference between the GAZA ghetto and the Warsaw ghetto? How different is the ethnic cleansing of Palestinians from Hitlerism?«, fragt Grosfoguel rhetorisch, um dann selbst zu antworten, es gebe keinen Unterschied zwischen der nationalsozialistischen Vernichtungspolitik und der Politik des Staates Israel in den besetzten Gebieten: »GAZA is today the equivalent continuity of the Warsaw ghetto«[241]. Und noch einmal in anderen Worten: »Hitlerism as a continuation of colonial racist ideology came back to hunt Palestinians this time at the hands of European Jews who ironically were escaping from the Nazi Holocaust«[242].

Diese Argumentation ist historisch so blind und theoretisch so schwach, dass sie kaum der Rede wert sein sollte. Weder kann der Nationalsozialismus als Fortführung einer rassistischen Kolonialideologie begriffen werden (auch wenn er sich ihrer unzweifelhaft bediente), noch hat er sich nach Palästina verlagert, noch gibt es einen Nationalsozialismus in den Händen von Jüdinnen und Juden.[243] Diese von Grosfoguel praktizierte Täter-Opfer-Umkehr ist ein uraltes antisemitisches Motiv, das zugleich auch in der politischen (antiimperialistischen) Linken seit den Jahren um 1968 eine profunde Tradition hat. Im Kontext der Kritik am von den USA geführten Krieg in Vietnam wurde bereits die Fortführungsthese artikuliert, also die Ansicht vertreten, die USA führten die Politik der Nazis weiter. Das wachsende Bewusstsein über die Gräuel der NS-Herrschaft führte in den 1960er-Jahren auch dazu, dass das Wort Holocaust von seiner spezifischen Bedeutung entkoppelt und zu einer allgemeinen Chiffre für große, genozidale Verbrechen wurde.[244] Dass die These von der Fortführung der NS-

240 Ebd., S. 95.

241 Ebd., S. 93.

242 Ebd., S. 95.

243 Zur Kritik an Mignolo und Grosfoguel in dieser Hinsicht vgl. ausführlich Edthofer 2015, a.a.O.

244 Der Historiker Berthold Molden macht bereits auf die Ambivalenz dieses Narrativs aufmerksam, die letztlich bis heute fortbesteht: »›1968‹ trug zu einem umfassenden Referenzrahmen bei, der revolutionäre Avantgarden in der Dritten Welt, AktivistInnen der Entkolonisierung sowie europäische und amerikanischen StudentInnen und BürgerrechtlerInnen einschloss. Eine Koordinate in diesem Bezugssystem war die Erinnerung an den Holocaust. Dieser geriet dadurch einerseits zur

Herrschaft durch die USA schon vor mehr als 50 Jahren vertreten wurde, macht deren Aufgreifen bei Grosfoguel nicht besser, sondern schlimmer. Denn seitdem gibt es auch Kritik an dieser historisch unhaltbaren Gleichsetzung. Grosfoguel ignoriert diese Debatten aber komplett, um schließlich das Narrativ vom Staate Israel als koloniales Projekt zu etablieren. Das ist, auch wenn viele Diskurse der antiimperialistischen Linken dies teilen, in dreierlei Hinsicht problematisch. Erstens wird mit der Einreihung des ›Hitlerismus‹, also des Nationalsozialismus in den Kolonialrassismus der Zusammenhang zwischen beiden Systemen eher verunklärt als erläutert und der Nationalsozialismus tendenziell verharmlost (als ein weißes, rassistisches Regime unter anderen). Zweitens blendet dieses Narrativ vom kolonialen Projekt – das grundsätzlich in der Vorstellung von einer ›weißen‹ Staatsmacht besteht, die ein indigenes ›Volk‹ unterdrückt –, nicht nur die Shoah als wesentlichen Bestandteil der Gründungsgeschichte Israels aus, sondern es verwendet auch, indem es die Jüdinnen und Juden interpretatorisch den ›Weißen‹ zuschlägt, keinerlei Überlegungen auf den Fortbestand des strukturellen Antisemitismus bis in die Gegenwart. Jüdinnen und Juden unterschiedslos als ›Weiße‹ zu kategorisieren, lässt keinen Raum für die Untersuchung des Antisemitismus, dem sie nach wie vor (und immer wieder neu) ausgesetzt sind. Weil die Politik des Staates Israels weder strukturell noch bezogen auf konkrete Praktiken mit der Kolonisierung der Amerikas noch derjenigen Afrikas gleichzusetzen ist – und Grosfoguel vergleicht nicht, sondern setzt gleich –, ist das koloniale Narrativ in Bezug auf Israel drittens analytisch wie politisch irreführend. Will man etwa das Vorgehen des israelischen Militärs in Gaza oder die staatliche Politik hinsichtlich des palästinensischen Flüchtlingsproblems infolge der Nakba oder auch die Siedlungspolitik kritisieren, ist das auf falschen Gleichsetzungen fußende koloniale Narrativ eher hinderlich als nützlich.

Chiffre in einem antiimperialistischen und Oppositionsdiskurs, der hinsichtlich der historischen Spezifität der Shoa oft wenig reflektiert war, bisweilen antisemitische Untertöne hatte oder gar in offenen Antisemitismus umschlug. Andererseits jedoch verhalf dieser Diskurs verschiedenen Opfergruppen zu erhöhter internationaler Aufmerksamkeit.« Berthold Molden: »Genozid in Vietnam. 1968 als Schlüsselereignis in der Globalisierung des Holocaustdiskurses«. In: Jens Kastner und David Mayer: *Weltwende 1968? Ein Jahr aus globalgeschichtlicher Perspektive.* Wien: Mandelbaum Verlag 2008, S. 83–97, hier S. 85.

Diese antisemitischen und pro-islamistischen Impulse stehen im Kontext einer ganz allgemeinen Kritik am Säkularismus in der dekolonialistischen Theorie. Der Philosoph und Literaturwissenschaftler Nelson Maldonado-Torres beschreibt den Säkularismus in einem etwas schiefen Bild als »religion of the modern world«[245] und sagt ihm nach, mit dem Zurückdrängen religiöser Praktiken aus dem Bereich des Öffentlichen »imperial discursive structures«[246] zu reproduzieren. Schief ist das Bild insofern, als Religion und Säkularismus als Begriffe auf verschiedenen Ebenen angesiedelt sind: Während Religion bestimmte Glaubensvorstellungen inklusive spezifischer Praktiken und Institutionen bezeichnet, beschreibt Säkularismus eine bestimmte Haltung gegenüber diesen Glaubensvorstellungen, Praktiken und Institutionen. Diese Ebenen unterscheidet Maldonado-Torres aber nicht und tut so, als würde der Säkularismus die einen Arten und Weisen von Glauben, Praktiken, Institutionen durch andere ersetzen und diese damit unterdrücken. So kritisiert er den Säkularismus, indem er ihm eine »role of legitimating and articulating discursive mechanisms to create a civic space«[247] zuschreibt. Dass dieser »civic space« aber neben der Presse- und Meinungs- auch die Religionsfreiheit sichert, wird dann ausgeblendet. Diese Ausblendung findet statt, weil nicht erkannt wird, dass eine säkulare Haltung eine Metaperspektive beinhaltet bzw. ist. Diese Metaperspektive ist sicherlich Teil von Moderne und Aufklärung, wäre aber nichtsdestotrotz auch die Voraussetzung einer pluriversalen Trans-Moderne. Denn eine religiös fundierte Ordnung des Sozialen und Politischen kann ein pluriversales Nebeneinander weder schaffen noch garantieren. Eine Transmoderne kann meines Erachtens, anders als Maldonado-Torres meint deutlich machen zu können, nicht »postsecular«[248] sein. Die Hinnahme der oben geschilderten anti-modernen, islamistischen Ideen und Politiken ist in den Kontext eines solchen Anti-Säkularismus einzuordnen.

245 Nelson Maldonado-Torres: »Secularism and Religion in the Modern/Colonial World-System: From Secular Postcoloniality to Postsecular Transmodernity«. In: Mabel Moraña, Enrique Dussel und Carlos A. Járegui (Hg.): *Coloniality at Large. Latin America and the Postcolonial Debate.* Durham & London: Duke University Press 2008, S. 360–384, hier S. 360.

246 Ebd., S. 361.

247 Ebd., S. 367.

248 Ebd., S. 383.

Die antisemitischen und pro-islamistischen Aspekte, die innerhalb der dekolonialistischen Theorie aus der Kritik der Moderne entstehen, sind nach wie vor wenig diskutiert worden – entweder sie bleiben unbemerkt oder sie werden akzeptierend hingenommen.[249] Wo sie aber doch kritisiert werden, tut sich häufig ein anderes Problem auf. Die Kritik an jener Schlagseite der dekolonialistischen Theorie, die den Islamismus verharmlost und letztlich selbst antisemitisch argumentiert, führt nicht selten zur kompletten Ablehnung der gesamten Ansätze und damit zugleich zu einer kritiklosen Verteidigung von Moderne und aufklärerischem Universalismus. Als hätte es keine systematische koloniale Gewalt gegeben und als sei die Geschichte der Aufklärung ohne Ausbeutung und Ausschlüsse zu schreiben, ruft etwa Stefan Laurin in der Wochenzeitung *Jungle World* paradigmatisch dazu auf, Universalismus und Aufklärung (und den Staat Israel) zu verteidigen. Unter dem Dringlichkeit signalisierenden Titel »Es geht um alles« wird vor »falschem Respekt«[250] gegenüber dem Islamismus gewarnt und versucht, emanzipatorische von rassistischer Islamkritik abzugrenzen. Letzteres ist sicherlich wichtig, nur misslingt es, wenn wie in Laurins Artikel die Behauptung aufgestellt wird, die Debatte müsse weitergehen, weil es um Aufklärung, Universalismus und darum gehe, warum die Ideen, »die dort

249 Es ist hier sicherlich darauf hinzuweisen, dass die anti-israelischen Argumentationsweisen im Kontext der transnationalen linken Theorieentwicklung weniger Ausnahmen als die Regel sind und dass sie nicht selten auch in antisemitische Bilder und Argumente übergehen. Judith Butler etwa war ausführlich dafür kritisiert worden, Hamas und Hisbollah als Teil der antiimperialistischen Linken zu verstehen und bedient sich auch in ihrem aktuellen Buch zur Gewaltlosigkeit des kolonialen Narrativs in Bezug auf Israel: Sie nennt den Diskurs um die israelische Politik – wobei sie das Wort Israel gar nicht benutzt, sondern von Palästina spricht – als ein Beispiel dafür, dass die »Kritik fortdauernder kolonialer Gewalt als gewalttätig gilt (Palästina)«, Judith Butler: *Die Macht der Gewaltlosigkeit*. Berlin: Suhrkamp Verlag 2020, S. 39. Auch Angela Davis, Ikone der Black-Liberation-Theorie und -Bewegungen, um nur ein anderes besonders frappantes Beispiel zu nennen, nutzt das koloniale Narrativ in Bezug auf Israel und spricht sogar vom »Kampf gegen die israelische Apartheit«, den es gegenwärtig zu führen gelte, Angela Y. Davis: *Freiheit ist ein ständiger Kampf*. Münster: Unrast Verlag 2016, S. 65. Wie viele Linke ist Davis auch Unterstützerin der Boykottkampagne BDS (Boycott, Divestment, Sanctions). Auch Gayatri Spivak hat sich mit ihrem Lob palästinensischer Selbstmordattentäterinnen hier eindeutig positioniert, nämlich nicht nur antiisraelisch, sondern auch antisemitisch, vgl. Jens Kastner: »Tod einer Handlungsmacht. Wie die postkolonialistische Theoretikerin Gayatri Chakravorty Spivak ihren eigenen Theorieansatz demontiert«. In: *graswurzelrevolution*, Münster, Nr. 414, Dezember 2016, S. 19.

250 Stefan Laurin: »Es geht um alles«. In: *Jungle World*, Nr. 45/2020, Berlin, 05.11.2020, https://jungle.world/artikel/2020/45/es-geht-um-alles

ihren Ursprung haben, religiösen Vorstellungen aus der Spätantike überlegen sind«[251]. Misslungen ist die Unterscheidung zwischen linker und rechter Kritik gar nicht deshalb, weil die Überlegenheit von Aufklärung gegenüber religiösen Vorstellungen behauptet wird. Denn ohne Aufklärung wäre eine Säkularisierung sicherlich nicht durchzusetzen gewesen, die zwar historisch viele religiöse Praktiken und Weltsichten unterdrückt und ausgegrenzt hat, aber aus emanzipatorischer Sicht dennoch der immanenten Intoleranz religiöser Weltbilder und Weltordnungen definitiv vorzuziehen ist – nur Säkularismus kann die Voraussetzung für pluriversale Transmodernen sein. Misslungen ist die Differenzierung zwischen links und rechts hier deshalb, weil damit zugleich unterstellt wird, dass letztlich alle Muslime spätantiken Vorstellungen anhängen würden, was von Christen und Christinnen offenbar nicht gedacht wird. Anders gesagt: Es findet eine homogenisierende, abwertende Unterstellung gegenüber Islamgläubigen statt, die ihrerseits klar koloniale Denkmuster von der Überlegenheit der europäischen Zivilisation bedient.[252]

Dem ist dringend eine andere, letztlich auch vermittelnde Position entgegenzusetzen. Es muss darum gehen, eine Position zu finden und einzunehmen, die weder die Kritik an der westlichen Moderne in eine naive antiwestliche Pose überführt, der alle, auch antisemitische und islamistische Gewährsleute und Bündnispartner*innen recht sind; noch ist eine nicht weniger naive Verteidigung von Aufklärung und Universalismus akzeptabel, die den Einfluss des Kolonialismus auf diese nicht einmal ernsthaft in Erwägung zieht.

---

251 Ebd.

252 Es ist nicht unwichtig zu betonen, dass hier keineswegs bloß auf die deutschsprachige Debatte zwischen sogenannten antideutschen, den Universalismus verteidigenden und antiimperialistischen, auf Wertschätzung des Partikularen abzielende Positionen Bezug zu nehmen ist. Auch in vielen anderen Ländern finden sich vergleichbare Polarisierungen, wenn vielleicht auch nicht dermaßen ausgeprägt. Für Frankreich etwa stellt der Philosoph Pascal Bruckner mit seiner Kritik an der Vokabel der ›Islamophobie‹ und an der Verharmlosung des Islamismus den ›antideutschen‹ Pol dar, während die Politikwissenschaftlerin Françoise Vergès mit ihrer Kritik am weißen, bürgerlichen, zivilisatorischen Feminismus und ihren durchaus positiven Bezugnahmen auf muslimisch motivierte Kämpfe von Frauen den ›antiimperialistischen‹ Pol repräsentiert, Pascal Bruckner: *Der eingebildete Rassismus. Islamophobie und Schuld.* Berlin: Edition Tiamat 2020 und Françoise Vergès: *Dekolonialer Feminismus*. Wien: Passagen Verlag 2020.

Der anti-westliche Impuls, der den Islamismus hinnimmt, übersieht und/oder verschleiert, dass mit jihadistischen Positionen kein Pluriversum an Ansätzen und Lebensentwürfen zu erkämpfen oder gar zu gewährleisten ist, wie es die dekolonialistische Theorie ja ansonsten anstrebt. Die islamistische Ideologie zielt explizit nicht auf ein friedliches Nebeneinander ab. Sie ist darüber hinaus auch in ihren lebensweltlichen, sozialen und politischen Ordnungsvorstellungen antiemanzipatorisch. Jihad und Scharia sind extrem ausschließende, diskriminierende Konzepte gesellschaftlichen Zusammenlebens.

Für die Emanzipation hingegen die unbedingte Verteidigung der Aufklärung zu propagieren, blendet nicht nur die historische Verwobenheit der Denkweisen in die imperialen Projekte Europas aus, sondern kann auch deren gegenwärtig wirksamen Kontinuitäten nicht fassen. Den Rassismus gegenüber Musliminnen und Muslimen in den westlichen Gesellschaften für nicht-existent zu erklären, weil der Islam keine ethnische Gruppe sei oder konstituiere, negiert die Diskriminierungserfahrungen von Hunderttausenden von Menschen und ist deshalb für eine linke Perspektive ebenso unbefriedigend. Es ignoriert auch die Tatsache, dass Rassismus die Existenz bestimmter sozialer Gruppen nicht zwingend voraussetzt: Es gibt Rassismen, obwohl es keine Rassen gibt.

Auch wenn die Gegenpositionen gegen die dekolonialistische Theorie häufig nicht überzeugend sind, nimmt das diese doch nicht aus der Pflicht. Die kapitalistische Moderne zu kritisieren, darf also nicht unter Bezugnahme auf antimoderne Ressentiments geschehen, die Antisemitismus und Gewalt gegen ›Ungläubige‹ mit einschließen. Die Kritik an der Moderne kann sich nicht auf antimoderne Argumentationsmuster stützen, wenn sie weiterhin ein pluriversales, egalitäres Projekt sein bzw. darauf hinauslaufen will. Diese Kritik muss bei ihrer Zurückweisung der Privilegierung der Vernunft gegenüber den Emotionen usw. dennoch die Errungenschaften der Aufklärung bewahren und verteidigen. Sie muss dabei zugleich darauf insistieren, dass die Errungenschaften meist nicht unabhängig vom Terror der zivilisatorischen Mission der Kolonialismen entstanden sind. Das ist eine schwierige Aufgabe, die sicherlich auch das Denken in Dichotomien infrage stellt.

3. Eurozentrismus und epistemischer Bruch

Auch wenn er diesen Spuren nur selten nachgeht, schreibt schon Immanuel Wallerstein im Vorwort zur zweiten Auflage des zweiten Bandes von *Das moderne Weltsystem*, dass die Führungen der jeweiligen Hegemonialmächte »nicht nur in der politisch-wirtschaftlichen Sphäre [bestanden], sondern auch auf kulturellem Gebiet, und zwar nicht nur auf dem Gebiet der Künste, sondern – noch wichtiger – bei den Wissensstrukturen«[253]. Dieser Aspekt der Wissensstrukturen wird nun in den hier besprochenen Arbeiten besonders hervorgehoben. Die dekolonialistischen Ansätze räumen der Wissensproduktion und ihren Interdependenzen selbst einen wesentlich größeren Stellenwert ein als die auf ökonomische und staatspolitische Aspekte konzentrierten dependenztheoretischen Ansätze oder eben die Weltsystemtheorie. Dieser Fokus auf Epistemologie und Wissensproduktion ist möglicherweise gar als zentrales Charakteristikum der dekolonialistischen Theorieansätze zu begreifen. Ein erster Sammelband aus den Reihen des Forschungsprojekts »Latin American modernity/coloniality research program«, noch ausschließlich männlich besetzt, trägt nicht zufällig den Titel *La colonialidad del saber: eurocentrismo y ciencias sociales*[254] (»Die Kolonialität des Wissens: Eurozentrismus und Sozialwissenschaften«). Warum wird Epistemologie und Wissensproduktion ein solcher Stellenwert eingeräumt? Wieso wird so stark für einen epistemischen Bruch und für epistemischen Ungehorsam plädiert?

Die dekolonialistischen Ansätze gehen von der Analyse aus, dass mit dem Prozess der Eroberung Lateinamerikas nicht nur auf politisch-administrativer Ebene die »*koloniale Organisation der Welt*«[255] begann, sondern zugleich, wie der venezolanische Soziologe Edgardo Lander

253 Wallerstein 2012a, a.a.O., S. XVII.

254 Edgardo Lander (Hg.): *La colonialidad del saber: eurocentrismo y ciencias sociales. Perspectivas latinoamericanas*. Buenos Aires: CLACSO 2000.

255 Edgardo Lander: »Ciencias sociales: saberes coloniales y eurocéntricos«. In: Ders. (Hg.): *La colonialidad del saber: eurocentrismo y ciencias sociales. Perspectivas latinoamericanas*. Buenos Aires: CLACSO 2000, S. 11–40, hier S. 16.

schreibt, eine »koloniale Konstitution der Wissensformen«[256] einsetzte. Gemeint ist damit vor allem zweierlei: Zum einen wurde mit Beginn des Kolonialismus ein Verständnis von Geschichte und von Zeitlichkeit etabliert, das die ökonomische, soziale, politische und kulturelle Entwicklung der europäischen Länder zum Maßstab für alle anderen Gesellschaften machte. Dieses Verständnis von Zeit war chronologisch und teleologisch ausgerichtet. Es bildete die Wahrnehmungsgrundlage dafür, dass die partikulare europäische Erfahrung als universal angenommen werden konnte. Der Dualismus von Moderne und Tradition wurde eingeführt und durchgesetzt. Mit dieser Dichotomie gingen zum anderen die Trennungen von Rationalität und Emotionalität, von Geist und Körper, von Denken und Handeln einher, die für die europäische Aufklärung so zentral wurden. Mit diesen Unterscheidungen als Grundlage bildete sich erst das Verständnis moderner Wissenschaft heraus. Die modernen Wissenschaften – inklusive Sozialwissenschaften – sind demnach konstitutiv auf zwei Ausschlüssen aufgebaut: Einerseits wird die Erfahrung als Grundlage für Beobachtungen und Bewertungen ausgeschlossen und durch den einzig gültigen, Objektivität behauptenden Standpunkt ersetzt. Santiago Castro-Gómez beschreibt diesen Ausschluss als »making the point of observation invisible«[257]. Andererseits und zugleich wird anderes Wissen aus dem Bereich des Denkens und der Rationalität ausgeschlossen. Es wird konzeptuell für illegitim erklärt. Diese Illegitimisierung setzt die konkrete Vernichtung der Schriften aus der präkolumbianischen Welt fort, wie sie im 16. Jahrhundert etwa der katholische Bischof von Yúcatan, Diego de Landa, in Bezug auf die Maya-Schriften angeordnet hatte. Auch die modernen Sozialwissenschaften sind auf dem Boden der Zerstörung anderer Wissensformen errichtet worden. Die Delegitimierung bestimmter Formen des Wissens und der Wissensproduktion im und durch den Kolonialismus wird von Mignolo und von Catherine Walsh auch als »Geopolitik des Wissens« bezeichnet, die eine »zentrale Strategie der Moderne«[258] gewesen sei und immer noch ist. Das wissenschaftliche Wissen zum einen und einzigen legitimen Wissen

256 Ebd.

257 Castro-Gómez 2008, a.a.O., S. 278.

258 Catherine Walsh: »Introducción. (Re)Pensamiento Crítico y (De)Colonialidad.« In: Dies. (Hg.): *Pensamiento Crítico y Matriz (De)Colonial. Reflexiones Latinoamericanas*. Quito: Universidad Andina Simón Bolívar 2005, S. 13–35, hier S. 17.

über Mensch und Natur zu erklären, habe anderes Wissen »verdunkelt, unsichtbar gemacht und zum Schweigen gebracht«[259].

Die Trennungen und Differenzen, die zwischen traditionellem und modernem Leben und zwischen popularem und wissenschaftlichen Wissen vorgenommen wurden, schufen nie ein gleichberechtigtes Nebeneinander, sondern sie wurden als hierarchische Oppositionen gedacht, begründet und durchgesetzt. Deshalb spricht Lander von einer »radikal ausschließenden Universalität«[260]. Gegen diesen Ausschluss durch den Universalitätsanspruch richtet sich die dekolonialistische Kritik. Die Kritik am westlichen Verständnis von Wissen und Wissensproduktion sind dementsprechend von der Soziologin Wiebke Keim – einer der wenigen im deutschsprachigen Raum, die diese Debatten ausführlich rezipiert hat –, als »[t]heoretische Angriffe auf die nordatlantische Hegemonie«[261] beschrieben worden.

Ausblendung, Unsichtbarmachung, Verunmöglichung: Epistemische Gewalt

Die nordatlantische Hegemonie, von der Keim spricht, die Verdunkelung und Unsichtbarmachung, die Walsh benennt, sind zweifellos auch mit dem Begriff zu beschreiben, den die postkolonialistische Theoretikerin Gayatri Chakravorty Spivak schon 1988 in die Diskussion um die Nachwirkungen des Kolonialismus gebracht hat: »epistemische Gewalt«[262]. Spivak hatte mit dem Begriff bereits subtile Formen der Ausblendung, der Unsichtbarmachung und der Verunmöglichung von Artikulationen durch die kolonialistische Beschaffenheit des Wissens beschrieben, die den Eurozentrismus genauer kennzeichnen und ohne deren Bestehen epistemischer Ungehorsam eben nicht notwendig wäre. Ohne epistemische Gewalt bedürfte es keines epistemischen Bruchs. Der Hinweis auf Spivak scheint mir zudem gerade deshalb geboten, weil weder Mignolo noch de Sousa Santos sich in ihren Ausführungen auf die Theoretikerin beziehen. Demgegenüber hat die dominikanische Philosophin Yuderkys Espinosa

259 Ebd.

260 Lander 2000, a.a.O., S. 17.

261 Wiebke Keim: *Vermessene Disziplin. Zum konterhegemonialen Potential afrikanischer und lateinamerikanischer Soziologien*. Bielefeld: Transcript Verlag 2008, S. 151 ff.

262 Gayatri Chakravorty Spivak: *Can the subaltern speak? Postkolonialität und subalterne Artikulation*. Wien: Verlag Turia + Kant 2008, S. 56.

Miñoso in ihrer Genealogie des dekolonialistischen Feminismus explizit auch die Kritik an der epistemischen Gewalt im Anschluss an Spivak aufgeführt und sie als wichtiges »kritisches Erbe«[263] bezeichnet. Auf diese Genealogie wird im Kapitel zu den feministischen Ansätzen noch näher eingegangen. Auch die Politikwissenschaftlerin Claudia Brunner, die in ihrer Studie *Epistemische Gewalt. Wissen und Herrschaft in der kolonialen Moderne* die dekolonialistischen Ansätze ausführlich diskutiert, stellt zuvor im Hinblick auf diese fest: »Spivaks Auseinandersetzung mit epistemischer Gewalt an der Schnittstelle von postkolonialer und feministischer Theorie hat erheblich dazu beigetragen, die in vielerlei Hinsicht gewaltförmige koloniale und imperiale Dimension des Zusammenhangs von Wissen einerseits und Macht, Gewalt und Herrschaft andererseits thematisieren zu können sowie epistemische Gewalt als eigenständigen Begriff zu etablieren«[264]. An die relative Eigenständigkeit des Begriffes knüpfen Theoretiker*innen wie Mignolo und de Sousa Santos zweifellos implizit an, indem auch sie die besondere Dimension der Wissensproduktion zum Zentrum ihrer Kritik an der kolonialen Moderne machen.

»Durch die Vorstellungskräfte verwirklicht« Zur Genealogie der Eurozentrismuskritik

Die Frage nach dem Zusammenhang von Wissensproduktion, Eurozentrismus und Sozialwissenschaften ist zentral für die dekolonialistischen Debatten. Sie taucht, das muss auch betont werden, in deren Rahmen allerdings nicht zum ersten Mal auf. Bevor nun auf die Frage der Dekolonisierung des Wissens im Allgemeinen und diejenige der Wissenschaften im Besonderen näher eingegangen und der Begriff des Eurozentrismus diskutiert wird, soll daher der theoriegeschichtliche Blick noch etwas weiter zurück geworfen werden. Denn eine der theoretischen Grundlagen der heutigen Ansätze ist sicherlich schon früher als in Auseinandersetzung mit den Dependenztheorien gelegt worden. Sie gehen, wie von Enrique Dussel, Aníbal Quijano, Walter D. Mignolo ebenso wie von Silvia Rivera

263 Yuderkys Espinosa Miñoso: »De por qué es necesario un feminismo descolonial: diferenciación, dominación co-constitutiva de la modernidad occidental y el fin de la política de identidad«. In: *Solar*, Año 12, Volumen12, Número 1, Lima 2016, S. 41–171, hier S. 51.

264 Claudia Brunner: *Epistemische Gewalt. Wissen und Herrschaft in der kolonialen Moderne*. Bielefeld: Transcript Verlag 2020, S. 101.

Cusicanqui hervorgehoben, bereits auf den indigenen Intellektuellen Poma de Ayala zurück, mit dem laut Dussel »der eigentliche Gegen-Diskurs zur Moderne«[265] aus der Perspektive der Exteriorität einsetzt. Für Quijano sind die Arbeiten von Poma de Ayala ein Beispiel dafür, wie sich die »besiegten ›razas‹ selbst die kulturellen Codes der Sieger«[266] aneigneten und transformierten. Denn Poma de Ayala misst die brutale Praxis der Christ*innen an deren eigenen Maßstäben, wendet also christliche Moralvorstellungen auf die alltäglich und systematisch von diesen ausgeübte Gewalt an. Für Mignolo ist Poma de Ayalas Werk ein Beispiel für den »impliziten dekolonialen Umsturz«[267], auf den sich die dekolonialistischen – laut Mignolo im Gegensatz zu den *post*kolonialistischen – Ansätze stützen würden. Und für Rivera Cusicanqui zeigen insbesondere die Bilder in Poma de Ayalas Buch die »Vision der radikalen Alterität der Spanier in den Augen der Indios«[268].

Ausgehend von Poma de Ayala lassen sich über die Jahrhunderte hinweg Versuche nachzeichnen, die Folgen und Effekte der Kolonialismen in Lateinamerika theoretisch und aus der Perspektive der Marginalisierten zu fassen. Dabei spielten selbstverständlich die Unabhängigkeitsprozesse in der ersten Hälfte des 19. Jahrhunderts eine zentrale Rolle und sie bilden bis heute einen starken Bezugspunkt. Die unvollendete Dekolonisierung, welche die Land- und Reichtumsverteilung oft ebenso wenig in Angriff nahm wie sie die Situation von Indigenen und Schwarzen verbesserte, bleibt bis heute Anlass neuerer theoretischer wie praktischer dekolonialistischer Interventionen. Für die Theorieentwicklung im 20. Jahrhundert nimmt zweifelsohne die Position des im vorherigen Kapitel schon gewürdigten Marxisten José Carlos Mariátegui eine Schlüsselstellung ein. Für den Kontext der dekolonialistischen Theorie sind aber nicht nur jene Texte Mariáteguis relevant, die sich mit Fragen der Klasse und der ethnischen Zugehörigkeit beschäftigen. Vielmehr soll hier auch ein Augenmerk auf jene Schriften gelegt werden, in denen sich Mariátegui

---

265 Dussel 2013a, a.a.O., S. 65.

266 Aníbal Quijano: »›Raza‹, ›etnia‹ y ›nación‹ en Mariátegui. Cuestiones abiertas«. In: Ders.: *Cuestiones y Horizontes. De la Dependencia Histórico-Estructural a la Colonialidad/Descolonialidad del Poder*. Buenos Aires: CLACSO 2014d, S. 757–775, hier S. 761.

267 Mignolo 2016, a.a.O., S. 53.

268 Rivera Cusicanqui 2018a, a.a.O., S. 42-74, hier S. 51.

schon Fragen des Wissens, der Wissensproduktion und der Wahrnehmung widmet. Schließlich war Mariátegui keineswegs bloß Parteistratege, Organisator und Sozialtheoretiker, sondern er schrieb auch über Literatur und Popularkultur. In einem Text mit dem Titel »La imaginación y el progreso« (»Die Vorstellungskraft und der Fortschritt«), der Ende 1924 in der Zeitschrift *Mundial* erschien, betont Mariátegui die Rolle der Vorstellungskraft für die Transformation von Gesellschaften. Bezogen auf die »Befreier«, die Protagonist*innen der Unabhängigkeitsbewegungen im Lateinamerika des 19. Jahrhunderts, schreibt er: »Sie machten den Aufstand gegen die begrenzte Wirklichkeit, gegen die unvollkommene Wirklichkeit ihrer Zeit.«[269] Der Fortschritt habe sich in der Geschichte der Menschheit »immer durch die Vorstellungskräfte verwirklicht«[270]. Ohne die Vorstellung von der Begrenztheit der sozialen Wirklichkeit und eine Ahnung davon, wie sie anders aussehen könnte, könne es demnach keine revolutionäre Umwälzung geben. Die Vorstellungskraft (imaginación) enthält sowohl ein Bild von der Möglichkeit des Anders-Seins der Welt als auch ein Wissen um diese Möglichkeit. Was hier zunächst etwas idealistisch klingt, wird dann aber materialistisch rückgebunden. Andererseits nämlich, schreibt Mariátegui, sei die »Vorstellungskraft weniger frei und weniger willkürlich, als man annehmen würde«[271]. Sie ist durch »Zeit und Raum bedingt«[272] und zugleich eine Reaktion auf die kontingente Realität. Mariátegui sieht die fruchtbarsten solcher Reaktionen in verschiedenen Romanen (etwa von Jules Verne oder Anatole France) entstehen, in denen utopische Entwürfe beschrieben und durchgespielt werden. Möglicherweise ist hier bereits grundgelegt, was Boaventura de Sousa Santos dann die »Epistemologie des Sehens« nennt, die die »Entstehung eines umsichtigen Wissens für ein anständiges Leben« fördert und die »vom Kolonialismus zur Solidarität übergeht«[273].

269 José Carlos Mariátegui: »La imaginación y el progreso« [1924]. In: Ders.: *Literatura y estética*. Caracas: Fundación Biblioteco Ayacucho 2006, S. 77–81, hier S. 78.
270 Ebd.
271 Ebd., S. 79.
272 Ebd.
273 de Sousa Santos 2018, a.a.O., S. 244.

Keine soziale ohne kognitive Gerechtigkeit: Der Eurozentrismus

Letztlich ist auch der Eurozentrismus eine Begrenzung der Vorstellungskraft. Edgardo Lander definiert die eurozentrische Konstruktion des Wissens als eine, die die Totalität der Zeit und des Raumes ausgehend von einer partikularen (europäischen) Erfahrung denkt und organisiert.[274] Eurozentrismus bezeichnet also ein vielfältiges und auch widersprüchliches Denksystem oder eine ebensolche Weltsicht, die Europa zum Ausgangspunkt und Maßstab für die soziale, politische, technologische, kulturelle und ökonomische Entwicklung von Gesellschaften macht. Der Eurozentrismus wird mit dem beginnenden Kolonialismus zum zentralen und hegemonialen Paradigma der Weltwahrnehmung. Eurozentrisch ist insofern auch die Beschreibung von Moderne und Kapitalismus, die – wie bei Habermas u.a. – ohne Bezug auf die Eroberung der Amerikas auszukommen meint.[275] Der Eurozentrismus prägt nicht nur individuelle und kollektive Selbstverhältnisse, sondern auch die globale Ökonomie: »Der globale Kapitalismus«, schreibt etwa Aníbal Quijano, »war von Beginn an kolonial/modern und eurozentriert«[276].

Allerdings sind auch die Vielfalt und die Widersprüchlichkeit des Eurozentrismus zu betonen, weil die Verwendung eines solchen Begriffes zur Vereinheitlichung tendiert, also sehr unterschiedliche alltägliche Denkweisen und wissenschaftliche Ansätze unter eine Bezeichnung zwängt. Eurozentrisch ist sehr vieles und in sehr unterschiedlichen Ausmaßen mit sehr verschiedenartigen Effekten: Die christliche Theologie des 16. Jahrhunderts etablierte ein um Europa zentriertes Weltbild, aus dem heraus nicht wenige Annahmen über Fortschritt und Entwicklung entstanden sind, die noch heute Politik, Philosophie, Sozialwissenschaften und Alltagsverstand in vielen Weltregionen prägen. Eurozentrisch sind also nicht nur historisch-staatspolitische Ereignisse wie etwa die sogenannte Kongokonferenz von 1884/85, auf der die europäischen Staaten den afrikanischen Kontinent gewissermaßen unter sich aufteilten, sondern beispielsweise auch Bücher über die Geschichte der Philosophie, in der ausschließlich europäische Autor*innen rezipiert

274 Vgl. Lander 2000, a.a.O., S. 22.
275 Vgl. Dussel 1995, a.a.O., S. 19ff.
276 Quijano 2016, a.a.O., S. 40.

werden, oder einfache Meinungsäußerungen für eine harte Grenzpolitik der Europäischen Union, die Migrationsbewegungen ohne die Geschichte der globalen Ausbeutung denken.

Nicht ausgenommen vom Vorwurf des Eurozentrismus sind auch theoretische Strömungen, die keineswegs per se als Agentinnen des Kolonialismus betrachtet werden können. So finden sich selbst im Kontext der Kritischen Theorie, innerhalb derer sich ausgiebig mit Herrschaftsverhältnissen beschäftigt wurde, nur sehr wenige Ausführungen zum Kolonialismus und seinem Fortwirken. Boaventura de Sousa Santos spricht in diesem Zusammenhang von einer »eurozentrischen kritischen Tradition«[277] – zu der er explizit auch den Marxismus rechnet –, von der es sich ebenfalls zu distanzieren gelte. Sie habe sich durch Verschweigen der systematischen Gewalt der kolonialen Projekte mitschuldig gemacht. Angesichts der darauf beruhenden Verbreitung falscher Vorstellungen über die Moderne und die Aufklärung, in die auch die kritischen Sozialwissenschaften involviert seien, könne »eine adäquate Anerkennung der Ungerechtigkeit und die Überwindung der Unterdrückung nur durch das Mittel eines epistemischen Bruchs erreicht werden«[278], so de Sousa Santos. Der epistemische Bruch ist insofern keine rein wissenschaftsstrategische Forderung, als er weit über die universitäre Praxis hinausgeht. Es geht um Denk- und Wahrnehmungsweisen schlechthin, die wiederum Auswirkungen auf die soziale Welt haben. Deshalb schreibt de Sousa Santos, es werde »keine globale soziale Gerechtigkeit ohne eine globale kognitive Gerechtigkeit geben«[279]. Obwohl der epistemische Bruch über die Fragen akademischen Tuns hinausreicht, stellt er doch auch die Wissenschaften vor (mindestens) eine zentrale Frage. Die Frage nämlich, die sich daran anschließt, ist diejenige danach, ob dieser Bruch *mit den* Sozialwissenschaften vollzogen werden muss oder ob er sich auch *innerhalb* ihrer vollziehen kann.

277 de Sousa Santos, a.a.O., S. 39.
278 Ebd., S. 8.
279 Ebd., S. 70.

Ein koloniales »Dispositiv des Wissens«: Die Sozialwissenschaften

Die Sozialwissenschaften haben laut Edgardo Lander ein koloniales »Dispositiv des Wissens«[280] mitkonstituiert, das nicht nur eine partikulare Erfahrung universalisiert, sondern auch festgelegt habe, was im Sozialen als normal gilt. Die Sozialwissenschaften haben demnach mit ihrer Entstehung Effekte weit über das wissenschaftliche Feld hinaus gehabt. Nicht zuletzt deshalb ist es Anliegen aller dekolonialistischen Ansätze, mit der Kritik am Eurozentrismus und an der kolonialen Konstitution des Wissens an den (eigenen) akademischen Disziplinen anzusetzen. Die Klärung der Frage »¿Cómo ver?«, »Wie sehen?«[281] wird nach Catherine Walsh zu einer der wichtigsten Herausforderungen für eine kritische Sozial- und Kulturwissenschaft, die soziale Objektivierungen nicht verdoppeln will.

Auch in diesem Punkt haben die explizit dekolonialistischen Ansätze ihre Vorläufer: So fragte etwa der mexikanische Soziologe Rodolfo Stavenhagen (1932–2016) bereits 1971, wie die Sozialwissenschaften zu dekolonisieren seien (»¿Cómo descolonizar las ciencias sociales?«). Es gebe ohne Zweifel »evidente historische Beziehungen«[282] zwischen Anthropologie respektive Sozialwissenschaften und Kolonialismus, deshalb seien zugleich aber nicht alle diese Fachrichtungen Hilfskräfte der kolonialistischen oder imperialistischen Herrschaft. Anstatt sich auf die Anliegen »jener von unten« (»los de abajo«) zu konzentrieren, tendierten die Sozialwissenschaftler*innen dazu, im Studium der Gesellschaften einen »paternalistischen oder ›kolonialen‹ Fokus«[283] einzunehmen. Verstärkt würde diese Tendenz noch durch die feldinternen Logiken der Wissenschaft: Stavenhagen konstatiert schon 1971 die zunehmende Ausrichtung des Wissens an akademischen Erfordernissen – Stipendien, Forschungsprojekten usw. –, die tendenziell zur Produktion von (für die Erforschten) unnützem Wissen und zur Bestätigung bestehender gesellschaftlicher

280 Lander 2000, a.a.O., S. 22.

281 Catherine Walsh: »¿Qué Saber, Qué Hacer y Cómo Ver? Los Desafíos y Predicamientos Disciplinares, Políticos y Éticos de los Estudios (Inter)Culturales *Desde* América Andina.« In: Dies. (Hg.): *Estudios culturales latinoamericanos: retos desde y sobre la región andina.* Quito: Universidad Andina Simón Bolívar 2003, S. 11–28.

282 Rodolfo Stavenhagen: »¿Cómo descolonizar las ciencias sociales?«. In: Ders.: *Sociología y Subdesarollo.* México D.F.: Editorial Nuestro Tiempo 1971, S. 38–64, hier S. 39.

283 Ebd., S. 48.

Denkmuster und Vorurteile führen würde. Dem müssten alternative Erklärungsansätze entgegengesetzt werden, er fordert eine aktivistische und »militante Beobachtung«[284]. Statt die Sammlung und Bewertung statistischer Daten zu betreiben, sollten die Sozialwissenschaften sich an »der Lösung praktischer und alltäglicher Probleme des realen Lebens«[285] ausrichten. Stavenhagen fordert damit allerdings nicht das Aufgeben wissenschaftlicher Praxis, sondern verweist vor allem auf deren Involviertheit in allgemeine soziale Prozesse und gesellschaftliche Entwicklungen. Wissenschaftliche Arbeit und politische Kritik schließen sich für Stavenhagen nicht aus, der Sozialwissenschaftler [sic!] könne nicht den ethischen Prinzipien seiner Wissenschaft treu bleiben und sich gleichzeitig weigern, »in den großen ideologischen und ethischen Problemen der gesellschaftlichen Prozesse, an denen er beteiligt ist, Partei zu ergreifen«[286].

Rodolfo Stavenhagen und auch Edgardo Lander halten schließlich eindeutig an der akademischen Disziplin der Sozialwissenschaften fest und fragen nach den Möglichkeiten einer dekolonialistischen Praxis in ihrem Rahmen.[287] Catherine E. Walsh knüpft an Stavenhagen an und fragt paradigmatisch: »Sind andere Sozialwissenschaften möglich?«[288] Sie beantwortet diese Frage so: Sozialwissenschaften, die einem dekolonialistischen Anspruch gerecht werden wollen, müssen von einer »Pluriversalität der epistemologischen Perspektiven«[289] ausgehen, d.h. andere als akademische und wissenschaftliche Formen der Wissensproduktion als gleichberechtigt in Betracht ziehen und in die Forschung inkludieren. Jede dieser Wissensformen müsse als positioniert begriffen werden und dürfe keinen universalistischen Anspruch haben. Eine »andere« Sozialwissenschaft

284 Ebd., S. 51.

285 Ebd., S. 44.

286 Ebd., S. 62.

287 Kritische Blicke auf den Zusammenhang von Sozialwissenschaften und Kolonialismus gab es aber auch in Europa. So hat etwa Pierre Bourdieu 1975 vor dem Hintergrund seiner Erfahrungen im kolonialen Algerien eine »décolonisation de la sociologie« gefordert. Eine Forderung, die in der Überschrift der 2010 neu aufgelegten, deutschen Veröffentlichung des Aufsatzes offenbar nicht der Übersetzung wert war, der Text mit dem Originaltitel »Les conditions sociales de la production sociologique: sociologie coloniale et décolonisation de la sociologie« wurde im Deutschen mit »Für eine Soziologie der Soziologen« betitelt, Pierre Bourdieu: »Für eine Soziologie der Soziologen« [1975]. In: Ders.: *Algerische Skizzen*. Berlin: Suhrkamp Verlag 2010, S. 443–450.

288 Walsh 2007, a.a.O., S. 102.

289 Ebd., S. 107.

unter diesen Vorzeichen müsse Menschen zusammenbringen, die an der gesellschaftlichen Veränderung arbeiten, und zudem Räume schaffen, in denen Aktivist*innen sozialer Bewegungen und Sozialwissenschaftler*innen gemeinsam soziale Transformationen studieren könnten.

Auch de Sousa Santos beschreibt seine (auch explizit so genannte) soziologische Theoretisierung als eine, die sich bemühe, »nicht-eurozentrisch zu sein«[290].

Demgegenüber gibt es aber auch stark anti-akademische Impulse: »Decolonial studies«, schreibt etwa Walter D. Mignolo apodiktisch, »could not be decolonial«[291]. Als zu westlich geprägt wird die Produktion wissenschaftlichen Wissens angesehen, als zu involviert in die Geschichte der Rationalität, die auch die Moderne konstituiert und damit den Kolonialismus flankiert hat. Formuliert wird Mignolos Formel in einem Buch, das er gemeinsam mit Catherine E. Walsh in einer neuen Reihe unter dem Titel »On Decoloniality« in der Duke University Press veröffentlicht hat. Ein anti-akademischer Duktus als Auftakt für eine akademische Buchreihe: Ein offenkundiger Widerspruch zwischen dem polemischen Anspruch und der tatsächlichen wissenschaftlichen Praxis, der zwar thematisiert wird, aus dem aber keine eindeutigen Schlüsse gezogen werden.

Es stellt sich also die Frage, wie solche Schlüsse aussehen könnten und ob, um sie zu ziehen, zumindest das Eingeständnis einer widerspruchsvollen Situation die Voraussetzung ist. Klar wird jedenfalls an dieser Stelle erstens, dass die Frage nach dem Eurozentrismus des Denkens und Handelns selbstverständlich auch zu den handelnden und denkenden Subjekten der dekolonialistischen Theorie selbst führt. Das hatte etwa schon der in Mexiko lebende Sozialwissenschaftler und Philosoph Stefan Gandler in seinem Buch *Peripherer Marxismus. Kritische Theorie in Mexiko* (1999) über die Arbeit der beiden Philosophen Adolfo Sánchez Vázquez (1915–2011) und Bolívar Echeverría (1941–2010) angemerkt. Am Ende dieses Werkes trifft Gandler eine Feststellung, die auch für die Werke von Sánchez Vázquez und Echeverría sowohl Ausgangspunkt als auch zentraler Gegenstand war und die direkt ins Herz der dekolonialistischen Debatte trifft. Er stellt fest: Die kapitalistische Produktionsweise ist auf die ideologische Affirmation

290 de Sousa Santos 2018, a.a.O., S. 8.

291 Walter D. Mignolo: »What does it mean to decolonize?« In: Ders. und Catherine E. Walsh: *On Decoloniality. Concepts – Analytics – Praxis*. Durham und London: Duke University Press 2018, S. 105–134, hier S. 106.

eurozentrischer Denkweisen angewiesen. Das habe auch Karl Marx schon gesehen, aber in der marxistischen Diskussion, betont Gandler, habe dieser Hinweis kaum eine Rolle gespielt. Ein Umstand, den Gandler als Ausdruck der »Borniertheit, mit der die Mehrheit der Marxisten sowie auch der kommunistischen und sozialistischen Aktivisten sich in vielen Aspekten der bürgerlichen Ideologie heimisch wähnten«[292], interpretiert. »Sie wollten die Welt revolutionieren«, so Gandler weiter, »ohne dabei ihre eigenen Privilegien, als Europäer, Weiße, Bewohner der Ersten Welt, in einer christlich geprägten Kultur Sozialisierten [sic!] zu verlieren«[293]. Genau dies wollen die Akteur*innen aus den Reihen der dekolonialistischen Theorie nun ändern, indem sie – wie laut Gandler auch schon Sánchez Vázquez und Echeverría – die geografische und soziale Position der Sprecher*innen in den Blick nehmen. Zweitens wird anhand der Frage nach den Konsequenzen dekolonialistischen Denkens für die Sozialwissenschaften deutlich, dass und warum die Frage der außerakademischen Praxis zu einem zentralen Fokus dekolonialistischer Ansätze wird.

Vor dem Hintergrund der Kritik an der kolonialen Konstituiertheit der Sozialwissenschaften wird die Frage nach akademischer und/oder außerakademischer Praxis zu einer Schlüsselfrage für die Selbstlegitimation der dekolonialistischen Theorie. Denn wenn der Eurozentrismus im Zentrum der Kritik der dekolonialistischen Theorie steht und dieser sich u.a. in Institutionen wie der Universität verankert, gilt es, die Verwicklungen mit diesen Institutionen selbstverständlich zu vermeiden oder gering zu halten. Zudem hatte zumindest Mignolo andere herrschaftskritische Ansätze wie »Postkoloniale Kritik und Kritische Theorie«, die sich mit Effekten des Kolonialismus beschäftigen, als »Projekte von der Akademie für die Akademie«[294] abqualifiziert, sodass auch hier ein distinktiver Druck der eigenen Praxis gegenüber festgeschrieben wurde. Die Frage des Verhältnisses der eigenen Wissensproduktion zum universitären System wird zum entscheidenden Unterscheidungsmerkmal zu anderen gesellschaftskritischen Ansätzen stilisiert. Die Frage des Akademismus ist dementsprechend eine stark diskutierte und zugleich sehr umstrittene innerhalb der dekolonialis-

292 Stefan Gandler: *Peripherer Marxismus. Kritische Theorie in Mexiko.* Hamburg: Argument Verlag 1999, S. 369.

293 Ebd., S. 369.

294 Mignolo 2012, a.a.O., S. 54.

tischen Ansätze. Dabei gerät auch Mignolo in die Kritik, entsprechend der Maßstäbe, die er selbst ebenfalls an seine Arbeit anlegt.[295]

Die »Suche nach destabilisierenden Subjektivitäten«: Epistemischer Bruch

Bevor auf den Aspekt der Praxis in Kapitel 6 näher eingegangen wird, soll hier im Folgenden die Frage nach dem epistemologischen Bruch vertieft werden. Die Rede von einem epistemologischen (oder epistemischen) Bruch geht auf den französischen Philosophen Gaston Bachelard (1884–1962) zurück und bezeichnet, grob gesagt, grundlegende Veränderungen in den Erkenntnis- und Denkweisen. (Epistemisch ist der Bruch, wenn er nur die Denkweisen betrifft, epistemologisch ist er, wenn er sich auch auf das bewusste und vermittelnde dieser Denkweisen bezieht.) Louis Althusser hatte den Begriff später aufgegriffen, um die Abkehr vom Junghegelianismus durch Marx zu beschreiben, die er als »epistemologischen Bruch« bzw. »epistemologischen Einschnitt« bezeichnete.[296] Ein epistemologischer Bruch wirft nicht nur neue wissenschaftliche Fragestellungen gegenüber gegebenen Gegenstandsbereichen auf, sondern auch die Gegenstandsbereiche und mit ihnen die Fragen an sie werden verändert. Epistemologische Brüche durchziehen die Geschichte der Philosophie und des Denkens allgemein. Der epistemologische Bruch, der innerhalb der dekolonialistischen Ansätze bzw. von ihnen nun gefordert wird, soll einerseits den Eurozentrismus verabschieden: Im Wesentlichen geht es um die Umkehrung bzw. Veränderung der Perspektive, um die Lokalisierung des Wissens und die damit verbundene Feststellung seiner Partikularität. Dies wird als Voraussetzung dafür betrachtet, das gleichberechtigte Nebeneinander von Wissensformen zu ermöglichen. Walter D. Mignolo skizziert in expliziter Anknüpfung an Althusser einen »epistemisch dekoloniale[n]

295 Auf die Widersprüchlichkeit von Mignolos Position in dieser Hinsicht weist auch schon María do Mar Castro Varela 2016, a.a.O., hin.

296 In der deutschen Übersetzung ist das Wort Einschnitt statt Bruch verwendet: »Die Frage nach der *spezifischen Differenz* der marxistischen Philosophie nahm so die Form der Frage an, ob in der intellektuellen Entwicklung von Marx ein *epistemologischer Einschnitt* bestand oder nicht, der das Auftauchen einer neuen Auffassung von Philosophie bezeichnete«, Louis Althusser: *Für Marx.* [1965] Berlin: Suhrkamp Verlag 2011, S. 32.

Umsturz«[297], den er auch als Radikalisierung des Konzepts der Befreiung beschreibt.[298]

Neben der Überwindung des Eurozentrismus soll der epistemische Bruch das Denken andererseits auf neue Grundlagen stellen: Boaventura de Sousa Santos geht es mit dem epistemologischen Bruch um eine Theorie »auf Grundlage der Erfahrung großer, marginalisierter Minderheiten und Mehrheiten, die sich im Kampf gegen die ihnen ungerechterweise aufgezwungene Marginalität und Unterlegenheit befinden und deren Widerstand durch diese Theorie gestärkt werden soll«[299].

Neue Grundlagen des Wissens sehen viele dekolonialistische Theoretiker*innen in den unterdrückten und diskriminierten, ›anderen‹ Wissensformen und Wissensproduktionen schon bestehen. Catherine Walsh etwa beschreibt diese ›anderen‹ Wissensformen nicht nur als ausgeblendet und unterdrückt, sondern zugleich – und offenbar deshalb – als ein »subversives und aufständisches Denken«[300]. Die Schlussfolgerung, das Unterdrückte sei per se auch das Widerständige, hat eine lange, verelendungstheoretische Tradition innerhalb der (nicht nur antiimperialistischen und dekolonialistischen) Linken, die davon ausgeht, Not und Elend würden quasi automatisch zu Aufbegehren und Widerstand führen. Sie findet sich auch bei anderen Autor*innen der dekolonialistischen Theorie wie etwa Edgardo Lander. Auch für Lander sind diese anderen Wissensformen immer gegen Herrschaft gerichtet: Die »plebejische Kultur ist rebellisch«[301], behauptet er. Deshalb beschreibt er die Durchsetzung der modernen Sozialwissenschaften auch als »Niederlage dieses Widerstands«[302].

Entgegen dieser weit verbreiteten Behauptung, die die plebejischen und popularen Wissensformen auf Widerständigkeit festschreiben, ist de Sousa Santos bei der inhaltlichen Ausgestaltung der Epistemologien des Südens vorsichtiger: Es handelt sich bei diesen keineswegs bloß um Weltwahrnehmungen und Denkweisen, die sich im globalen Süden verorten lassen und die sich ihrer Partikularität bewusst sind, sondern sie unterscheiden sich zudem noch durch inhaltliche Verschiebungen gegenüber den als eu-

297 Mignolo 2012, a.a.O., S. 169.
298 Vgl. ebd., Fußnote 107.
299 de Sousa Santos 2018, a.a.O., S. 8.
300 Ebd., S. 21.
301 Lander 2000, a.a.O., S. 22.
302 Ebd.

rozentrisch ausgemachten Wissensformen. Diese Verschiebung steht aber nicht von vornherein fest. Es geht um eine Epistemologie ohne vorgängige Subjekte, es geht »um die Suche nach destabilisierenden Subjektivitäten, die [...] gegen die konformistischen, routinierten, repetitiven sozialen Praktiken rebellieren und durch das Experimentieren an der Schwelle angetrieben werden, das heißt durch sonderliche oder marginale Formen der Soziabilität«[303]. Dieser Anspruch ist zu betonen, um deutlich zu machen, dass es einer anspruchsvollen dekolonialistischen Theorie nicht einfach um die Umkehrung der Perspektive (Süden statt Norden) geht, sondern auch um inhaltliche und damit letztlich um politische Veränderungen in den Arten und Weisen, wie Wissen produziert und rezipiert wird und wie die Subjektivitäten, die aus und in dieser Wissensproduktion hervorgehen, sich konstituieren.

Epistemologische Brüche herbeizuführen, kann in diesem Sinne bedeuten, sich bestimmten indigenen Wissensformen zuzuwenden, um sie in die westlich-akademische Wissensproduktion einzuspeisen, wie dies – um nur zwei Beispiele und die auch nur andeutungsweise zu nennen – die mexikanische Anthropologin María Patricia Pérez Moreno am Beispiel der Kosmovision der Maya und der brasilianischen Anthropologe Eduardo Viveiros de Castro am Beispiel einiger im Amazonas lebender Bevölkerungsgruppen getan haben. Pérez Moreno beschreibt, wie die Vorstellung von Menschen »mit Herz« (ay yo' tan) bei der Maya-Bevölkerung der Tzeltales nicht nur auf eine Gemütsverfassung verweist, sondern ein Konzept des Denkens und Seins bedeutet, das auf bestimmte Praktiken verweist. Dieses Sein ist nicht rein auf einzelne oder mehrere Menschen bezogen, sondern mit Naturphänomenen wie dem Wasser, der Erde/dem Land und dem Universum als Ganzes verbunden. Ein »Mensch mit Herz« ist kein autonomes Subjekt, sondern eine Art intermediäres Verbindungsstück zwischen dem Land und der Zeit.[304] Für die Indigenen Lateinamerikas, schreibt der brasilianische Anthropologe Viveiros de Castro verallgemeinernd, sind »Kultur

303 de Sousa Santos 2018, a.a.O., S. 239.

304 María Patricia Pérez Moreno: »O'tanil: corazón. Una sabiduría y práctica de sentir, pensar, entender, explicar y vivir el mundo desde los mayas tseltales de Bachajón, Chiapas, México«. In: Karina Ochoa Muñoz (Hg.): *Miradas en torno al problema colonial. Pensamiento anticolonial y feminismos descoloniales en los Sures globales.* México D.F.: Ediciones Akal 2019, S. 157–173.

und Natur Teil ein und desselben Gesellschaftskosmos«[305]. Dies schließt, wie er aufzeigt, auch mit ein, dass zeitliche Abläufe weder chronologisch noch teleologisch gedacht werden (müssen), dass Totes und Lebendiges, Tierisches und Menschliches, Mythologisches und Empirisch-Faktisches nicht in derselben Art und Weise unterschieden werden wie im ›westlichen Denken‹.

Ein epistemologischer Bruch besteht nun nicht unbedingt darin, solche Konzepte zu leben und zu tradieren, da dabei in der Regel mit wenig gebrochen und mehr fortgeführt und weiterentwickelt wird. Der epistemologische Bruch besteht eher darin, solche differenten Konzepte mit denen in Beziehung zu bringen, die sie bislang ignoriert haben, sie also in den transnationalen sozialwissenschaftlichen Diskurs einzubringen. Das Aufeinandertreffen verschiedener Denkweisen könnte dann, wie Claudia Briones (am Beispiel der Forschungen von Viveiros de Castro) in Bezug auf indigene Forderungen schreibt, bestenfalls zu »fruchtbaren Krisen«[306] führen. Schließlich lassen sich solche anderen Konzeptionen von Denken und Sein insofern als ›widerständig‹ beschreiben, als sie den Kategorisierungen und Unterscheidungen, die den meisten philosophischen, sozialwissenschaftlichen und alltäglichen Denkweisen eigen sind, nicht entsprechen. ›Eigensinnig‹ wäre insofern das bessere Adjektiv, denn ob sie im Einzelnen auch als widerständig im politischen Sinne aufzufassen sind, ist meines Erachtens eine andere Diskussion – die ich hier aus Mangel an Kenntnis dieser Kosmovisionen nicht führen kann.

Vorausgesetzt werden sollte die Widerständigkeit jedenfalls nicht. Edgardo Landers oben zitiertes Diktum, die plebejische Kultur sei rebellisch, spiegelt zwar eine weit verbreitete Ansicht unter Linken in Lateinamerika (und anderswo) wider. Allerdings wird in dieser Aussage eher gesetzt, was in seinem Wieso und Inwiefern erst zu ermitteln wäre. Wie schon mehrfach angedeutet, sollte dekolonialistische und überhaupt kritische Sozialwissenschaft aus der Ausbeutung, Unterdrückung und Diskriminierung bestimmter Teile der Bevölkerung nicht schließen, diese verhielten sich automatisch widerständig und rebellierend gegenüber den sie benachteiligenden Strukturen.

305 Eduardo Viveiros de Castro: *Die Unbeständigkeit der wilden Seele*. Wien/Berlin: Verlag Turia + Kant 2016, S. 278.

306 Claudia Briones: *Conflictividades interculturales. Demandas indígenas como crisis fructíferas*. UNSAM Edita: Buenos Aires 2020, S. 70.

Das wäre ein normativer Kurzschluss, der die enorme Bandbreite von Haltungen und Handlungen innerhalb dieser Gruppen nicht erklären könnte. Mit dem normativen Kurzschluss und der Homogenisierung entsteht noch ein weiteres Problem: Die Annahme kollektiver Widerständigkeit verdeckt tendenziell auch die notwendige Vermittlung zwischen den Ebenen des Kollektiven und des Individuellen. Zwar ist mit Marx und Bourdieu davon auszugehen, dass Kollektivität und Individuelles sich stets gegenseitig durchdringen und nicht bloß als aufeinander einwirkende Monaden existieren. Geht man aber von der Widerständigkeit eines gesetzten Kollektivs aus, erübrigt sich die Frage nach individueller Freiheit innerhalb dieses Kollektivs (weil die Freiheit kollektiv verwirklicht scheint). Nun hat die epistemologische Kritik der dekolonialistischen Ansätze zwar gute Gründe, die Vorstellung individueller Freiheit als ethnozentrisch zu kritisieren. »In der ›europäisch-westlichen‹ Denktradition existiert ein anthropologisches Bild des Menschen«, schreibt in diesem Sinne der Philosoph Marc Rölli, »das als ›kolonial‹ bezeichnet werden kann. Es trennt Menschen, die ihrem Begriff entsprechen, von solchen, die dies nicht tun«[307]. Das »Bild des Menschen« war ein Bild des weißen, westlichen Mannes, das alle anderen ausschloss. Diese Ausschlüsse wurden durch die Verknüpfung von Individualität und Eigentum noch verschärft.[308] Die positive Aufladung des Kollektiven ist auch als Reaktion auf den westlichen, weißen, männlichen Besitzindividualismus zu verstehen. Die Frage stellt sich aber, ob sich mit der Kritik am Ausschluss, die das Bild des Menschen produziert, jede Verteidigung des individuellen Menschen (und seiner Freiheiten) erübrigt. Das jedenfalls legt die positive Aufladung des Kollektiven häufig nahe. Sie tendiert immer wieder dazu, die anti-moderne Kritik an der westlich konzipierten Subjektkonstitution in der Geringschätzung oder gar Ablehnung individueller Freiheit als zu erkämpfendem Teil von Subjektivierungen zu sehen. Eine vorausgesetzte kollektive Widerständigkeit bei jenen ›von unten‹ oder dem pueblo tendiert dazu, nach der Vermittlung zwischen Individuellem und Kollektivem gar nicht mehr zu fragen.

Das bedeutet nicht, dass bei jenen ›von unten‹, bei indigenen Bevölkerungsgruppen und/oder von maßgeblich von Frauen organisierten Prak-

307 Marc Rölli: *Anthropologie dekolonisieren.* Frankfurt am Main/New York: Campus Verlag 2021, S. 9.

308 Vgl. Därmann 2020, a.a.O., S. 81 ff.

tiken nicht auch solche zu finden sind, die sich gegen die Normativität der kolonialen Moderne richten und die dabei auch individuelle Freiheit und kollektive Befreiung zusammendenken bzw. gemeinsam praktizieren. In seinem aktuellen Buch konstatiert Lander zeitdiagnostisch die »letzte multidimensionale Krise des modern-kolonialen, zivilisatorischen Musters«[309]. Für Lander ist diese Krise sowohl ein makro- als auch ein mikropolitisches Phänomen. Auch die progressiven Regierungen im Lateinamerika der letzten beiden Jahrzehnte seien »sowohl als anti-kapitalistische Transformationsprozesse als auch als Alternativen zur kolonialen Moderne gescheitert«[310]. Nicht zuletzt deshalb sei es notwendig, sich den »Antworten anderer Subjekte, anderen Wissens, anderer Perspektiven« zuzuwenden, die vom modern-kolonialen Muster ausgeschlossen und ausgegrenzt worden sind und die häufig »eine größere Fähigkeit haben, in Harmonie mit der Natur zu leben als die moderne koloniale Logik, trotz all ihrer wissenschaftlich-technischen Raffinesse«[311]. Diese Hinwendung zu anderen Praktiken und Wissensformen ist wichtig und unerlässlich, nur sollte sie eben nicht von Vornherein davon ausgehen, bei der Suche nach anti-kapitalistischen und transformatorischen Modellen immer und jedes Mal fündig zu werden. In diesem Sinne warnt auch die dominikanische Philosophin und dekolonialistische Feministin Yuderkis Espinosa Miñosa vor einer »falschen ›Einheit in der Unterdrückung‹«[312]. Herrschaftsverhältnisse sind komplex und führen demnach auch nicht automatisch zu politischen Allianzen derer, die auf unterschiedliche Weise unterdrückt werden.

Einig sind sich die dekolonialistischen Ansätze darüber, dass der epistemischen Gewalt, die aus der Geopolitik des Wissens entstanden ist und von ihr gestützt wird, andere Sichtweisen und andere Blicke entgegengesetzt werden müssen. Die Welt muss, wie Enrique Dussel es formuliert hat, durch die »eyes of the oppressed, those from below«[313] gesehen werden, vor dem Hintergrund, wie Boaventura de Sousa Santos schreibt, der Erfahrungen der Marginalisierten im globalen Süden. Auch wenn solche Perspektiven

309 Edgardo Lander: *Crisis civilizatoria. Experiencias de los gobiernos progresistas y debates en la izquierda latinoamericana*. Bielefeld: Transcript/Bielefeld University Press 2019, S. 9.

310 Ebd., S. 10.

311 Ebd., S. 32.

312 Espinosa Miñoso 2016, a.a.O., S. 165.

313 Dussel 1995, a.a.O., S. 74.

auf konkreten Erfahrungen basieren (sollen), so müssen sie doch nicht als dadurch festgelegte, determinierte verstanden werden (auch wenn der soziokulturelle Ausgangspunkt – »unten« – in der dekolonialistischen Theorie häufig die Haltung – »emanzipatorisch« – zu prädisponieren scheint). Wie bei de Sousa Santos, der auf die neuen, destabilisierenden Subjektivierungsweisen abhebt, gibt es auch bei Dussel Hinweise darauf, dass auf die Exteriorität nicht – oder zumindest nicht nur – als vorgegebene soziokulturelle Situation zu rekurrieren ist. Sie kann zumindest auch als Effekt eines konfliktiven Aufeinandertreffens verschiedener Sicht- und Lebensweisen gedacht werden. Es sei an der Zeit, schreibt Dussel im Hinblick auf nicht-eurozentrische Weltsichten, »to change skins and to see through new eyes«[314]. Es gilt also, wie die Schlangen die alten Häute abzustreifen, förmlich aus der eigenen Haut herauszutreten und erst dadurch neue Sichtweisen möglich zu machen.

314 Ebd.

4. »Wir sind keine Töchter der Aufklärung«

Kolonialismus, Geschlecht und die Rolle des Feminismus in der dekolonialistischen Theorie

Die feministischen Interventionen in die dekolonialistischen Studien sind mit jenen in andere Wissenschaftsdisziplinen und in aktivistische Agenden durchaus vergleichbar: Es wird auf die mangelnde *empirische* Berücksichtigung der Existenzweisen von Frauen hingewiesen und zudem (und damit einhergehend) wird die *theoretische* Ausblendung der Kategorie Geschlecht beklagt. Diese Geschlechtsausblendung, die auch schon für die dependenztheoretischen Ansätze charakteristisch war, wird auch an der dekolonialistischen Theoriebildung kritisiert.

Aber darüber hinaus wird auch der Feminismus selbst als Theorie und Bewegung ›westlicher‹ (weißer, mittelschichtsgeprägter) Frauen kritisiert und wegen seiner blinden Flecken in Bezug auf den globalen Süden infrage gestellt. Die Kluft zwischen einem an nordamerikanisch-westeuropäischen Verhältnissen ausgerichteten Feminismus und den politischen Agenden indigener Frauen aus Lateinamerika kam bei dem Aufeinandertreffen von Betty Friedan (1921–2006), Autorin von *Der Weiblichkeitswahn* (*The Feminine Mystique*, 1963) und wichtige Protagonistin der US-Frauenbewegung, und Domitila Barrios de Chungara (1937–2012), sozialistische Aktivistin und indigene Bolivianerin, auf der Weltfrauenkonferenz der Vereinten Nationen 1975 in Mexiko paradigmatisch zum Ausdruck. Barrios zufolge kamen die Probleme lateinamerikanischer Frauen in den Vorschlägen von Friedans Fraktion nicht vor. Auch attackierte Friedan Barrios direkt, wie diese in ihrer autobiografischen Erzählung *Wenn man mir erlaubt zu sprechen* berichtet: »Sie forderte uns auf, unsere ›kriegslüsterne Aktivität‹ zu unterlassen, wir sollten es sein lassen, ›Werkzeuge der Männer‹ zu sein und ›nur an Politik zu denken‹«[315], berichtet Barrios in ihrem sogar auch auf

315 Moema Viezzer: *Wenn man mir erlaubt zu sprechen. Das Zeugnis der Domitila, einer Frau aus den Minen Boliviens*. Göttingen: Lamuv Verlag 1996, 5. Aufl., S. 240. Das Buch erschien 1977 erstmals auf Spanisch, 1983 auf Deutsch. Moema Viezzer hat die Gespräche mit Domitila Barrios aufgezeichnet und in der ersten Person

Deutsch erschienen Lebensbericht. In dieser Konfrontation, betonen Anke Graneß, Martina Kopf und Magdalena Kraus in ihrem Einführungskapitel zum Feminismus in Lateinamerika, zeigten sich »sowohl die damaligen hegemonialen Interessen ›weißer‹ Feministinnen [...] als auch die Arroganz und der Rassismus gegenüber Barrios«[316].

Die nicht namentlich genannte Präsidentin der mexikanischen Delegation, die in Barrios' Bericht der Friedan-Fraktion zugerechnet wird, appellierte gegenüber Barrios an ihre Gemeinsamkeit als Frauen – wohingegen für Barrios, die als Vertreterin der bolivianischen Hausfrauenvereinigung von Siglo XX (»Comité de Amas de Casa de Siglo XX«) auf der Konferenz war, die Gemeinsamkeit mit der Bevölkerung Boliviens und den sozialistischen Genossen offenbar einen viel höheren Stellenwert einnahm als die mit anderen Frauen, zumal jenen aus Nordamerika und Westeuropa.[317]

Für eine Kritik am ›westlichen‹ Feminismus ebenso wie für die Position der Verankerung weiblicher Existenzweisen in der Bevölkerung (pueblo) – zu Begriff und Vorstellung von pueblo vgl. den Exkurs in diesem Buch –, womit spezifischer eigentlich die indigenen Gemeinden (comunidades) gemeint sind, steht heute der feminismo comunitario, der sich auch dekolonialistisch positioniert. Bevor auf diese Strömungen eingegangen wird, soll zunächst auf den ersten Aspekt der feministischen Intervention zurückgekommen werden, also auf die Kritik an der Geschlechtsausblendung der dekolonialistischen Theorie.

An der mangelnden Konzeption und Diskussion von Geschlechterverhältnissen im Rahmen des Forschungsnetzwerkes modernity/coloniality hatte bereits Arturo Escobar, selbst Teil des Netzwerkes, keinen Zweifel gelassen. »It is clear that the treatment of gender by the MC group so far has been inadequate in the best of cases«[318], räumt er ein. Er reagiert damit schon

---

Singular wiedergegeben. Die deutsche Ausgabe ist mit einem Vorwort von Günter Wallraff versehen, der Barrios' Zeugnis als »Leidensgeschichte, Anklageschrift und Kampfanleitung« bezeichnet, Günter Wallraff: »Vorwort«. In: Viezzer 1996, S. 11–13, hier S. 11.

316 Anke Graneß, Martina Kopf und Magdalena Kraus: *Feministische Theorie aus Afrika, Asien und Lateinamerika*. Wien: Facultas Verlag 2019, S. 251.

317 Zugleich betrachtet Barrios in ihrem Bericht den Kampf der Prostituierten und den der Lesben für ihre Rechte und die Kämpfe für Geburtenkontrolle als zweitrangig: »Für uns waren das Probleme, aber keine grundlegenden«, Barrios zit. n. Viezzer, a.a.O., S. 238.

318 Escobar 2007, a.a.O., S. 192.

auf eine Kritik der feministischen Theologin Elina Vuola[319]. Dabei sieht Escobar in der Infragestellung des universalistischen Moderne-Diskurses eine deutliche Verbindung zwischen den dekolonialistischen Ansätzen der modernity/coloniality-Gruppe und dem Feminismus. Zugleich sieht er die Möglichkeit, feministische Diskurse aufzugreifen, indem etwa auch Frauen als ›die/das Andere‹ im Rahmen von Dussels Exteriorität verstanden werden könnten, die/das von der männlich-zentrierten Totalität in ihrer Andersheit und Differenz nicht anerkannt wird. Tatsächlich spielte allerdings Dussels Konzept in den aufkommenden, dekolonialistisch-feministischen Ansätzen kaum eine Rolle. Hier wurde vor allem an frühere feministische Debatten, sowohl theoretischer als auch aktivistischer Provenienz, angeknüpft. Als Reaktion auf die Nicht-Beachtung feministischer Ansätze und spezifischer Existenzweisen von Frauen in den Konzepten der modernity/coloniality-Gruppe wurde beispielsweise 2008 das »Red de Feminismos Descoloniales« (»Netzwerk der dekolonialen Feminismen«) von der in Mexiko lehrenden Psychologin und Soziologin Sylvia Marcos ins Leben gerufen. In einem Sammelband, der aus den Reihen dieses Netzwerkes hervorgegangen ist, beschreibt die Anthropologin und Soziologin Márgara Millán den Anspruch der Gruppe damit, den »Feminismus neu zu denken, ausgehend von Prozessen der Dekolonisierung, die auf der ganzen Welt im Gange sind«[320]. Dieses Neu-Denken des Feminismus wird nun im Folgenden beispielhaft dargestellt.

»Coloniality of Gender«: Kritik an der Geschlechtsblindheit der dekolonialistischen Theorie

Eine der wichtigsten Positionen des dekolonialistischen Feminismus bezieht sich tatsächlich weniger auf Dussel und die anderen Positionen der modernity/coloniality-Gruppe. Sie orientiert sich vielmehr am feministischen Diskurs von Frauen aus dem globalen Süden und greift vor diesem Hintergrund vor allem auf die Konzepte von Quijano zurück – und greift diese zugleich an. Die argentinische Philosophin und Aktivistin María Lu-

319 Elina Vuola: »Remaking Universals? Transnational Feminism(s) Challenging Fundamentalist Ecumenism«, *Theory, Culture & Society*, vol. 19, no. 1–2, 2002, S. 175–195.

320 Márgara Millán: »Más allá del feminismo, a manera de presentación«. In: Dies. (Hg.): *Más allá del feminismo: caminos para andar*. México D.F.: Red Feminismos de Feminismos Descoloniales 2014, S. 9–14, hier S. 10.

gones (1944–2020), die auch Teil des »Red de Feminismos Descoloniales« war, gilt als eine bedeutende Stimme innerhalb der dekolonialistischen Theorie.[321] Sie arbeitete zuletzt als Professorin für Comparative Literature an der Binghamton University im Staat New York. Sie hat in Auseinandersetzung mit verschiedenen Feministinnen aus dem globalen Süden und unter Bezugnahme auf Quijano das Konzept der »coloniality of gender« entwickelt. Lugones erweitert Quijanos Ansatz, indem sie ihn mit »the important work on gender, race and colonization done, not exclusively, but significantly by Third World and Women of Color feminists«[322] in Beziehung setzt. Hinsichtlich Quijanos Arbeiten setzt sie sowohl am Verständnis der Kolonialität der Macht als auch an jenem der Modernität an.

Grundsätzlich wendet sie sich gegen die von Quijano noch vertretene Vorstellung, Geschlecht sei eine biologische und biologisch-zweigeteilte Tatsache. Die Frage der Klassifizierung müsse auch auf Geschlecht bezogen werden. Geschlecht ist demnach als soziale Konstruktion zu verstehen, sowohl ›race‹ als auch gender sind letztlich Fiktionen, aber eben »both powerful fictions«[323].Vor dem Hintergrund dieses Verständnisses habe schließlich die von der US-amerikanischen Soziologin Patricia Hill Collins (* 1948) motivierte Intersektionalitätsforschung untersucht, wie die beiden Klassifizierungen gender und race aufeinander einwirkten und in ihrem Zusammenspiel zu analysieren seien. Intersektionalitätsforschung, bringt Lugones es auf den Punkt, wurde in Bezug auf race und gender »motivated by the difficulties in making visible those who are dominated and victimized in terms of both categories«[324]. Intersektionalität – vom Englischen ›intersection‹, Überkreuzung, Überschneidung – meint also nicht nur die Addition von Unterdrückungsformen, sondern fragt und sucht nach ihren Überschneidungen, um Ausgelassenes und Übersehenes sichtbar zu machen.

Das ist nicht nur im Hinblick auf die Auslassung selbst und die daran anschließende Forderung nach Partizipation wichtig. Es ist auch herr-

---

321 Die Teile zu María Lugones in diesem Kapitel erschienen auch als »Theoretikerin des Widerstands. Der dekolonialistische Feminismus wurde maßgeblich durch die argentinische Philosophin und Aktivistin Maria Lugones geprägt«, in: *ak – analyse & kritik*, Nr. 666, 15. Dezember 2020, S. 33.

322 María Lugones: »The Coloniality of gender«. *Worlds & Knowledges Otherwise*, Spring 2008, S. 1–16.

323 Ebd., S. 12.

324 Ebd., S. 4.

schaftstheoretisch bedeutsam: Denn von einer Intersektionalität auszugehen bedeutet auch, Kategorien wie race und gender nicht als homogene Einheiten zu interpretieren. Erst indem diese Homogenität zurückgewiesen wird, eröffnet sich die Möglichkeit, die Frage der Kollaboration und des Einverständnisses mit Herrschaftsverhältnissen zu stellen. Die Durchsetzung des binären Geschlechterregimes erscheint dann etwa zum Teil als »collaboration between some Indian men and whites in undermining the power of women«[325] – wie Lugones im Anschluss an die Forschungen von Oyéronké Oyewùmi (*The Invention of Women*) zur Geschlechterordnung der Yoruba und Paula Gunn Allen zu indigenen amerikanischen Stämmen deutlich macht. So wie die Kategorie ›race‹ von machtrelevanten Geschlechterdifferenzen durchzogen ist, so ist auch die Kategorie gender von ethnifizierenden, also ›race‹ betreffenden Differenzen durchkreuzt: Nur wenn die Vorstellung von ›den Frauen‹ als homogene Einheit von Unterdrückten zurückgewiesen (oder zumindest infrage gestellt) wird, kann untersucht werden, wie und inwiefern auch weiße Frauen von der Ausbeutung und Diskriminierung Schwarzer Frauen oder Frauen of Colour profitieren.[326] Der Schwarze Feminismus (und die Intersektionalitätsforschung) ist deshalb auch aus der Sicht von Yuderkys Espinosa Miñoso die erste von fünf zentralen »genealogischen Linien«[327] des dekolonialistischen Feminismus.

Lugones richtet sich schließlich auch gegen den weißen Feminismus bzw. gegen dessen Auslassungen. »Erasing any history, including oral history, of the relation of white to non-white women, white feminism wrote white women large«[328]. Auch diese Auslassungen und Ausgrenzungen seien im Kontext der Kolonialität der Macht zu interpretieren, allerdings ließen sie

---

325 Ebd., S. 10

326 Den Gedanken, dass auch feministische Frauen aus dem globalen Norden von der patriarchalen Weltordnung profitieren, hatte bereits die in Mumbai geborene und an der Syracuse University, New York, lehrende Chandra Talpade Mohanty (* 1955) in den frühen 1990er-Jahren in die feministische Diskussion eingebracht.

327 Espinosa Miñoso 2016, a.a.O., S. 151 ff. Als zweite Linie nennt sie den postkolonialistischen Feminismus und Spivaks Konzept der ›epistemischen Gewalt‹, drittens den lateinamerikanischen autonomen Feminismus seit den 1990er-Jahren, viertens solche Strömungen des westlichen Feminismus, die dessen eigene Grundlagen kritisch hinterfragt hätten, so etwa der französische materialistische Feminismus wie auch der poststrukturalistische Feminismus und die fünfte genealogische Linie ist der dekolonialistische Diskurs in Lateinamerika selbst.

328 Lugones 2008, a.a.O., S. 13.

sich mit Quijanos Konzept allein gar nicht thematisieren. Lugones wirft Quijano eine Verengung des Verständnisses von Geschlechterverhältnissen vor. Gerade der »*very process of narrowing* the concept of gender«[329] auf die Frage der Kontrolle über Sex, seine Ressourcen und Produkte (Quijano) trage mit zur Geschlechterherrschaft bei. Sie sieht darin eine Reduzierung der Genderfrage auf das Private und bezeichnet es deshalb als »a matter of ideology«[330].

Sowohl der ›weiße‹ Feminismus als auch die ›männliche‹ dekolonialistische Theorie lassen demnach Lücken, die eine dekolonialistisch-feministische Perspektive zu füllen angetreten ist: Die Lücken bestehen einerseits jeweils in einer unzureichenden Konzeptualisierung von Unterdrückung, Ausgrenzung und Ausbeutung, die die spezifischen Lebensweisen von nicht-weißen Frauen nicht in den Blick nehmen; sie bestehen andererseits in der mangelnden Fähigkeit, Herrschaft angemessen zu analysieren, weil zu homogen gedachte Kategorien die Differenzen zwischen Männern, Weißen usw. verdecken und dadurch Kollaborationen (etwa zwischen indigenen mit weißen Männern) unsichtbar machen. Wenn sie Quijano auch vorwirft, mit seiner nicht hinterfragten Biologisierung zur Geschlechterherrschaft beizutragen, und wenn sie dem weißen Feminismus vorwirft, wegen der Ausblendung indigener und Schwarzer Lebensweisen in das koloniale, eurozentrische Projekt involviert zu sein, so weiß Lugones aber durchaus zu unterscheiden zwischen einer solchen theoretisch vollzogenen Involvierung bzw. Verdoppelung und einer praktisch durchgesetzten Dimension kolonialer Gewaltverhältnisse. Laut Lugones gibt es eine »light site« des kolonialen Gendersystems, in der gender hegemonial konstruiert wird, und eine »dark site«, in der Genderverhältnisse gewaltsam durchgesetzt wurden (und werden). Beide zusammen machen das aus, was Lugones das »modern colonial gender system«[331] nennt.

In ihrem Aufsatz »Toward a decolonial feminism« (2010) wird dieses »modern colonial gender system« dann als Perspektive oder Linse eingeführt, durch die »to theorize further the oppressive logic of colonial modernity, its use of hierarchical dichotomies and categorial logic«[332].

329 Ebd., S. 12.

330 Ebd.

331 Ebd., S. 16.

332 María Lugones: »Toward a Decolonial Feminism.« In: *Hypatia*, vol. 25, no. 4 (Fall, 2010), S. 742–759, hier S. 742.

Hier bekräftigt sie noch einmal die intersektionale Perspektive, ohne die immer Ausblendungen reproduziert würden: Wenn etwa Schwarz und Frau als homogene, einheitliche, separate Kategorien untersucht werden, sind es gerade Schwarze Frauen, die aus dem Blick fallen. Lugones geht dann aber auch darauf ein, was das spezifisch modern-koloniale an diesem Geschlechtersystem ist. Sie behauptet, die zentrale Dichotomie der kolonialen Moderne sei die zwischen Menschen und Nicht-Menschen. Mit der Eroberung der Amerikas habe sich diese Unterscheidung durchgesetzt bzw. sei ins Soziale implementiert worden. Dem untergeordnet wurden weitere Kategorien wie etwa Mann und Frau, die ebenfalls hierarchisch geordnet waren. Aber: »Only the civilized are men or women«[333], d.h. Indigene und Afrodescientes galten als Nicht-Menschen. Diese Unterscheidung untergrabe das potenziell Gemeinsame aller Frauen. Gerade deshalb müsse auch analytisch darauf zurückgegriffen werden, um zeigen zu können, dass die europäischen, weißen, bürgerlichen Frauen zwar untergeordnet, aber immer noch privilegiert waren (und sind). Auch unter den Kolonisierten sollten Männer und Frauen hergestellt werden, und zwar mittels des brutalen Zugriffs auf menschliche Körper – wobei die oben erwähnte »light site« der Durchsetzung dieses Systems in diesem Text deutlich nachgeordnet scheint. Indigene jedenfalls sollten (laut Lugones) bei der christlichen Mission nicht zu Menschen gemacht werden.

Die semantische Konsequenz der Kolonialität von gender sei es, dass »kolonisierte Frau« eine leere Kategorie sei: »no women are colonized; no colonized females are women«[334]. Frauen wurden erst durch die Kolonisierung zu Frauen gemacht, soll das heißen, sie waren vorher keine oder zumindest nicht eindeutig dieser Geschlechtskategorie zugeordnet. Zugleich wurden diejenigen, die als Frauen galten (also Weiße), auch nicht kolonisiert; dass keine colonized females Frauen waren, soll heißen, dass die zu kolonisierenden weiblichen Wesen nicht als Frauen galten, da nur Menschen Frauen waren und sie nicht als Menschen wahrgenommen wurden bzw. gelten sollten. »Geschlecht (género)«, fasst die dominikanische Sozialanthropologin und lesbische Feministin Ochy Curiel diesen Gedanken von Lugones zusammen, ist »eine moderne und koloniale Kategorie«[335].

333 Ebd., S. 743.
334 Ebd., S. 745.
335 Ochy Curiel: »La descolonización desde una propuesta feministia crítica«. In: Agència Catalana de Cooperació al Desenvolupament (Hg.): *Descolonización y*

Einerseits wird damit auf die konstitutive Ungleichheit zwischen jenen Menschen abgehoben, die unter die Kategorie ›Frauen‹ subsumiert werden. Damit geht selbstverständlich auch eine Kritik am (weißen, westlichen) Feminismus einher, der diese Ungleichheit lange Zeit nicht sah oder geringschätzte (und es zuweilen heute noch tut). In diesem Sinne, so Curiel, sei der dekolonialistische Feminismus ein Einsatz, der »das vermeintliche Subjekt des hegemonialen, institutionalisierten und essenzialistischen Feminismus zerstört, indem er es durch eine Politik ergänzt und situiert, die nicht nur auf Geschlecht, sondern auch auf raza, Sexualität, Klasse, Geopolitik usw. basiert«[336]. Wie eine solche Politik zu verstehen ist, darauf ist weiter unten, auch im Anschluss an Lugones, noch einzugehen.

Andererseits wird mit der Behauptung, die Unterscheidung zwischen Mensch-Sein und Nicht-Mensch-Sein sei die Grundlage des modern-kolonialen Geschlechtersystems auch eine fragliche Verallgemeinerung vorgenommen. Auch wenn außer Frage steht, dass die Entmenschlichung als eine zentrale Praxis des Kolonisationsprozesses anzusehen ist, muss doch hinterfragt werden, ob die Trennung in menschlich vs. nicht-menschlich wirklich so eindeutig, so grundlegend und so einheitlich war: Der Literaturwissenschaftler Tzvetan Todorov etwa hatte am Beispiel von Texten von Spaniern aus dem 16. Jahrhundert sehr verschiedene Umgangsformen der Konquistadoren mit den ›Anderen‹ herausgearbeitet, die nicht alle entmenschlichend waren.[337] Auch der Diskurs um Bartolomé de las Casas weist darauf hin, dass für das Mensch-Sein der Indigenen sehr wohl auch Europäer*innen gestritten haben und dies wiederum für die Afrikaner*innen nicht oder viel weniger galt;[338] auch müssten historische Phasen und Regionen wohl stärker unterschieden werden, als das im Aufsatz von Lugones geschieht.

Laut Lugones aber macht die Entmenschlichung einen zentralen Aspekt der Kolonialität überhaupt aus. Kolonialität ist nicht nur der Zugriff auf den weiblichen Körper und die Kontrolle über die Sexualität. Kolonialität,

---

despatriacalización de y desde los feminismos de Abya Yala. Barcelona: ACSUR 2015, S. 11-25, hier S. 18.

336 Ebd., S. 22.

337 Vgl. Todorov 1985, a.a.O.

338 Dussel etwa sieht Las Casas' Verteidigung der Maya-Bevölkerung als Teil des Gegen-Diskurses der Moderne und hält dessen Werk *De unico modo* (1537) für »ein Manifest der interkulturellen Philosophie und des politischen Pazifismus«, Dussel 2013a, a.a.O., S. 55 f.

schreibt Lugones in Erweiterung von Quijano, ist immer auch »the process of active reduction of people, the dehumanization that fits them for the classification, the process of subjectification, the attempt to turn the colonized into less than human beings«[339]. Menschen die Menschlichkeit abzuerkennen, »[t]his denial is coloniality«[340].

Die »Prozesse der Dehumanisierung« stehen am Beginn dessen, was dann die »koloniale Erfahrung« ausmacht, die daher, wie die mexikanische Soziologin Karina Ochoa Muñoz zusammenfasst, für alle Ansätze aus dem Bereich der dekolonialistischen Feminismen zu einer »unumgänglichen Referenz« [341] wird. Unumgänglich ist dieser Bezug auf die »koloniale Erfahrung« deshalb, weil nur vor dem Hintergrund des Kolonialismus die Ursprünge wie auch »das Andauern der Mechanismen von Ungleichheit und Unterordnung rassialisierter Frauen«[342] verstanden werden kann. Aus der Sicht von Karina Ochoa Muñoz und María Teresa Garzón Martínez ist der »Status des Nicht-Menschlichen«[343] einer der Ausgangspunkte aller Strömungen des dekolonialistischen Feminismus, wie sie in der Einleitung zu dem Buch *Miradas en torno al problema colonial* (»Perspektiven auf das koloniale Problem«) aufzeigen, das verschiedene dieser Ansätze versammelt.

In diesem Buch fasst Breny Mendoza zwei andere Kritikpunkte am Ansatz von Lugones zusammen. Die These vom »modern colonial gender system« wird in ihrer historischen Herleitung infrage gestellt, und zwar aus zwei entgegengesetzten Richtungen: Zum einen wird bemängelt, Lugones setze zu früh an, das koloniale Genderregime habe sich letztlich erst mit der Konsolidierung der modernen Staatlichkeit im 19. Jahrhundert durchgesetzt. Es sei zudem auch nicht als total zu begreifen, andere Geschlechternormen hätten weiterhin existiert und würden in den indigenen Gemeinden bis heute gelebt. Für diese Position steht Silvia Rivera Cusicanqui. Zum

339 Lugones 2010, a.a.O., S. 745.

340 Ebd., S. 749.

341 Karina Ochoa Muñoz: »Desplazamiento en la mirada: de los marxismos a los feminismos descoloniales«. In: José Romero-Lascano (Hg.): *Encuentros descoloniales. Memorias de la primera Escuela de Pensamiento Descolonial Nuestramericano.* Caracas: El Perro y La Rana 2018, S. 177–211, hier S. 208.

342 Ebd.

343 Karina Ochoa Muñoz und María Teresa Garzón Martínez: »Introducción«. In: Karina Ochoa Muñoz (Hg.): *Miradas en torno al problema colonial. Pensamiento anticolonial y feminismos descoloniales en los Sures globales.* México D.F.: Ediciones Akal 2019, S. 5–32, hier S. 6.

anderen wird kritisiert, Lugones setze historisch zu spät an, patriarchale Strukturen seien nicht erst ab 1492 installiert und durchgesetzt worden, sondern es hätte sie auch in den indigenen Gesellschaften schon gegeben, wenn auch mit geringerer Intensität. Diese Position ist die von Rita Segato. Beide Positionen müssen laut Mendoza »nicht als gegensätzlich interpretiert werden«[344], weil sie unterschiedliche Aspekte der Verwobenheit der Herstellung von Geschlecht und Rassialisierung mit dem Kolonialismus beleuchteten. Die These der Entmenschlichung der nicht-europäischen Anderen ist allen drei Herangehensweisen – Lugones, Rivera Cusicanqui und Segato – gemeinsam.

Die argentinisch-brasilianische Anthropologin Rita Laura Segato (*1951) hat die Aberkennung der Menschlichkeit zum zentralen Bestandteil ihrer zeitdiagnostischen Analyse eines »Krieges gegen die Frauen« gemacht. Segato hat an der Queens University in Belfast promoviert und lange in Brasilia Anthropologie unterrichtet, sie hat mehrere Ehrendoktorate inne und gilt als eine der wichtigsten feministischen Autorinnen Lateinamerikas. Angesichts der hohen Zahl an ermordeten Frauen in Lateinamerika, der sich mehrenden häuslichen Gewalt und der öffentlichen und häufig auch politisch-juridischen Verleugnung der Systematik dieser Gewalt spricht Segato von einem Krieg. Ähnlich wie andere »neue Kriege« (Mary Kaldor) findet dieser Krieg gegen die Frauen informell statt und unterscheidet nicht zwischen Kombatant*innen und Zivilist*innen.[345] Während staatliche und para-staatliche Institutionen und Gruppen als Täter beschrieben werden, sind es vor allem Frauen (und Kinder), die zu den Opfern dieses Krieges zählen. Zum einen ist dieser Krieg nach Segato ein zeitgenössisches Phänomen, er zeichnet sich durch eine »Pädagogik der Grausamkeit«[346] aus, die den Täter*innen antrainiert, die Gegner*innen als entmenschlichte Wesen zu begreifen. Zum anderen findet dieser Krieg aber nicht erst in den letzten zwei oder drei Jahrzehnten statt, sondern erneuert trotz »aller Kampagnen, die Frauen unternommen und in vielen Fällen auf dem Gebiet der Gesetz-

344 Mendoza 2019, a.a.O., S. 64.

345 Segato bezieht sich hier u.a. auch auf das in mehreren Sprachen erschienene Buch von Dario Azzellini und Boris Kanzleiter (Hg.): *Das Unternehmen Krieg. Paramilitärs, Warlords und Privatarmeen als Akteure der neuen Kriegsordnung*. Hamburg: Assoziation A 2003.

346 Segato 2014a, a.a.O., S. 15.

gebung gewonnen haben, das kolonial-moderne kollektive Imaginäre«[347]. Dieses Imaginäre beruht auf der Trennung von öffentlich und privat, die geschlechtlich konnotiert und auch als solche gesellschaftlich durchgesetzt wurde. In einem Aufsatz zu Geschlecht und Dekolonialität schreibt sie deshalb, es gehe nicht darum, »Geschlecht als eines der Themen der dekolonialen Kritik oder als einen der Aspekte der Herrschaft im Muster der Kolonialität einzuführen, sondern ihm einen wirklichen theoretischen und epistemischen Status zu geben, indem es als zentrale Kategorie untersucht wird, die in der Lage ist, alle anderen Aspekte der Transformation zu beleuchten, die dem Leben von Gemeinschaften auferlegt wird, wenn sie von der neuen modernen kolonialen Ordnung erfasst werden«[348]. Für die Zeitdiagnose heißt das: Die gesellschaftliche Durchsetzung der Trennung von Privatheit und Öffentlichkeit, die das koloniale Imaginäre ausmacht und die Grundlage für die neuen Kriege darstellt, macht zudem die Verfügungsmacht über den weiblichen Körper, die in den Vergewaltigungen und Tötungen inszeniert wird, zu einem zentralen Bestandteil der neuen Kriege. Die konkrete Gewalt gegen Frauen ist, wie Verónica Gago das Argument von Segato verdeutlicht, als »ein Regime der Aneignung [zu] denken, das die koloniale Form radikalisiert«[349]. Die Folgen und Effekte dieser Gewalt werden zugleich privatisiert, d.h. als Privatangelegenheit heruntergespielt. Die »Rolle und Funktion, die dem weiblichen oder feminisierten Körper in den heutigen Kriegen zugewiesen wird«[350], offenbare die Verschiebung im Modell des Krieges selbst. Die Möglichkeit dieser Verschiebung basiere auf der »Komplizenschaft eines kollektiven Imaginären, in dem Sexualität und Recht zu getrennten und unvereinbaren Sphären gehören, die Sexualität zur privaten, intimen und häuslichen Ordnung und das Recht zur öffentlichen Sphäre des universellen und allgemeinen Interesses«[351]. Anliegen des dekolonialistischen Feminismus muss es demnach sein, das Herrschaftsdispositiv (dispositivo de dominio), das diesen Kriegen zugrunde liegt, zu lokalisieren

347 Ebd., S. 62.

348 Rita Laura Segato: »Género y colonialidad: del patriarcado comunitario de baja intensidad al patriarcado colonial moderno de alta intensidad«. In: Dies.: *La Crítica de la Colonialidad en Ocho Ensayos. Y una antropología por demanda*. Buenos Aires: Prometeo Libros 2015b, S. 69–99, hier S. 80 f.

349 Verónica Gago: *Für eine feministische Internationale. Wie wir alles verändern*. Münster: Unrast Verlag 2021, S. 92.

350 Sagato 2014a, a.a.O., S. 18.

351 Ebd., S. 71.

und zu demontieren (desarticular). Wie wird nun diese Möglichkeit der Demontage des kolonialen Machtmusters im dekolonialistischen Feminismus konzipiert und diskutiert?

Der »gebrochene Ort«: Vom modern-kolonialen Gendersystem zum Widerstand

María Lugones beschäftigt sich bewusst nicht allein mit dem System der coloniality of gender, weil dieser Begriff historische Lebewesen ausschließlich als Unterdrückte fasse, insofern sie nur unter dem Aspekt ihrer kolonialen Zurichtung gefasst werden. Es müsse vielmehr auch die andere Seite der Subjektwerdung in den Blick genommen werden, der Widerstand. »Resistance is the tension between subjectification (the forming/informing of the subject) and active subjectivity, that minimal sense of agency required for the oppressing – resisting relation being an active one«[352]. Lugones beschreibt sich demgemäß selbst als »theorist of resistance«[353].

Methodisch zielt sie auf eine Bewegung vom Women-of-Colour-Feminismus hin zum dekolonialistischen Feminismus. Gender zu dekolonisieren sei eine Aufgabe, die die Praxis betreffe. Dekolonialistischer Feminismus wird als die Möglichkeit definiert, die coloniality of gender aktiv zu überwinden. Diese Praxis muss nicht unbedingt sozialbewegte oder alltägliche, sie kann auch eine wissenschaftlich-theoretische Praxis sein. Auch die wissenschaftliche Beschreibung kann nach Lugones eine dekolonisierende sein. Widerstand zu beschreiben bedeutet demnach etwa auch, nicht nur Frauen und Männer als dessen Subjekte zu betrachten. Gerade eine solche Betrachtung würde den Widerstand selbst unsichtbar machen. Die handelnden Subjekte stehen gewissermaßen immer in Klammern: »Only in bracketing [] can we appreciate the different logic that organizes the social in the resistant response.«[354] Die Antwort des Widerstands basiert also nicht auf vorgegebenen bzw. vorgängigen Subjekten als festen Einheiten, sondern sie bezieht sich auf Kategorien, die in Klammern gedacht werden, die also nur strategisch in Betracht gezogen werden. Der Widerstand hat selbst einen »fractured locus«[355] mit hervorgebracht, einen »gebrochenen Ort«, von

352 Lugones 2010, a.a.O., S. 746.
353 Ebd.
354 Ebd., S. 749.
355 Ebd., S. 749.

dem aus gekämpft wird bzw. auf den sich die Kämpfe beziehen. Lugones nimmt also einen relationalen Standpunkt ein: Widerstand ist immer in Relation, in Beziehung zu etwas anderem zu denken (Herrschaft, Unterdrückung, Ausbeutung) und hat dementsprechend auch keinen einheitlichen, ahistorischen Ausgangspunkt (Ort).

Lugones bezieht sich dann – mit Walter Mignolo – auf Gloria Anzaldúas Begriff des border thinking, des Grenzdenkens. Das Grenzdenken, auf das in Kapitel 5 noch genauer eingegangen wird, sei die Konsequenz daraus, den »gebrochenen Ort« zum Ausgangspunkt für die Kämpfe um die eigene Subjektivität zu nehmen. »I am proposing a feminist border thinking, where the liminality of the border is a ground, a space, a borderlands, to use Gloria Anzaldúa's term, not just a split, not an infinite repetition of dichotomous hierarchies among the de-souled specters of the human«[356]. Das Widerstandskonzept ist somit eines, das ständig in Bewegung ist und auf die »Logik des Kapitals«[357] reagiert. Es impliziert »creative ways of thinking, behaving and relating that are antihierarchical to the logic of capital«[358]. Es ist diese Spannung zwischen der Logik des Kapitals und den kreativen Verhaltensweisen, aus der der Widerstand entsteht und in der er multiple Formen annehmen kann. Diese Spannung ist auch insofern wichtig zu fokussieren, weil das Bild des Sozialen sich sonst, so Lugones, entweder nur auf die Macht der Kolonialität und ihre Effekte oder auf ein Bild der präkolumbianischen Geschichte beschränkt.

An diese anti-kapitalistische Tradition knüpft auch die bereits erwähnte Theoretikerin und Aktivistin Ochy Curiel an, indem sie den dekolonialistischen Feminismus in die Tradition der autonomen Feminismen stellt. Sie ergänzt damit die *theoretische* Genealogie des dekolonialistischen Feminismus, die auch sie in der Intersektionalitätsforschung und anderen Ansätzen sieht, die die mehrfache Unterdrückung und Ausgrenzung in den Blick nehmen, durch eine eher *praktisch-politische* Strömung. Die autonomen Feminismen in Lateinamerika bzw. in Abya Yala haben sich seit den 1990er-Jahren gegenüber jenem Feminismus positioniert, der auf individuelles Empowerment setzte, den Anspruch auf soziale Gleichheit vernachlässigte und sich dadurch auch in die neoliberalen Umstrukturierungsprogramme

356 Ebd., S. 753.
357 Ebd., S. 754.
358 Ebd.

einpassen ließ. Als ›autonom‹ bezeichnet sich dieser Feminismus insofern, als er sich gerade unabhängig von staatlichen Programmen, aber auch von Förderungen durch ›westliche‹ Nichtregierungsorganisationen begreift. »Obwohl wir es damals nicht so nannten«, schreibt Curiel, »implizierte ein Dekolonisierungsprozess angesichts dieser Politik wirtschaftliche und ideologische Autonomie gegenüber den Staaten, internationale Zusammenarbeit und die Übernahme von Prozessen der materiellen und organisatorischen Selbstverwaltung, von Definitionen von Projekten und politischen Prioritäten usw.«[359]. Curiel betont an anderer Stelle (im Gespräch mit Mónica Cejas) auch, dass der Anspruch auf Dekolonisierung keinesfalls bloß das Verhältnis der feministischen Bewegungen zu Staat und NGOs betrifft. Dekolonisierung müsse auch bedeuten, die spezifischen Dimensionen des Militarismus und der Sicherheitspolitiken in Lateinamerika zu analysieren, ebenso wie die infrastrukturellen Megaprojekte und die Politik von Weltbank und IWF, um eine politische Perspektive gegenüber solchen Politiken zu entwickeln.[360]

Die spanische Philosophin Montserrat Galceran Huguet fasst das Anliegen des dekolonialistischen Feminismus schließlich wie folgt zusammen: »die Formen, die die Geschlechterverhältnisse annehmen, zu historisieren und zu kontextualisieren, um dem feministischen Universalismus zu entgehen, Kultur als einen historischen Prozess zu betrachten, um kulturelle Essenzialismen zu vermeiden und die Art und Weise zu erkennen, wie lokale Kämpfe in globale Prozesse kapitalistischer Herrschaft eingebettet sind«[361]. Diese lokalen Kämpfe sind aber nicht nur das Forschungsobjekt des dekolonialistischen Feminismus, sondern vielmehr der Ort seines Entstehens. Das galt und gilt für den autonomen Feminismus und es zeichnet auch den kommunitären Feminismus aus.

Während dekolonialistische Perspektiven einerseits aus den transnationalen feministischen Debatten entstanden sind, lassen sie sich andererseits auch ohne die Verortung in den lokalen Kämpfen von Frauen sowie, wie Silvia Rivera Cusicanqui meint, in den »traditionellen indigenen Bräuchen und Gewohnheiten«[362] nicht denken. Die Gewichtung dieser beiden,

359 Curiel 2015, a.a.O., S. 21.

360 Vgl. Ochy Curiel: »›Desde la experiencia‹. Entrevista a Ochy Curiel. Mónica Cejas«. In: *Andamios*, Vol. 8, Número 17, September-Dezember 2011, S. 181–197, hier S. 189 f.

361 Galceran Huguet 2016, a.a.O., S. 285.

362 Rivera Cusicanqui 2018c, a.a.O., S. 136.

jeweils sehr vielfältigen Entstehungskontexte, variiert bei den dekolonialistischen Feministinnen stark. Lugones beschäftigt sich im Hinblick auf den Kolonialismus, wie Carol-Lynne D'Arcangelis herausarbeitet, wenig mit der »Verbindung zwischen der Aneignung von Land und der Aneignung indigener Körper«[363]. Möglicherweise dementsprechend hat auch ihre Widerstandsperspektive keinen Schwerpunkt auf indigenen Bewegungen und kommunitären politischen Strukturen. Rita Laura Segato hingegen betont im Kontext ihrer Ablehnung des staatlich und para-staatlich geführten Krieges gegen die Frauen ausdrücklich die Bedeutung des Kommunitären für den feministischen und dekolonialistischen Kampf: »Nur Gemeinschaften mit einem lebendigen sozialen Gefüge, die politisch aktiv und mit einer verbindlichen symbolischen Dichte ausgestattet sind, haben die Fähigkeit, alle Kategorien von Mitgliedern zu schützen, auf Gegenseitigkeit und Solidarität beruhende Wirtschaftsformen aufrechtzuerhalten und dem Leben einen Sinn zu geben. Wenn es diese Option gibt, kann der Tod als Projekt zurückgewiesen werden«[364].

Keine Theorie, sondern »politische Aktion«: Feminismo comunitario

Ein spezifischer Ansatz unter den dekolonialistischen Feminismen ist der oben bereits erwähnte feminismo comunitario. Der kommunitäre Feminismus hat sich unter dieser Bezeichnung im Laufe der letzten zwanzig Jahre in Bolivien entwickelt, ist aber auch in Argentinien, Chile, Mexiko und anderswo präsent. Die Betonung des Kommunitären unterstreicht die Eingebundenheit der Anliegen und Kämpfe von Frauen in jene der indigenen Gemeinden in verschiedenen lateinamerikanischen Ländern. Ein zweites zentrales Kennzeichen dieser Strömung ist deshalb naheliegenderweise auch die Kritik am Akademismus des Feminismus, der als ein nicht unwesentliches Instrument des Ausschlusses weiter Bevölkerungsgruppen

363 Carol-Lynne D'Arcangelis: »Feministische Aufrufe des Dekolonialen. Widerstand und Wiederaufleben in den Arbeiten von María Lugones und Leanne Betasmosake Simpson.« In: *Peripherie. Politik – Ökonomie – Kultur*, Nr. 157/158, 40. Jg., 2020, S. 24–67, hier S. 62.

364 Rita Laura Segato: »La nueva elocuencia del poder. Una conversación con Rita Segato. Por el Instituto de Investigación y Experimentación Política«. In: Dies.: *Las nuevas formas de la guerra y el cuerpo de las mujeres.* Buenos Aires: Tinta Limón 2014b, S. 77–114, hier S. 114.

angesehen wird. Dementsprechend betont etwa die bolivianische Aktivistin Adriana Guzmán Arroyo, der »kommunitäre Feminismus ist keine Theorie, er ist politische Aktion«[365]. Die Frauen, die mit dieser Strömung verbunden sind, seien sich der Bedeutung von Kämpfen um Worte aber bewusst und intervenierten insofern auch in den wissenschaftlichen Diskurs. Im Fokus steht aber der alltägliche Kampf gegen das Patriarchat und gegen den Neoliberalismus, in dem sie sich im Einklang mit dem pueblo sehen. Im Kontext dieses Kampfes geht es dem feminismo comunitario auch darum, den Feminismus zu dekolonisieren – was sich als drittes zentrales Kennzeichen dieser Strömung ausmachen lässt. Den Feminismus zu dekolonisieren bedeutet nach Guzmán Arroyo erstens, die Kämpfe für geschlechterpolitische Gleichberechtigung als mit jenen um das ›gute Leben‹ (buen vivir), die von vielen sozialen Bewegungen in Lateinamerika geführt werden, verbunden zu betrachten. Es bedeutet zweitens darüber hinaus, die Genealogie der feministischen Kämpfe aus dem europäischen Bezugsrahmen zu lösen. »Wir sind keine Töchter der Aufklärung«, schreibt Guzmán Arroyo ziemlich eindeutig. Gemeint ist damit nicht eine Ablehnung universeller Freiheits- und Menschenrechte, sondern es ist der Hinweis darauf, dass es bereits vor Olympe de Gouges' »Erklärung der Rechte der Frau und Bürgerin« (1791) kämpfende Frauen in Bolivien gegeben hat – Guzmán Arroyo nennt Gregoria Apaza und Bartolina Sisa, die 1781 gemeinsam mit Túpac Katari und Túpac Amaru gegen die Spanier gekämpft hätten. Es bedurfte also nicht erst der europäischen Aufklärung, um die Analyse von Unterdrückungsverhältnissen zu betreiben und die praktisch-politischen Schlüsse daraus in Angriff zu nehmen.

Eine weitere Vertreterin des kommunitären Feminismus ist die ebenfalls in Bolivien aktive Aktivistin, Künstlerin und Theoretikerin Julieta Paredes Carvajal, die das auch in Europa bekannte Kollektiv *Mujeres Creando* mitgegründet hatte. Das anarcha-feministische und offen lesbisch auftretende Kollektiv wurde 1992 von Julieta Paredes, Maria Galindo und Mónica Mendoza ins Leben gerufen. Die Aktivitäten der Gruppe reichen von Workshops über Graffiti bis hin zu theoretischen Beiträgen in Publikationen, die sowohl im Kunstfeld als auch im akademischen Bereich angesiedelt

---

365 Adriana Guzmán Arroyo: »›Ein für den Kampf der Völker nützlicher Feminismus‹. Ausgehend von Bolivien hat sich in Lateinamerika in den vergangenen Jahren eine Bewegung des kommunitären Feminismus entwickelt«, in: amerika21, 01.02.2016, https://amerika21.de/blog/2016/01/142165/kommunitaerer-feminismus

sind. Paredes gründete 2003 die *Mujeres Creando Comunidad*, um die Bindung an den Alltag indigener Frauen stärker in den Vordergrund zu rücken. Zentrale Kategorie ihrer Analyse ist das Patriarchat, das mehr als alle anderen Herrschaftsverhältnisse fähig sei, sich zu erneuern und »Unterdrückungen mit immer subtileren Instrumenten wieder ein[zuführen], die immer schwieriger zu erkennen«[366] und auf die immer schwieriger zu reagieren sei.

Der feminismo comunitario wird als sehr anwendungsbezogener Ansatz beschrieben, der sich durchaus in der Tradition des Anarchismus mit seinem Unmittelbarkeitsanspruch verorten lässt: Wir glauben »nicht mehr an Vorschläge«, schreibt Paredes, »die nicht in der Gegenwart beginnen, Wirklichkeit zu werden«[367]. Theorie und außertheoretische Praxis werden als sehr eng miteinander verknüpft betrachtet: »Wir erzählen keine Geschichten, noch bezeugen wir; wir benennen, was wir tun, für uns ist das Tun Theorie, es gibt keine Praxis ohne Theorie, aber es gibt Theorien ohne Praxis. Wir sind Münder, die den Gedanken benennen, der den Körper zu seinen Wünschen und Freuden bewegt«[368]. Der kommunitäre Feminismus orientiert sich stark am Alltagsleben der indigenen Gemeinschaften und ist in der Tendenz auch auf die Abgrenzung von jenen Varianten des ›westlichen‹ Feminismus ausgerichtet, die vor allem auf individuelle Emanzipation zielen. Nataly Guzmán und Diana Triana interpretieren das Kommunitäre im feminismo comunitario allerdings nicht allein als Rückbezug auf die indigenen Gemeinden, sondern auch »als eine epistemische Alternative, die den Begriff der *Gemeinschaft* wieder aufgreift, um aus der dichotomen hierarchischen Beziehung zwischen Männern und Frauen herauszukommen« und sie verstehen Gemeinschaft dabei »als einen sich wandelnden politischen Körper«[369]. Das Verhältnis zwischen Gemeinschaft und individueller Freiheit und Entwicklung bleibt allerdings relativ unbestimmt. So entsteht zumindest der Eindruck, als würde in der Tendenz

366 Julieta Paredes Carvajal: »Disidencia y Feminismo Comunitario«, in: DISIDENCIA, Vol. 10, Issue 2, 2013, https://web.archive.org/web/20170805222058/http://hemisphericinstitute.org/hemi/es/e-misferica-102/paredes

367 Ebd.

368 Ebd.

369 Nataly Guzmán und Diana Triana: »Julieta Paredes: hilando el feminismo comunitario«, in: *Ciencia Política*, VOL. 14, No. 28, Jul-Dic 2019, S. 23–47, hier S. 25.

davon ausgegangen, dass kaum merkliche Widersprüche zwischen den Geschlechternormen der indigenen Gemeinschaften und den individuellen Vorstellungen von Frauen existierten. Aber ebenso wie es auch ›westliche‹ Feminismen gibt, die kollektive Subjektivierung und Organisierung in den Vordergrund stellen, so muss auch der feminismo comunitario nicht zwingend als einer verstanden werden, der sich für individuelle Belange nicht interessiert. Es ist zudem durchaus umstritten, inwiefern nicht auch indigene Gemeinschaften patriarchale Strukturen aufweisen. Die Umstrittenheit dieser Frage geht häufig mit der Diskussion jener nach dem Ursprung patriarchaler Normen einher, wie sie etwa im weiter oben skizzierten Gegensatz in den Positionen von Segato (auch prä-koloniale Gesellschaften waren patriarchal) und Rivera Cusicanqui (patriarchale Strukturen sind im Wesentlichen Effekte der modernen Nationalstaatsbildung) skizziert wurde.

Identität und Identifizierungen

Im feminismo comunitario werden Identifizierungen mit der und über die comunidad jedenfalls nicht prinzipiell als unvereinbar mit einer Identifizierung über die Kategorie Frau(en) konzipiert. Dass hier kein Gegensatz gesehen bzw. betont wird, bedeutet aber nicht, dass nicht dennoch Allianzen zwischen Frauen gesucht würden – es bleibt ein feminismo comunitario, kein indigener Kommunitarismus.

Die Frage nach Möglichkeiten und Grenzen feministischer Identitätspolitiken diskutiert auch Yuderkys Espinosa Miñoso ausführlich. In ihrer Beschreibung der Genese dekolonialistisch-feministischer Ansätze hebt sie stark auf die Differenzen zwischen Frauen ab, die auch einleitend zu diesem Kapitel angesprochen wurden. Es geht ihr aber nicht nur um weiße vs. Schwarze und weiße vs. indigene Frauen, sondern grundsätzlich um die konfliktive Dimension von multiplen Zugehörigkeiten. Auch als autonome Feministinnen der 1990er-Jahren hätten Frauen wie sie gewusst, dass »unsere Interessen nicht mit denen institutionalisierter Feministinnen identisch«[370] gewesen seien. Weil es sich einerseits nicht um dieselben Unterdrückungsformen handle und andererseits und dementsprechend auch nicht um die gleichen Interessen zwischen allen Frauen, habe feministische Politik auch keine selbstverständliche gemeinsame Grundlage. Espinosa Miñoso lehnt also die Vorstellung eines universalistischen Subjekts Frau,

370 Espinosa Miñoso 2016, a.a.O., S. 162.

das von rassialisierten und klassenbasierten Herkünften absieht, ab. Das bedeutet wiederum nicht, dass keine Allianzen für emanzipatorische Politiken (unter feministischen Vorzeichen) denkbar oder möglich wären. Weil sie sowohl die Zuschreibungen benennt, die jeder Identitätspolitik vorausgehen, als auch versucht, nicht-identitätspolitische Auswege aus dem Faktum kollektiver Identifizierungen zu suchen, sei Espinosa Miñoso hier schließlich ausführlich zitiert:

> »Es gibt sich überschneidende Regime der Macht, es gibt Strukturen, die sie überschneidend aufrechterhalten, es gibt Körper, die mit geringerer oder größerer Intensität markiert sind, oder besser gesagt, am Ende ist jeder Körper innerhalb dieser Vielzahl von Brüchen zwischen Körpern, die in einigen Instanzen des Sozialen die Macht innehaben, und Körpern, die sie nie innehaben, markiert ... und es gibt schließlich Prozesse, die zu einem Bewusstsein führen, mittels dessen ein politischer Wille entsteht, sich diesen Markierungen zu stellen, oder besser gesagt, sich dem zu stellen, der die Markierungen produziert (und das Subjekt produziert, das sie erleidet und/oder innehat). Das Bewusstsein, der politische Wille der Revolte betrifft alle, die am Funktionieren der Maschinerie beteiligt sind – auch diejenigen, die am privilegiertesten sind; auch wenn es diejenigen sind, die am meisten gelitten haben, die der Kampf als erste betrifft. Dies ist nicht nur möglich, sondern auch wünschenswert.«[371]

Ähnlich hatte sich auch Maria Galindo von den *Mujeres Creando* in verschiedenen Texten in Bezug auf Identitäten und Identifizierungen geäußert. Auch sie sieht die Differenzen zwischen Frauen und orientiert sich zugleich nicht allein an den indigenen Gemeinschaften. In der Praxis zwar an der bolivianischen Lebensrealität indigener Frauen orientiert, stellt Galindo theoretisch doch ein fluides Identitätskonzept vor. In den Aktionen und Lebensweisen der *Mujeres Creando* sieht sie eine Provokation der bestehenden patriarchalen Ordnung, »eine herausfordernde Provokation, die eine neue Identität schafft, die niemals aufhört, konstruiert zu werden. Eine neue Identität, die sich nicht in einem Diskurs erschöpft, die ungewöhnlich ist, weil sie das Legitime überschreitet, und die kreativ ist, weil sie die sozialen Hierarchien durcheinander bringt«[372].

371 Ebd., S. 165.

372 Maria Galindo: »Öffentlichkeiten der Mujeres Creando. Wir besetzen das Fernsehen genauso wie die Straße«. In: Gerald Raunig und Ulf Wuggenig: *Publicum. Theorien der Öffentlichkeit*. Wien: Verlag Turia + Kant 2005, S. 204–211, hier S. 211.

5. Konsequenzen dekolonialistischer Analyse: Delinking, Bejahung des Anderen, Border thinking

Es gibt verschiedene Konsequenzen, die die Autor*innen, die dekolonialistische Ansätze vertreten, aus ihren Analysen der Kolonialität ziehen. Drei zentrale Konzepte, die in unterschiedlicher Gewichtung und mit verschiedenen Ausrichtungen immer wieder auftauchen, sind Delinking (Entkoppelung), das von Glória Anzaldúa entworfene Konzept des border thinking (Grenzdenken) und eine Politik der Anerkennung, für die Enrique Dussel die Vorstellung der Bejahung des Anderen geprägt hat.

Delinking/Entkoppelung

Im Kontext der Corona-Krise wurde im Juni 2020 ein Forderungskatalog von lateinamerikanischen Intellektuellen formuliert, der »eine relative Entkoppelung von den gefährlichen Dynamiken des Weltmarktes«[373] für die Länder Lateinamerikas auf die politische Tagesordnung zu setzen versuchte. Unterzeichnet hatten das Papier »Für einen sozialen, ökologischen, wirtschaftlichen und interkulturellen Pakt für Lateinamerika« mehr als 300 Organisationen und 1.400 Personen, unter den Initiator*innen finden sich auch Personen aus dem Bereich der dekolonialistischen Theorie wie Arturo Escobar, Edgardo Lander u.a. Die Forderung nach Entkoppelung (delinking/desconexión) wird hier im Rahmen verschiedener anderer, grundlegender politischer Reformen wie einer solidarischen Transformation der Steuersysteme, der Annullierung der Auslandsschulden, der Schaffung nationaler und lokaler Pflegesysteme, der Einführung eines universalen Grundeinkommens, der Achtung der Ernährungssouveränität, dem Aufbau postextraktivistischer Ökonomien, selbstbestimmter Medien und nachhaltiger Wirtschaften formuliert.

373 Im Original »una desconexión relativa de las peligrosas dinámicas del mercado mundial«, vgl. Div.: »Por un pacto social, ecológico, económico e intercultural para América Latina«, https://pactoecosocialdelsur.com (19.05.2021)

In der dekolonialistischen Theorie selbst wird der Begriff der Entkoppelung (delinking/desconexión) vor allem von Walter D. Mignolo verwendet und in erster Linie auf die Wissensproduktion bezogen. Mignolo rekurriert bei der Verwendung des Begriffes auf den ägyptisch-französischen Ökonomen Samir Amin (1931–2018), der ihn zuerst im Rahmen der dependenztheoretischen Auseinandersetzungen einführte. Die Entkoppelung, von der Mignolo spricht, verlaufe zunächst parallel zum delinking, »das Samir Amin für die ökonomische Sphäre der Entkoppelung vom Kapitalismus entworfen hat«[374]. Mignolos Entkoppelung zielt aber über die Ökonomie hinaus bzw. neben der Ökonomie auf einen »dekolonialen epistemischen Umsturz«[375]. Eine neue »Geo- und Körperpolitik der Erkenntnis«[376] wird angestrebt, die sich gegen die vorgebliche Universalität einer partikularen Ethnizität richte. Delinking oder Entkoppelung soll dabei als Konsequenz aus der Einsicht verstanden werden, dass die Herrschafts- und Arbeitsverhältnisse, Geschlechterverhältnisse und rassialisierten Zuschreibungen und ihre Effekte auf globaler Ebene von einem kolonialen Muster der Macht geprägt sind.

Samir Amin hatte den Begriff noch im Kontext der dependenztheoretischen Debatten geprägt, um einen Ausweg aus der Zentrum-Peripherie-Struktur der globalen Ökonomie und schließlich aus der Abhängigkeit der peripheren Gesellschaften zu entwickeln. In seinem erstmals 1985 auf Französisch unter dem Titel *La déconnexion* erschienenen Buch zeichnet Amin die Entwicklung der modernen Nationalstaaten unter den Bedingungen der globalen Ausweitung des Kapitalismus nach. Es geht um die Frage, wie eine Entkoppelung der Gesellschaften des Südens (und damals noch Ostens) vom Kapitalismus des Westens vorstellbar und möglich wird. Auch in Abgrenzung von der Entkoppelung, die die UdSSR und China vollzogen hätten, entwirft Amin das delinking als »associated with a ›transition‹ – outside capitalism and over a very long time – towards socialism«[377]. Diesen Übergang habe man sich aber, entgegen etwa der Vorstellung der Zweiten Internationale, als nicht linear und auch nicht mit klarem Ziel, sondern mit ungewissem Ausgang vorzustellen. Ökonomisch

374 Mignolo 2012, a.a.O., S. 57.
375 Ebd.
376 Ebd.
377 Samir Amin: *Delinking. Towards a Polycentric World.* [1985] London und New Jersy: Zed Books 1990, S. 55.

solle diese Transition durch drei zu schaffende Bedingungen erreicht werden: Erstens die strikte Unterordnung der Außenhandelsbeziehungen unter die Logik interner Wahlentscheidungen ohne Rücksicht auf die Kriterien der weltkapitalistischen Rationalität. Zweitens politische Reformen zum Abbau sozialer Ungleichheit, die auch im Konflikt mit den hegemonialen Klassen durchzusetzen seien, die an solchen Reformen selbstverständlich kein Interesse hätten. Als dritte Bedingung für das delinking nennt Amin das Aufgreifen technologischer Entwicklungen und den Einfallsreichtum bei deren Weiterführung, ohne die die dann gewonnene Autonomie nicht stabilisiert werden könne. Diese dritte Bedingung könne zudem nicht durch ein paar »educational tricks« herbeigeführt werden, sondern erfordere »an ideological opening up«[378].

Amin selbst betont in seinem Buch *Delinking* mehrfach, dass mit der von ihm vorgeschlagenen Entkoppelung keine nationale Autarkie in ökonomischer Hinsicht gemeint sei. Zudem macht er auch überdeutlich, dass delinking nicht bedeutet, sich einem kulturalistischen Nationalismus anzuschließen: »delinking is in no way synonymous with a refusal to participate in world scientific and ideological current«[379].

Mignolo versucht nun, Amins Konzept zu radikalisieren, dem er vorwirft, in marxistischen (und damit ›westlichen‹) Denkmustern und damit innerhalb der Rhetorik der Moderne zu verharren. Die Entkoppelung, so Mignolo, »lässt sich schwerlich aus einer marxistischen Perspektive denken«[380]. Die Entkoppelung beginne mit dem »Unglauben und dem Zweifel an der Illusion, dass die imperiale Vernunft zugleich die befreiende Vernunft hervorbringen könnte«[381], schreibt Mignolo. Dieser imperialen Vernunft rechnet er offenbar selbst den dependenztheoretischen Marxismus noch zu. Sein eigener Entwurf der Entkoppelung bleibt demgegenüber allerdings recht vage: Laut Mignolo geht es bei der Entkoppelung um die Bejahung des »in anderen [als den westlich-modernen] historischen Situationen konstruierte[n] Wissen[s]«[382] und um undiszipliniertes Denken. Die Strategie der Entkoppelung beruhe »auf der Denaturalisie-

378 Ebd., S. 60.
379 Ebd., S. 67.
380 Mignolo 2012, a.a.O., S. 90.
381 Ebd., S. 96.
382 Ebd., S. 95.

rung von Begriffen und Begriffsfeldern, durch die *eine* Realität totalisiert wird«[383]. Um diese Strategie verwirklichen zu können, also Träger*innen des Enkoppelungsprojekts zu sein, braucht es bestimmte Voraussetzungen: Nach Mignolo können nicht Proletariat oder Multitude die Subjekte einer dekolonialistischen Entkoppelung sein, weil ihnen – also den Konzepten wie auch den damit beschriebenen Menschen – die »Erfahrung einer kolonialen Verwundung«[384] fehle. Das bedeutet offenbar, dass die »koloniale Verwundung« eine notwendige Voraussetzung dafür ist, eine dekolonialistische Entkoppelung herbeizuführen.

Damit erweckt Mignolo zumindest den Eindruck, er plädiere genau für das, was Amin als kulturellen Nationalismus ablehnt: zum einen für die Festlegung auf bestimmte Subjekte, die nur so, von einem anderen Ort aus (als dem Westen) mit einer anderen Erfahrung (der kolonialen Verwundung) ausgestattet, die Möglichkeit der Entkoppelung haben, zum anderen für eine Praxis, die vor allem darin besteht, sich auf diese Erfahrung zu beziehen und sich von westlich-disziplinärem Denken loszusagen – in den Worten Amins also »a refusal to participate in world scientific and ideological current«. Mignolo unterstreicht diesen Eindruck noch, wenn er schreibt: »Thinking *without* modernity, delinking from its fictions, is one major decolonial challenge«[385]. Ein solches Denken ohne Moderne ist selbstverständlich schwierig, wenn die koloniale Matrix der Macht alles Denken durchdringt. Deshalb fasst Mignolo die Entkoppelung auch als eine Art Übung in Dekolonialität, als »exercise of power within the colonial matrix to undermine the mechanism that keeps it in place«[386]. Die Entkoppelung ist dann vor allem epistemischer Ungehorsam.

Epistemischer Ungehorsam als delinking ist die Praxis, die Dekolonialität ausmacht. Während Mignolo in seinem Buch *Epistemischer Ungehorsam* die Worte Dekolonialität und Dekolonisierung »als in gewissen Kontexten austauschbar«[387] benutzt, plädiert er in *On Decoloniality* für eine starke Unterscheidung zwischen beiden Begriffen: Decolonization wird hier als historisch in zwei Wellen verlaufendes Projekt begriffen, deren Gemein-

383 Ebd., S. 81.
384 Ebd., S. 96.
385 Mignolo 2018, a.a.O., S. 109.
386 Ebd., S. 114.
387 Mignolo 2012, a.a.O., S. 60 Fußnote 20.

samkeit im Ziel der »creation of nation-states after independence«[388] bestand. Die erste Welle beginnt mit der Haitianischen Revolution 1804 und findet vor allem in der ersten Hälfte des 19. Jahrhunderts in Lateinamerika statt, die zweite Welle vollzieht sich demnach in Afrika und Südostasien und zieht sich bis in die zweite Hälfte des 20. Jahrhunderts. Dekolonisierung aber, so wirft Mignolo jenen antikolonialen Bewegungen vor, die in Staatsgründungen mündeten, »has left the logic of coloniality intact«[389]. Von dieser als inkonsequent beschriebenen Dekolonisierung grenzt Mignolo die Dekolonialität ab, sie »emerged from the shortcoming of decolonization«[390]. Anders als die (staatliche) Dekolonisierung beschreibt die Dekolonialität demnach ein Projekt »by people organizing themselves«[391]. Delinking, die Entkoppelung, wird dann als der erste Schritt in Richtung einer gelebten Dekolonialität beschrieben. Eine solche gelebte Dekolonialität und damit ein dekolonisierender Horizont jenseits des Staates wird für Mignolo von den Zapatistas verkörpert (vgl. dazu auch den Exkurs zum Thema).

Aber ist die Unterscheidung zwischen (staatlicher) Dekolonisierung und (kultureller) Dekolonialität plausibel? Beschränkt man sich in der genaueren Betrachtung nur auf jene Bewegungen und Vertreter*innen antikolonialer Strömungen, die Mignolo selbst als Vordenker*innen seines theoretischen Ansatzes auflistet, wird schnell klar, dass die Unterscheidung in einer starken, exklusiven Form nicht aufrechtzuerhalten ist. Die von Mignolo aufgeführten Denker*innen und Aktivist*innen der Dekolonialität wie etwa M.K. Gandhi, Frantz Fanon, Dolores Cacuango, u.a. waren alle in Bewegungen aktiv, die auch an der Entwicklung antikolonialer Staatsprojekte beteiligt waren. Dabei lässt sich durchaus in Rechnung stellen, dass antikolonial motivierte Nationalstaatsprojekte häufig inkonsequent in der Umsetzung der dekolonialistischen Anliegen waren. Die These, dass sie die Kolonialität als »management and control«[392] nicht angetastet hätten und sich nicht um die Revolutionierung der Erkenntnis- und Wahrnehmungsweisen bemüht hätten, lässt sich hingegen nicht halten.

388 Mignolo 2018, a.a.O., S. 123.
389 Ebd., S. 124.
390 Ebd.
391 Ebd., S. 115.
392 Ebd., S. 125.

Um also nur die drei genannten Beispiele kurz aufzugreifen: Was M.K. Gandhi betrifft, ist zwar anhand dreier seiner Reden einem deutschsprachigen Publikum erst kürzlich dessen Anarchismus vor Augen geführt worden.[393] Dennoch ist wohl unbestritten, dass Gandhis Kampagnen auf die Forderung nach nationaler Unabhängigkeit Indiens ebenso abzielten wie auf einen kulturellen Wandel und die damit verbundene Loslösung von einer Orientierung am mit dem Kolonialismus verbundenen Wertesystem. Die Kolonialität als »management and control« wurde hier sehr grundsätzlich infrage gestellt, aber gar nicht als Widerspruch zum Ziel der nationalen Unabhängigkeit gewertet.

Frantz Fanon war als Sprecher der Nationalen Befreiungsfront FLN in Algerien direkt in die Aktivitäten für die nationale Unabhängigkeit involviert, an deren Aufbau er aufgrund seines frühen Todes nicht mehr hat mitwirken können. Sein Werk in einen auf kulturellen Wandel setzenden Antirassismus auf der einen und eine Politik der nationalstaatlichen Organisierung auf der anderen Seite zu teilen, ist schlechterdings unmöglich, so eng verwoben sind beide Positionierungen miteinander. Fanon verband als Theoretiker wie auch als Aktivist – wie kaum ein*e andere*r Theoretiker*in seiner Zeit – den Kampf gegen die psychologischen und kulturellen Aspekte des Kolonialismus mit dem Ziel des Aufbaus antikolonialer, nationalstaatlicher Strukturen. Ganz eindeutig plädierte Fanon immer wieder, etwa in seinem Hauptwerk *Die Verdammten dieser Erde*, für »die Befreiung des nationalen Territoriums«[394] und die antikoloniale »Wiederherstellung der nationalen Souveränität«[395]. Dieses Plädoyer für den Aufbau einer nationalstaatlichen Infrastruktur aus seinen theoretischen Konzeptionen herauszukürzen zugunsten einer Betonung jener Aspekte, die »neue Einstellungsmuster, neue Verhaltensweisen«[396] hervorheben, die laut Fanon im Laufe des antikolonialen Kampfes auch entwickelt werden, verfälscht schlicht seinen Ansatz. Ähnliches gilt schließlich auch für die dritte Position, die Mignolo zur Untermauerung seiner These anführt.

---

393 Vgl. Lou Marin und Horst Blume (Hg.): *Gandhi. »Ich selbst bin Anarchist, aber von einer anderen Art«*. Heidelberg: Verlag Graswurzelrevolution 2019.

394 Frantz Fanon: *Die Verdammten dieser Erde*. Frankfurt am Main: Suhrkamp Verlag 1981, S. 199.

395 Ebd., S. 207.

396 Frantz Fanon: *Aspekte der Algerischen Revolution*. Frankfurt am Main: Suhrkamp Verlag 1969, S. 44.

Die indigene Aktivistin Dolores Cacuango (1881–1971) gründete 1945 die erste Schule in Ecuador, an der sowohl auf Spanisch als auch auf Kichwa/Quechua unterrichtet wurde. Sie war an diversen Arbeitskämpfen beteiligt und ist eine der Vorkämpferinnen der Rechte der indigenen Bevölkerung. Sie war Mitgründerin der Federación Ecuatoriana de Indios (FEI). Zwar hatte sie kein Staatsamt inne, war als Kader der Kommunistischen Partei Ecuadors (PCE) aber keinesfalls auf antistaatliche Aktivitäten beschränkt.[397] Die Trennung von (staatlicher) Dekolonisierung und (kultureller) Dekolonialität kann auch bezogen auf ihre Aktivitäten kaum überzeugen.

Mit der Kritik an Mignolos Entgegensetzung von Dekolonisierung und Dekolonialität soll gar nicht der Position das Wort geredet werden, die die Ausbildung von staatlichen Institutionen einer kulturellen Transformation vorzieht, im Gegenteil. Aber eine theoretische Unterscheidung zwischen beiden Prozessen macht es sich doch zu einfach, denn historisch gesehen sind die antikolonialen Staatsbildungsprozesse kaum je ohne Mobilisierungen und Transformationen auf der Ebene der kulturellen Praktiken und der Wahrnehmungsweisen vollzogen worden.

Neben der Fragwürdigkeit einer starken Entgegensetzung zwischen Dekolonialität und Dekolonisierung entsteht mit der starken Betonung der Entkoppelung als dekolonialistische Praxis ein weiteres Problem, nämlich das der Selbstverortung der Protagonist*innen der dekolonialistischen Theorie. Die Entkoppelung wird als Forderung letztlich auch zum Legitimationsnarrativ der dekolonialistischen Ansätze selbst, die sich stets – wie bereits erwähnt – im Einklang mit den Forderungen des ›Volkes‹, der Subalternen, der Exteriorisierten und auch konkret der indigenen Bevölkerungsgruppen positionieren müssen. Damit geraten sie aber mit ihrer eigenen Theorieproduktion in einen »performativen Widerspruch«[398], der nur selten reflektiert wird: Theoretiker wie Grosfoguel und Mignolo imaginierten sich als subalterne Akteure, genießen dabei aber alle »Privilegien der ersten Welt, die sie mit der Arbeit an prestigereichen Universitäten (Berkeley und

397 Vgl. Raquel Rodas: *Dolores Cacuango. Pionera en lucha por los derechos indígenas*. Quito: Creas Gráfica Editores 2007, und Dies.: »The Life of Dolores Cacuango And Her Struggle For Justice« (25.10.2018). In: https://www.telesurenglish.net/analysis/The-Life-of-Dolores-Cacuango-And-Her-Struggle-For-Justice--20181025-0029.html (16.10.2020).

398 Browitt 2014, a.a.O., S. 41.

Duke) akkumulieren«[399]. Nicht nur hinsichtlich der Person, sondern auch in Bezug auf das produzierte Wissen stellt sich die Frage, wie epistemische Entkoppelung spezifisch innerhalb der akademischen Welt, aber auch allgemein innerhalb einer vernetzten sozialen Realität überhaupt denkbar und möglich sein soll. Die Kämpfe innerhalb der dekolonialistischen Strömungen, die durch die selbstgewählten Ansprüche auf Entkoppelung und (außerakademischen) Praxisbezug entstanden sind, werden im folgenden Kapitel noch ausführlich aufgegriffen.

In Bezug auf die theoretisch-politischen Strategien lassen sich meines Erachtens zwei weitere, große Stränge innerhalb der dekolonialistischen Theorie ausmachen. In beiden Diskussionssträngen geht es ebenfalls um die Frage, wie dem analysierten Fortwirken des Kolonialismus entgegengewirkt werden kann und wofür letztlich gekämpft werden soll. Auch diese Stränge machen einen Teil der Genealogie der dekolonialistischen Theorie aus.

»Bejahung des Anderen *als anderer*, nicht *als gleicher*«

Im Anschluss an Enrique Dussel lässt sich ein Kampf um die »Bejahung des Anderen *als anderer*, nicht *als gleicher*«[400] ausmachen. Dussel hat in mehr als dreißig Büchern die Grundlagen der modernen Subjektivität und die Bedeutung der Exteriorität für diese analysiert. Das handelnde Subjekt der Moderne ist, wie in Kapitel 2 dargestellt, immer Effekt von Ausgrenzung. Es ist der Effekt eines Prozesses, der ein Außerhalb herstellt, das konstitutiv für das Eigene ist, der aber diese Tatsache (und damit das Außerhalb) selbst gleichsam unsichtbar macht. Ist die Exteriorität einerseits ein theoretisches Konzept, um die Lücken in der Konzeption des modernen Subjektbegriffes aufzuzeigen, wird sie andererseits bei Dussel auch konkret subjektiviert: Die Exteriorität, das sind die Anderen, die Marginalisierten, die Armen, die Indigenen in Lateinamerika, die Subalternen. Ihrer Existenz gilt es Anerkennung zu verleihen. Dass sie nicht *als Gleiche* anerkannt werden sollen, sondern *als Andere*, ist letztlich den Erfahrungen mit dem modernen Nationalstaat geschuldet, der das aufklärerische Gleichheitsversprechen in der Regel in Politiken der Homogenisierung umgesetzt hat. Diese Homogenisierungen erkannten indigene Lebensweisen, Werte und Praktiken nicht an, sondern führten meist zu deren Unterdrückung bis hin zur Ausrottung.

399 Ebd., S. 36.
400 Dussel 2013a, a.a.O., S. 122f.

Gewissermaßen als Gegenbewegung zur nationalstaatlichen Modernisierung werden in diesem Kontext auch indigene Wissensformen und Lebensweisen wieder stark betont. So schließt etwa Catherine Walsh explizit an Dussel an, wenn sie aufzuzeigen versucht, dass die von Indigenen geführten Kämpfe nicht nur die Kolonialität angreifen würden, sondern an der »radical reconstruction of knowledge, power, being, and life itself«[401] arbeiten würden. Auf der einen Seite ist eine solche Rekonstruktion des Verschütteten, Verdrängten und Vernichteten sicherlich integraler Bestandteil jeder dekolonialistischen Agenda. Auf der anderen Seite besteht in diesem Rekonstruktionsgebot aber immer auch die Gefahr der Essenzialisierung und der Ethnisierung: Davon auszugehen, es gäbe etwas von der Moderne Unverfälschtes, das sich wiederherstellen ließe und das sich vor allem als kollektiver Besitz oder, schlimmer noch, als kollektive Eigenart bestimmter Bevölkerungsgruppen bestimmen ließe, schreibt diese (meist als indigen beschriebenen) Gruppen letztlich auch auf Traditionelles und Vor-Modernes fest. Bei Dussel stehen solche Momente der Essenzialisierung durchaus in einem Spannungsverhältnis zu seinem auf Überwindung bestehender Dualismen zielenden Konzepts der Trans-Moderne.

Dussel, das muss betont werden, ist sich der konzeptionellen Probleme sehr bewusst, die mit der Behauptung einer Andersheit einhergehen. Er versteht sie nicht immer und nicht per se essenzialistisch, sondern häufig auch als Effekte eines historischen Prozesses. In Bezug auf die Intellektuellen in Lateinamerika hatte er schon 1964 auf diese Problematik hingewiesen. Der »intellektuelle Arbeiter«[402] in Lateinamerika habe es wesentlich schwerer als jener in Europa: Er müsse erstens die europäische Tradition aufgreifen, müsse zweitens zugleich all jene Elemente des Denkens, die allein in Lateinamerika durch die *mestizaje*, das Vermischen indigener und weißer Wissensformen, entstanden seien, inkludieren und müsse drittens, ohne die Ursprünge und die Originalität dieses Denkens zu verleugnen, ein neues theoretisches Wissen auf der Höhe der Zeit entwickeln. Diese Konstruktion der Andersheit hat wenig bis gar nichts gemeinsam mit Mignolos Idee der Entkoppelung, sieht sie doch sowohl in ihrem Ausgangspunkt (dem Ansetzen an den europäischen Denktraditionen) als auch in ihrem Ziel (der

401 Walsh 2012, a.a.O., S. 11.

402 Enrique Dussel: »El trabajador intelectual y América Latina.« [1964] In: Ders.: *América Latina, Dependencia y Liberación*. Buenos Aires: Docencia 2012, S. 18–23. Dussel verwendet hier nur die männliche Form, was ich beibehalte.

Eingliederung in einen global gedachten Diskurs) die Bezugnahme auf die wissenschaftlichen und sonstigen Denk- und Wahrnehmungstraditionen in allen anderen Weltregionen vor.

Dem theoretischen Strang der Betonung von Andersheit ist auch Silvia Rivera Cusicanqui zuzurechnen (auch wenn sie sich kaum auf Dussel bezieht und sich von dessen und von Walshs angeblichem Akademismus abgrenzt). Denn auch Rivera Cusicanqui verficht einen starken Begriff von Andersheit, der ebenfalls sehr stark an die Kämpfe und Lebensweisen von Indigenen in Lateinamerika gebunden ist. Grundsätzlich hält – oder schreibt – sie wie erwähnt fest, dass »indigene Gesellschaften selbstverwaltet und antiautoritär sind«[403] und keine Herrscherschichten kennen würden. In ihnen sei die Macht »gewissermaßen dekolonisiert«[404]. Bei Rivera Cusicanqui wird die Andersheit vor allem durch indigene Frauen repräsentiert, »als Produzentinnen, Händlerinnen, Weberinnen, Priesterinnen, Schöpferinnen von Sprachen und Symbolen, die in der Lage sind, das ›Andere‹ zu verführen und Pakte der Gegenseitigkeit und des Zusammenlebens zwischen verschiedenen Menschen zu schließen«[405]. Auch wenn die Schilderung der indigenen Gesellschaften als antiautoritär und dekolonisiert zunächst so apodiktisch wie statisch erscheint, stehen im zweiten Zitat nicht die Personen selbst, sondern ihre Praxis im Mittelpunkt der Andersheit. Andersheit muss also nicht immer gleichbedeutend mit essenzialistischen, also auf vermeintlich wesenhafte Gruppenmerkmale gründenden Politikansätzen sein. Das emphatisch vertretene Andere als Gegensatz zum westlich-kolonialen Subjektverständnis und Lebensstil kann also auch dynamisch verstanden werden. Das Andere ist dabei zuweilen selbst eine Mischung – Rivera Cusicanqui verwendet den Aymara-Begriff ›ch'ixi‹[406] etwa für sich selbst, als Intellektuelle mit sowohl indigenem als

---

403 Rivera Cusicanqui 2010, a.a.O., S. 358.

404 Ebd.

405 Silvia Rivera Cusicanqui: »Ch'ixinakax utwixa. Eine Reflektion über Praktiken und Diskurse der Dekolonisierung.« In: Dies.: *Ch'ixinakax utwixa. Eine Reflektion über Praktiken und Diskurse der Dekolonisierung*. Münster: Unrast Verlag 2018b, S. 75–99.

406 Sie begreift sich selbst als ch'ixi und bezeichnet den Begriff als den angemessensten, um die mestizaje zu beschreiben. »Das Wort ch'ixi hat mehrere Bedeutungen: eine Farbe, die sich aus der Gegenüberstellung ergibt, kleine Punkte oder Flecken, die sich aus zwei komplementären oder kontrastierenden Farben ergeben: Schwarz und Weiß, Rot und Grün, etc. Marmoriertes Grau ist dann z.B. das Ergebnis der unbemerkten Mischung von Weiß und Schwarz. Die Wahrnehmung wird auf diese

auch europäischem Familienhintergrund. Aber auch ›ch'ixi‹ als Adjektiv und als Substantiv bleibt dem europäisch-kolonialen strikt entgegengesetzt und zählt aus meiner Sicht deshalb auch in dieser vermischten Form zum differenzialistischen, die Andersheit betonenden Strang der dekolonialistischen Strategien.

Border thinking/Grenzdenken

Es ist nicht zuletzt die Ablehnung jeder Form von Essenzialismen, die den dritten praxisorientierten Strang der dekolonialistischen Theorie motiviert. Dieser Strang kreist um die Metapher der Grenze und beruft sich vor allem auf die US-amerikanische Kulturwissenschaftlerin und Dichtern Glória E. Anzaldúa (1942–2004). In ihrem 1987 erstmals erschienenen Buch *Borderlands/La Frontera. The New Mestiza* (2012) – ein »Grundlagentext der feministisch-dekolonialistischen Theorie«[407] – nahm Anzaldúa ihre eigene Lebenssituation als Chicana an der Grenze zwischen Mexiko und den USA zum Anlass für einige wegweisende kulturtheoretische Überlegungen. Aufgewachsen in dem Teil der USA, der bis zum Mexikanisch-US-Amerikanischen Krieg 1846–48 zu Mexiko gehörte, thematisiert Anzaldúa die Problematik der Zugehörigkeit in einem Grenzraum. Es geht dabei nicht nur um nationale Zugehörigkeit, sondern auch Differenzen von Geschlecht und Sexualität prägen den Grenzraum: Als lesbische Frau ist die Zugehörigkeit durchkreuzt und uneindeutig. Anzaldúa spricht zwar auch von den tiefen Verwundungen, die durch aberkannte Zugehörigkeiten entstehen. Sie fasst die Charakteristika der Durchkreuztheit und der Uneindeutigkeit jedoch nun nicht als Devianz oder Defizit auf. Im Gegenteil, sie gründet darauf ihre politisch-emanzipatorischen Hoffnungen: »From this racial, ideological, cultural and biological crosspollinization, an ›alien‹ consciousness is presently in the making – a new *mestiza* consciousness, *una conciencia de mujer*: It is a consciousness of the Borderlands«[408]. Das neue Bewusstsein entsteht aus inneren Konflikten wie auch aus Kämpfen gegen das zuschreibende Außen. »Cradled in one culture, sandwiched between

Weise zwar verwirrt, aber die Farben mischen sich real niemals in Gänze«, Rivera Cusicanqui 2018c, a.a.O., S. 91.

407 Mendoza 2019, a.a.O., S. 58.

408 Glória E. Anzaldúa: *Borderlands/La Frontera. The New Mestiza* [1987]. San Francisco: Aunt Lute Books 2012, S. 99.

two cultures, stradling all three cultures and their value systems, *la mestiza* undergoes a struggle of flesh, a struggle of borders, an inner war«[409]. Dieser innere Krieg ist als sozialpsychologische Beschreibung für strukturelle Spannungen zu betrachten, denen Menschen in Grenzsituationen ausgesetzt sind – verschiedenen Erwartungen entsprechen zu müssen, die auf Werten beruhen, die selbst miteinander im Widerstreit stehen. Die Grenzsituation kann auch dazu führen, die Legitimität solcher Anforderungen infrage zu stellen. Neben den inneren Krieg tritt der Kampf gegen die Demütigung durch Ausgrenzung, der aber nicht unbedingt ein Kampf um Anerkennung sein muss. Das neue Bewusstsein entsteht auch aus konkreten Kämpfen, die nicht nur auf Anerkennung ausgerichtet sind, sondern die die eindeutigen Zuschreibungen selbst ablehnen. »The new *mestiza*«, schreibt Anzaldúa weiter, »copes by developing a tolerance for contradictions, a tolerance for ambiguity«[410].

Die Betonung der Grenze deutet auch darauf hin, dass das Neue der mestizaje, der Mischung, nicht nur als ein aus zwei Teilen entstehendes Drittes verstanden wird. Anzaldúa beschreibt mit dem mestiza consciousness nicht mehr eine kulturelle Zugehörigkeit, sondern eher einen Zwischenstatus und einen Übergang, der auch mit der politischen Haltung selbst zusammenhängt: »I am cultureless because, as a feminist, I challenge the collective cultural/religious male-derived beliefs of Indo-Hispanics and Anglos«[411].

Ein Denken in Grenzräumen kann mit seiner Betonung des Ambivalenten als eine Art Gegenentwurf oder Alternative zur Forderung nach Anerkennung der Anderen als Andere(s) verstanden werden. Denn es setzt gerade nicht auf die Abgrenzung von Eigenem und Anderen, sondern auf deren permanente Vermischung als Ausgangspunkt für Emanzipation.

Neben María Lugones, die das Grenzdenken – wie in Kapitel 4 dargestellt – als konzeptuelle Möglichkeit eines dekolonialistischen Feminismus nutzt, um der Vorstellung eines vorgegebenen Subjekts des Widerstands zu begegnen, greift vor allem Mignolo das Grenzdenken auf. Er versteht es als Form einer »neuen gemeinsamen Logik der ›Erkenntnis‹«[412]. Er möchte den Begriff als Strategie gegen den Eurozentrismus des Denkens verstanden

409 Ebd., S. 100.
410 Ebd., S. 101.
411 Ebd., S. 102.
412 Mignolo 2012, a.a.O., S. 201.

wissen, greift allerdings die bei Anzaldúa stark feministisch ausgerichtete Dimension des Begriffes nicht auf. Das kritische Grenzdenken liefere »eine Methode, um den kolonialen Umsturz und die Verbindung zwischen Projekten voranzutreiben, die aus der kolonialen Verwundung entstehen und nun im Bereich der kolonialen und imperialen Differenzen begriffen und erforscht werden können«[413]. Das Grenzdenken ist so gesehen immer auch eine Praxis: Eine epistemische Praxis, die sich den durch die Geschichte der wissenschaftlichen Rationalität vorgegebenen Dualismen verweigern möchte. Denn diese wird als ›westlich‹ abgelehnt. Kritisches Grenzdenken sei eine Methode, um die Pluriversalität der Kolonialgeschichten mit der Entkoppelung vom imperialen und kolonialen Horizont zu verknüpfen. Genau das aber, die Vermittlung von Entkoppelung und Grenzdenken, wird nicht weiter ausgeführt. Einer solchen Vermittlung bedürfte es aber, da – aus meiner Sicht – das Grenzdenken die Möglichkeit eines Sich-Entkoppelns sowohl analytisch ausschließt als auch politisch kaum forcieren würde. Analytisch macht zumindest Anzaldúa sehr klar, dass die koloniale Wunde nicht einfach abgekoppelt werden kann, weil sie in den einzelnen wie kollektiven Körper und auch in die Denkweisen eingelassen ist. Politisch setzt Anzaldúa nicht zuletzt wegen der Unentrinnbarkeit auch auf die Potenziale der Vermischungen und der Grenzverhältnisse und gerade nicht auf klare Abgrenzungen.

Der Begriff des Grenzdenkens steht wissenschaftshistorisch ebenso wie politisch gesehen zweifellos in der Tradition verschiedener Versuche, Verhältnisse von kulturellen und soziopolitischen Mischungen, Überschneidung und Grenzphänomenen zu fassen. Allen voran ist dabei der Begriff der mestizaje bedeutsam, auf den sich Anzaldúa ja auch in erneuernder Absicht explizit bezieht, wenn sie von *new mestiza* spricht. Für den sozialwissenschaftlichen Diskurs wurde der Begriff durch den mexikanischen Philosophen und Politiker José Vasconcelos (1882–1959) geprägt. Vasconcelos, der in den Jahren nach der mexikanischen Revolution (1910–1920) als Bildungsminister das mexikanische Bildungssystem reformierte und die Künstler des Muralismus förderte, veröffentlichte 1925 sein Hauptwerk *La raza cósmica*, dessen erstes Kapitel dem Begriff und der Realität der mestizaje gewidmet ist. Ein zentrales Anliegen des Essays war es, eine Art kulturelles

413 Ebd., S. 202.

Grundlagenkonzept für das postrevolutionäre, nationale Projekt zu entwickeln. Es ging darum, eine mexikanische und schließlich eine lateinamerikanische kollektive Identität neu zu formulieren bzw. an ihr mitzuwirken. Der Begriff der mestizaje bezeichnet dabei eine Mischung aus biologischen und kulturhistorischen Aspekten des Lebens der Indigenen Lateinamerikas auf der einen und der europäischen Eroberer und Einwanderer*innen auf der anderen Seite. Vasconcelos geht von mehreren menschlichen ›Rassen‹ aus, die sich im Laufe der Geschichte vor allem in Lateinamerika mehr und mehr vermischen. Sein ›Rasse‹-Konzept schreibt bestimmten Gruppen von Menschen bestimmte Eigenschaften zu, die auf biologische, klimatische und historische Entwicklungen zurückgeführt werden. So werden auch die Mischungen einerseits recht biologistisch erklärt, wenn Vasconcelos etwa schreibt, die sogenannten Latinos hätten bei ihren Sexualbeziehungen dem ethnischen Faktor keine besondere Bedeutung beigemessen und deshalb sei es zur »Vermischung des Blutes«[414] (»la mezcla de sangres«) gekommen. Andererseits merkt er aber auch an, es sei der militärischen Befreiung vom Kolonialismus keine wirklich geistige Befreiung gefolgt und plädiert daher dafür, den Geist zu befreien, weil es ansonsten nie gelingen würde, »die Materie zu erlösen«[415]. Alles in allem bleibt das ganze Konzept aber wegen seines spekulativen wie auch essenzialistischen Charakters einer »naturalistische[n] Perspektive«[416] verhaftet, wie Bolívar Echeverría zu Recht kritisiert, und es wird deutlich, worin das Neue der *new mestiza* von Anzaldúa besteht (nämlich darin, nicht auf biologische oder sonstwie essenzialistisch angenommene Entitäten zurückzugreifen). Als »naturalistische Metapher«[417] könne auch die mestizaje bloß auf feststehende Elemente zurückgreifen, kritisiert Echeverría, und müsse so zu einer starren und unumkehrbaren Kombination aus beiden führen. Echeverría mahnt nun an, dass es an der Zeit sei, diese naturalistische Perspektive aufzugeben und sich den Prozessen zuzuwenden, in denen symbolische Formen entstehen und durch Akteur*innen verwirklicht und verändert werden. Solch prozessorientierte Zugänge stellen auch die beiden anderen Konzepte der

414 José Vasconcelos: *La raza cósmica. Misión de la raza iboamericana.* México/Buenos Aires/Madrid: Espasa 1948, S. 29.

415 Ebd., S. 46.

416 Bolívar Echeverría: »Flüchtige Identität«. In: Ders.: *Für eine alternative Moderne. Studien zu Krise, Kultur und Mestizaje.* Hamburg: Argument Verlag 2021c, S. 206–223, hier S. 222.

417 Ebd.

Vermischung dar, die im Folgenden aufgrund ihres Einflusses auf dekolonialistische sozialtheoretische Perspektiven noch skizziert werden sollen.

So ging es etwa bei dem Konzept der Transkulturalität, das der kubanische Jurist und Ethnologe Fernando Ortiz (1881–1969) 1940 in seinem Buch *Contrapunteo cubano del tabaco y el azúcar* in die kulturwissenschaftliche Diskussion eingeführt hatte, u.a. darum, durch Migrationen ausgelöste Vermischungen von Praktiken zu beschreiben.[418] Damit einhergehend und darüber hinaus legte es Ortiz aber auch darauf an, der Antiquiertheit eines nationalstaatlich orientierten Kulturbegriffs zu begegnen. Ich nenne hier den spanischen Originaltitel des Buches, weil in der deutschen Version, *Tabak und Zucker. Ein kubanischer Disput* (1987), das Einleitungskapitel fehlt, in dem Ortiz seinen Transkulturationsbegriff ausführt.[419] Fernando Ortiz beschreibt die kubanische Gesellschaft als eine, die sich aus einer Vielzahl von in unterschiedlichen Phasen migrierten Gruppen zusammensetzt, deren kulturelle Eigenheiten unterdrückt und zerstört wurden »so wie Zuckerrohr, das zwischen den Mörsern der Zuckermühlen zerrieben wird«.[420] Transkulturation im Sinne Ortiz' ist immer ein mit Verlust und Leiden verbundener Prozess. Ortiz setzt die Transkulturation dem bis dahin – und in der europäischen Ethnologie und Soziologie im

418 Es entbehrt nicht einer gewissen Ironie, dass der deutsche Philosoph Wolfgang Welsch die Urheberschaft des Konzeptes der Transkulturalität noch 2017 für sich reklamiert. Er habe das Konzept Anfang der 1990er-Jahre entwickelt, schreibt er in einem dünnen Büchlein, das die »Realität – Geschichte – Aufgabe« der Transkulturalität erläutern soll, wie der Untertitel informiert. Fernando Ortiz wird darin nicht erwähnt. Welschs Ignoranz gegenüber der Genese des Begriffes, die etwa auch beim Wikipedia-Eintrag zur ›Transkulturellen Gesellschaft‹ reproduziert wird, ist insofern bitter ironisch, als Welschs Ansatz selbstverständlich mit dem Anspruch verbunden ist, Transkulturalität in sämtlichen Denk- und Praxisformen nachweisen zu können. Mit diesem Anspruch ist zudem die Perspektive von erweiterten Kommunikations- und Handlungsmöglichkeiten verbunden. Nun wird aber seine eigene wissenschaftliche Praxis diesem Anspruch ganz offensichtlich nicht gerecht, zumindest partiell in der wichtigen Frage von Urheberschaft und Labeling im akademischen Feld, vgl. Wolfgang Welsch: *Transkulturalität. Realität – Geschichte – Aufgabe.* Wien: new academic press 2017.

419 Fernando Ortiz: *Tabak und Zucker. Ein kubanischer Disput.* Frankfurt am Main: Insel Verlag 1987.

420 Fernando Ortiz: »Vom Phänomen der ›Transkulturation‹ und von seiner Bedeutung in Kuba« [1940]. In: Isabel Exner/Gudrun Rath (Hg.): *Lateinamerikanische Kulturtheorien. Grundlagentexte.* Konstanz: Konstanz University Press 2015, S. 51–57, hier S. 52.

Prinzip bis in die 1990er-Jahre – gebräuchlichen Begriff der Akkulturation entgegen. Während die Akkulturation im Wesentlichen eine Übernahme bestehender kollektiver Orientierungs- und Verhaltensmuster beschreibt, zielt das Präfix ›trans‹ auf die gewaltsame Überwindung bisheriger Denkweisen und Praktiken. Ortiz spricht von einem »schmerzhaften Prozess der Transkulturation«[421], der sowohl Anpassung als auch Vermischung bezeichnet. Damit enthält Transkulturation sowohl ein praktisches Moment (Anpassung) als auch ein strukturelles (Vermischung), die beide durch Gewalt geprägt sind. Transkulturation ist aber niemals nur die unterdrückerische Eingliederung in Bestehendes, sondern auch ein verändernder Prozess, der Dekulturation und Akkulturation durch die »Schaffung von neuen kulturellen Erscheinungsformen«[422] zu Neokulturation verbindet. Die Schaffung des Neuen ist, darauf macht somit schon Ortiz aufmerksam, immer in Macht- und Kräfteverhältnisse eingebunden. »Transkulturalität«, schreiben im Anschluss an Ortiz auch Stephanie Schütze und Martha Zapata Galindo, »impliziert Überschreitungen von kulturellen Grenzziehungen«[423]. Es gilt dabei stets, die bestehenden Grenzziehungen und damit auch Machtverhältnisse infrage zu stellen. Dass das auch für die Kulturwissenschaften selbst gilt, darauf hat dann Jahrzehnte nach Ortiz auch die feministische Kulturtheoretikerin Nelly Richard hingewiesen. Richard kritisiert 2005, dass die zunächst erweiternde und Wissensformen egalisierende Perspektive der Transkulturalität im akademischen Feld stets der Gefahr einer »quasi-bürokratischen Funktionalisierung«[424] unterliege. Es gilt also, um eine harmonistische Perspektive zu vermeiden, eine macht- und konfliktorientierte Blickrichtung in Bezug auf Transkulturalität einzunehmen.

Eine solche anti-harmonistische Perspektive nimmt auch das von Néstor García Canclini vorgeschlagene Modell der Hybridisierung ein. Auch das

421 Ebd., S. 56.

422 Ebd., S. 57.

423 Stephanie Schütze und Martha Zapata Galindo: »Transkulturalität und Geschlechterverhältnisse. Neue Perspektiven auf kulturelle Dynamiken in den Amerikas«. In: Dies. (Hg.): *Transkulturalität und Geschlechterverhältnisse*. Berlin: edition tranvia/ Verlag Walter Frey 2007, S. 7–19, hier S. 13.

424 Nelly Richard: »Akademische Globalisierung, Kulturwissenschaften und lateinamerikanische Kulturkritik« [2005]. In: Isabel Exner/Gudrun Rath (Hg.): *Lateinamerikanische Kulturtheorien. Grundlagentexte*. Konstanz: Konstanz University Press 2005, S. 191–205, hier S. 202.

Hybridisierungskonzept steht in dieser, Transkulturalität und Grenzdenken umfassenden Tradition des Denkens von Überschneidungs- und Austauschprozessen. Der Begriff der Hybridisierung zielt dabei nicht nur auf »the mixing of ethnic or religious elements but the products of advanced technologies and modern or postmodern social processes«[425]. Es geht also nicht nur um ethnisierte Dimensionen von Kultur, wie sie etwa der Begriff der mestizaje fokussiert, sondern darüber hinaus um die Kombination und die Verschränkung von Gebrauchsweisen kultureller Güter und Beziehungsweisen insgesamt. Hybridisierung bezieht sich also weder nur auf rassialisierte Zuschreibungen noch bezeichnet sie einen Mischungsprozess, in dem aus zwei Elementen ein drittes entsteht. Hybridisierung führt nach García Canclini auch nicht zu neuen Entitäten, sondern zu verschiedenen Szenarien, in denen Prozesse von Repräsentation stattfinden. Insofern produziert Silvia Rivera Cusicanqui bloß eine Karikatur dieses Konzeptes, wenn sie schreibt, der »Begriff der ›Hybridität‹ von García Canclini ist eine Metapher aus der Genetik, der Sterilität bedeutet. Das Maultier ist eine Hybridspezies, die sich nicht reproduzieren kann. Die Hybridität nimmt an, es sei möglich, dass aus der Mischung von zwei verschiedenen Dingen ein drittes, komplett neues entstehen kann«[426]. An dieser Beschreibung der Position García Canclinis, die Rivera Cusicanqui zum Zwecke der Abgrenzung ihres eigenen Mischungskonzepts des Ch'ixi ins Feld führt, ist weder die Sterilitäts- noch die Entitätsbehauptung zutreffend. Es geht bei García Canclini vielmehr um permanente Austauschverhältnisse, die nicht dichotom gedacht sein müssen. Diese Prozesse von Austausch und Vermischung sind auch alles andere als steril, sie sind nicht als harmonische Vereinigungen gedacht, sondern als konfliktiv und von Machtprozessen durchzogen. Man verstünde wenig von den Wirkungsweisen von Macht, schreibt García Canclini, wenn man sie bloß in klar abgrenzbaren Kategorien von »bourgoisie over proletarians, whites over indigenous people«[427] usw. denken würde. García Canclinis Bemühen, den Begriff der Hybridisierung als sozialwissenschaftliches Konzept zu etablieren, ist zugleich getragen von dem Versuch, Machtverhältnisse komplexer zu den-

425 García Canclini 2005, a.a.O., S. xxxiv.
426 Rivera Cusicanqui 2018d, a.a.O., S. 92.
427 García Canclini 2005, a.a.O., S. 259.

ken als in binären Gegenüberstellungen.[428] Er versteht populare und/oder indigene Kulturen und Praktiken als Prozesse und nicht als Entitäten und setzt sie dementsprechend auch weder analytisch noch politisch per se den hegemonialen entgegen.

Entkoppeln, mischen, anerkennen? Grundprobleme theoretischer antirassistischer Positionierung

In den Konsequenzen, die aus der Analyse einer Kolonialität der Macht und der Beschaffenheit des Sozialen gezogen werden – Entkoppelung, Anerkennung der/des Anderen, Grenzdenken –, kommen schließlich auch einige Grundprobleme politisch-strategischer, insbesondere antirassistischer Haltung und Praxis zum Ausdruck, die nicht bloß Merkmale dekolonialistischer Theorie sind.

Die Strategie der Entkoppelung steht in der Tradition verschiedener Formen des Separatismus, die denjenigen, die besondere Diskriminierungs- und Ausbeutungsformen erfahren, durch das Abkoppeln von dominanten Vergesellschaftungsformen einerseits eine Art Schutzraum vor (ökonomischer wie physischer und psychischer) Gewalt, andererseits eigenständige Entwicklungsmöglichkeiten einräumen wollen und sollen. Diese Abgrenzung kennt viele Spielarten und unterschiedliche Reichweiten. Sie ließe sich makropolitisch in der handelspolitischen Strategie der importsubstituierenden Industrialisierung (ISI) erkennen, die Lateinamerika etwa in den Jahren ab 1930 bis in die frühen 1980er-Jahren hinein prägte, und in der der je eigene nationale Wirtschaftsraum durch Zölle u.a. zu schützen versucht wurde; sie ließe sich aber auch in den mikropolitischen Strategien autonomer Feministinnen sehen, im Aufbau von frauenspezifischen Räumen (Frauenhäuser, Frauenforschung etc.) Schutz und Entwicklungsmöglichkeiten zu bieten, die von der Dominanzgesellschaft vorenthalten und verhindert werden. Es kann an dieser Stelle nicht darum gehen, die Erfolge und Misserfolge, Fortschritte und Fallstricke dieser Strategie zu diskutieren. Vielmehr soll bloß darauf hingewiesen werden, dass die im Rahmen der

428 Vgl. auch Jens Kastner: »Néstor García Canclini. Periphere Perspektiven: Von der Kunstsoziologie zur Ästhetik des Bevorstehenden«. In: Christian Steuerwald (Hg.): *Klassiker der Soziologie der Künste. Prominente und bedeutende Ansätze.* Wiesbaden: Springer/VS 2016, S. 907–929.

dekolonialistischen Theorieansätze entwickelten Strategien nicht für sich allein stehen. Sie stehen als Umgangsweisen mit den dominanten soziopolitischen, kulturellen und ökonomischen Strukturen in längeren und vielschichtigen Traditionen. Das gilt auch für die Strategien der Anerkennung als Andere und das Grenzdenken.

Zuweilen scheinen die verschiedenen Strategien miteinander kombinierbar, sie geraten aber auch in Widerspruch zueinander. Ein widerstreitendes Verhältnis ergibt sich beispielsweise zwischen der Bejahung der Andersheit und dem Grenzdenken, es entzündet sich an der Frage des Umgangs mit dem in diesem Fall als dominantes Herrschaftsverhältnis adressierten Strukturzusammenhang, dem Rassismus. Zwar teilen beide Strategien die grundlegende Analyse des Rassismus als koloniales Machtmuster. Die theoretisch-praktischen Konsequenzen darauf unterscheiden sich aber diametral: In einem Kommentar zu Glória Anzaldúas Grenzkonzept von Josefina Saldaña-Portillo wird das sehr deutlich. Auf der einen Seite erkennt Saldaña-Portillo Anzaldúas Leistung an, die von Rassismus wie Nationalstaaten gezogenen Grenzlinien zwischen Menschen zu unterwandern: »Anzaldúa's boderland undoes the artificial duality of a border, of the ›us‹ and ›them‹, it does so in the service of recognizing the material violence of such artificial construction«[429] Die künstliche Trennung zwischen Gruppen von Menschen wird also in der Theorie und vor allem in der politischen Vision nicht reproduziert, sondern wegen ihrer Gewaltförmigkeit verworfen. Das Grenzdenken beansprucht hier gewissermaßen durch sich selbst, also durch ein Denken jenseits von ›hier und dort‹, jenseits von ›wir und die‹, die Grenzen performativ aufzulösen. Aber dieses undoing der Grenze durch Theorieproduktion scheint selbst an seine Grenzen zu kommen. Denn auf der anderen Seite kritisiert Saldaña-Portillo Anzaldúa dafür, dass ihr Repräsentationsmodell »liberal models of choice«[430] reproduziere. Die Indigenen in Lateinamerika hätten schließlich niemals die Wahl, der rassistischen Festschreibung zu entgehen und als hybrid, mestizisch oder sonstige Grenzwesen anerkannt zu werden. Der Vorwurf hier richtet sich gegen einen voluntaristischen Einschlag der Theorie.

429 Josefina Saldaña-Portillo: »Who's the Indian in Aztlán? Re-Writing Mestizaje, Indianism, and Chicanismo from the Lacandón«. In: Ilena Rodriguez (Hg.): *The Latin American Subaltern Studies Reader*. Durham und London: Duke University Press 2001, S. 402–423, hier S. 414.

430 Ebd., S. 420.

Saldaña-Portillo wirft Anzaldúa also vor, einem individualistischen Modell der freien Wahl (von Identitäten) das Wort zu reden und dabei die Gewalt rassistischer Zuschreibungen nicht ernstzunehmen. Dabei erscheint es dann nicht mehr als folgerichtig, dem Rassismus mit einer Heterogenisierung und Veruneindeutigung von Kategorien zu begegnen (um nicht zu agieren wie Rassist*innen), sondern es ist gerade die Betonung der Möglichkeit von Uneindeutigkeit, die kritisiert wird (weil sie die Gewalt rassistischer Klassifizierung nicht ausreichend thematisiert). Es erscheint sogar als (von der liberalen Ideologie der Entscheidungsfreiheit verdoppeltes) Privileg, Zuschreibungen zu verweigern und sich die Zwischenräume zwischen sozialen und kulturellen Kategorien anzueignen. Anders gesagt, Saldaña-Portillo zweifelt daran, dass eine Veruneindeutigung immer und von allen Positionen im sozialen Raum aus gleichermaßen möglich ist. Diese Zweifel wären auch gegen Mignolo anzuführen, wenn er etwas lapidar schreibt: »Wenn man die Grenze bewohnt, gehören die Erwartungshorizonte und die Erfahrungshorizonte den imperialen Nationen nicht mehr an, selbst wenn man in diesen Nationen einen Wohnsitz hat«[431]. Es wird damit nahegelegt, dass dies für alle und jederzeit eine Möglichkeit wäre, die nicht stets durch Zwang und Fremdzuschreibungen systematisch eingeschränkt werden würde.

Das Grenzdenken kann einerseits als konsequent antirassistische Haltung interpretiert werden, weil es die klaren Abgrenzungen unterläuft, die für den Rassismus konstitutiv sind. Die Bejahung des Anderen erscheint in dieser Hinsicht bloß als andere Seite des Rassismus, weil das ›Andere‹, das betont wird, auch auf Anerkennung von vermeintlichen Gruppenmerkmalen beruht. Dies ist ein Vorwurf, der antirassistischer Identitätspolitik häufig gemacht wird, weil sie die Kategorie, auf deren Grundlage die Unterdrückung stattfindet, zunächst affirmieren muss, um gegen sie vorgehen zu können. Andererseits aber wird das Grenzdenken zu einer voluntaristischen Haltung, die auf den Rassismus nur zahnlos reagiert, weil sie nahelegt, dessen Gewalt sei immer und jederzeit zu durchkreuzen. Konsequent antirassistisch ist in dieser Argumentation eher die Bejahung des Anderen, weil sie an dessen Verneinung, also an der symbolischen und physischen Gewalt des Rassismus ansetzt und ihm eine positive Vision (des verneinten Anderen) entgegensetzt. Aus dieser Position gesehen ist also Identitätspolitik der

431 Mignolo 2012, a.a.O., S. 199.

richtige Antirassismus, weil sie die Gewalt der Zuschreibung nicht leugnet und die Behauptung, eine Praxis des Grenzdenkens sei stets und immer möglich, als privilegiengestützte Illusion ausweist.

Eine Vermittlung zwischen beiden Positionen müsste zum einen zwar die Analyse einer gewaltbasierten Andersheit zum Ausgangspunkt nehmen, um der Effektivität sozialer Klassifikationen analytisch und politisch gerecht zu werden. Sie dürfte an dieser Andersheit aber nicht als zu verteidigendes Gut mit festen Charakteristika festhalten, sondern sollte auf die Überwindung der dualen, hierarchischen Struktur hinwirken. Dies allerdings wäre nicht bloß durch ein Denken entlang der Grenze zu bewerkstelligen – eine kognitive Verkürzung, die Anzaldúa aber auch sicherlich nicht nachgesagt werden kann –, sondern nur durch langfristige kollektive Praxis durchsetzbar.

»Wir sind das Ergebnis von 500 Jahren Kampf«

Exkurs zum Zapatismus

»Aber das kritische Denken« schreibt der Zapatist SubGaleano 2015, »soll nicht nach Trost suchen, sondern das Schlagwerkzeug sein, das auf die Strukturen des wissenschaftlichen Denkens mit dem respektlosen Hammer der Fragen einschlägt«[432]. Denn das wissenschaftliche Denken, das hier dem kritischen Denken entgegengesetzt wird, ist mit dem vielgestaltigen Kapitalismus, mit der kapitalistischen Hydra verquickt.[433] Ein solches, relativ aktuelles Statement aus den Reihen der zapatistischen Bewegung, die am 1. Januar 1994 im Süden Mexikos in Erscheinung trat, scheint den Ansprüchen dekolonialistischer Theorie voll und ganz gerecht zu werden: Ein epistemischer Bruch mit dem ›westlichen‹ wissenschaftlichen Denken muss her, aber das Denken soll dabei selbstverständlich nicht aufgegeben werden. Schon in ihrer »Ersten Erklärung aus dem Lakandonischen Urwald« (1994) hatten die Zapatistas ihren eigenen dekolonialistischen Anspruch klar auf den Punkt gebracht: Das Kommuniqué, mit dem die Bewegung an die Öffentlichkeit trat, beginnt mit den Worten: »Wir sind das Ergebnis von 500 Jahren Kampf«[434]. Kolonisierung, Versklavung, Diktatur, die Bezugnahmen auf eine Geschichte der Unterdrückung und des Widerstands dagegen sind sehr eindeutig formuliert. So wie auch die dekolonialistischen Konsequenzen: »Aber *heute sagen wir: Es reicht!*«[435].

---

432 SubGaleano: »Die Genealogie des Verbrechens«. In: EZLN: *Das kritische Denken angesichts der kapitalistischen Hydra. Beiträge von EZLN-Aktivist*innen zu Theorie und Praxis der zapatistischen Bewegung*. Münster: Unrast Verlag 2016, S. 237–256, hier S. 240.

433 Eine frühere Fassung dieses Exkurses erschien als »›Wir sind das Ergebnis von 500 Jahren Kampf‹. Zapatismus in der dekolonialistischen Theorie«, in: iz3w, Freiburg, Nr. 382, Januar/Februar 2021, S. 18–21.

434 EZLN: »Erste Erklärung aus dem Lakandonischen Urwald«. In: Hanna Mittelstädt und Lutz Schulenburg (Hg.): *Der Wind der Veränderung. Die Zapatistas und die soziale Bewegung in den Metropolen. Kommentare und Dokumente*. Hamburg: Edition Nautilus 1997, S. 79–82, hier S. 79.

435 Ebd.

Nicht ganz abwegig ist es also, dass die zapatistische Bewegung tatsächlich in den dekolonialistischen Theorieansätzen wie keine andere als Beispiel und geradezu paradigmatischer Fall dafür hergenommen, besprochen und zitiert worden ist, wie eine dekolonialistische Praxis aussehen könnte. Nicht alle Bezugnahmen haben dabei die gleiche Ausrichtung und welche dabei den tatsächlichen Strategien der Bewegung und den Lebensverhältnissen im mexikanischen Bundesstaat Chiapas, in dem die Bewegung hauptsächlich aktiv ist, am nächsten kommt, ist eine ganz andere Frage.[436]

Arturo Escobar greift in seinem Überblicksartikel zum modernity/coloniality-Netzwerk den Auftritt der EZLN-Kommandantin Ester vor dem mexikanischen Parlament 2001 auf. Zum Abschluss einer weltweit beachteten Kampagne für indigene Rechte und Kultur, bei der eine zapatistische Delegation, begleitet von rund 2.000 Aktivist*innen und Menschenrechtsbeobachter*innen aus verschiedenen Ländern, durch verschiedene Bundesstaaten Mexikos tourte, ergriff überraschenderweise nicht der bekannte Sprecher der Bewegung, Subcomandante Marcos, sondern die indigene Frau das Wort vor der Öffentlichkeit. Die Zapatistas inszenierten hier ganz bewusst den Auftritt einer als Frau, als Indigene und als Arme Diskriminierten – womit dieser Diskriminierung auch gleich politisch begegnet wurde. Escobar macht nun diesen Auftritt von Kommandantin Ester und die damit einhergehende Frage nach der Möglichkeit, die Stimme zu erheben und gehört zu werden, zu einer Schlüsselfrage auch für die dekolonialistische Theorie. Es gebe klare Implikationen für das modernity/coloniality research program, die mit dieser politischen Aktion verbunden seien: »The crucial question is: can the subaltern woman speak through MC theorizing? If not, what is the cost of this silence? What sort of translations and mediations are at stake?«[437] Durch die Zapatistin Comandanta Ester sieht Escobar die Frage aufgeworfen, inwiefern sich feministische und dekolonialistische Theorie gegenseitig erweitern und ergänzen können. Angestoßen wird diese Frage, das ist zu betonen, durch eine ganz und gar außerwissenschaftliche Praxis.

436 Einige dieser Beiträge sind bereits aufgezeigt und diskutiert worden in Jens Kastner: *Alles für alle! Zapatismus zwischen Sozialtheorie, Pop und Pentagon*. Münster: Edition Assemblage 2011.

437 Escobar 2007, a.a.O., S. 196.

Die frauenpolitische und, wenn man so will, feministische Agenda des zapatistischen Kampfes ist auch in der internationalen Rezeption von Beginn an wahrgenommen und aufgegriffen worden – so auch in der späteren, dekolonialistisch-feministischen Theorie.[438] Aus der Sicht von Breny Mendoza etwa haben die revolutionären Kämpfe der Zapatistas auch die Debatten um die »Existenz von Geschlecht vor der Kolonisierung«[439] neu entfacht. Mit dem Aufstand seien auch die Diskussionen um feministische politische Praxis und Vorstellungswelten neu angestoßen worden. Das »Revolutionäre Frauengesetz«, das 1993 in den zapatistisch kontrollierten Gemeinden verabschiedet wurde, war dem eigentlichen Aufstand noch vorausgegangen und gilt immer wieder als erstes Zeichen für die stets erweiterte, genderpolitische Agenda des Zapatismus. Es gab nicht nur verschiedene, international ausgerichtete Frauentreffen, auch vor Ort wurden die Geschlechterdifferenzen permanent zum Thema gemacht und vor diesem Hintergrund wurde auch der Frauenanteil in den Entscheidungsgremien der zapatistischen Verwaltung über die Jahre stark erhöht. Auch Sylvia Marcos betont, über das Frauengesetz und die konkreten Umsetzungen der Ermächtigung von Frauen in den zapatistischen Gemeinden hinaus sei der Ansatz der zapatistischen Frauen, theoretische Überlegungen nicht von praktischen Anliegen zu trennen – »Körper und Geist verschmolzen«[440] zu denken –, einer der zentralen Anknüpfungspunkte auch für feministische, dekolonialistische Theorie und Praxis. Und Márgara Millán, später Mitherausgeberin des schon erwähnten Buches zum dekolonialistischen Feminismus, hatte schon Ende der 1990er-Jahre in einem auch auf Deutsch erschienenen Aufsatz darauf hingewiesen, dass die zapatistischen Frauen zur Konstitution einer »neuen Politik« beitrügen, »die universal sein kann dank ihrer Partikularisierung«[441]. Gemeint war damit die Verknüpfung

---

438 Auch in dem (meines Wissens) ersten Sammelband auf Deutsch, in dem auch Texte von Zapatistas erschienen sind, werden die frauenpolitischen Ansprüche gleich im zweiten Kapitel verdeutlicht. Eines dieser Dokumente aus den Reigen der indigenen zapatistischen Frauen ist etwa mit dem Titel »Wir wollen die schlechten Traditionen nicht mehr« überschrieben, vgl. Topitas (Hg.): *¡Ya Basta! Der Aufstand der Zapatistas*. Hamburg: Verlag Libertäre Assoziation 1994, S. 95 ff.

439 Mendoza 2019, a.a.O., S. 64.

440 Sylvia Marcos: »Feminismos en camino decolonial«. In: Márgara Millán (Hg.): *Más allá del feminismo: caminos para andar*. México D.F.: Red de Feminismos Descoloniales 2014, S. 15-34, hier S. 24.

441 Márgara Millán: »Indigene Frauen in der neuen Politik. Zu Fragen der Selbstrepräsentation.« In: Brand, Ulrich und Ana Esther Ceceña (Hg.): *Reflexionen einer*

der konkreten, besonderen Erfahrung als Frauen mit den allgemeinen Ansprüchen auf emanzipatorische Veränderungen für alle – eine prototypische Positionierung linker Identitätspolitiken sozusagen.

Walter D. Mignolo hat den Zapatistas Ende der 1990er-Jahre in einem Text, der als Kapitel in sein Buch *The Darker Side of Western Modernity* (2011) eingegangen ist, eine »theoretische Revolution«[442] nachgesagt. Diese ›theoretische Revolution‹ besteht demnach in der »doppelten Übersetzung«[443] von zwei diskursiven Traditionen ineinander: Auf der einen Seite die komplexen Weltsichten aus der präkolumbianischen Maya-Tradition, die Kosmovision der Indigenen in Chiapas, auf der anderen Seite der Marxismus. Die doppelte Übersetzung besteht inhaltlich darin, den Marxismus für die kolonial hergestellten Differenzen zwischen ethnisierten Bevölkerungsgruppen zu sensibilisieren und damit zu öffnen und zugleich das Verständnis von Ausgrenzung und Diskriminierung indigener Weltsichten und Lebenswelten ins Verhältnis zur globalen Arbeitsteilung zu setzen. In diesem »epistemischen Potenzial« sieht Mignolo die »Stärke des zapatistischen Diskurses und die Grundlage ihrer theoretischen Revolution«[444]. Weil die Zapatistas zugleich die indigenen Imaginarien bedienen, die Diskurse der transnationalen Linken aufgreifen und beide dabei ineinander verschränken, sieht Mignolo in ihrer theoretischen Revolution zugleich »an enactment of border thinking«[445]. Das Grenzdenken, auf das Mignolo sich immer wieder in Anlehnung an Glória Anzaldúa positiv bezieht, wird in dieser Interpretation durch die Übersetzungsleistungen der Zapatistas in der Praxis verkörpert.

Auch wenn die Aktivist*innen vor Ort sich dieser Leistung nicht immer bewusst sein werden und der praktische Aufbau der Autonomie immer gegenüber einer ›theoretischen Revolution‹ im Vordergrund steht, ist doch Mignolos Lesweise des Zapatismus nicht unplausibel: Sie bietet bei-

---

Rebellion. ›Chiapas‹ und ein anderes Politikverständnis. Münster: Verlag Westfälisches Dampfboot 2000, S. 198–213, hier S. 210.

442 Walter D. Mignolo: »The Zapatista's Theoretical Revolution. Its Historical, Ethical, and Political Consequences«. In: Ders.: *The Darker Side of Western Modernity. Global Futures, Decolonial Options.* Durham & London: Duke University Press 2011c, S. 213–251.

443 Ebd., S. 221.

444 Ebd., S. 222.

445 Ebd., S. 225.

spielsweise auch eine Erklärung dafür an, wieso die zapatistische Bewegung insbesondere in den 1990er-Jahren und bis zu den globalisierungskritischen Bewegungen um 2000/2001 dermaßen große Resonanz erfahren hat, gerade auch im Vergleich mit anderen indigen geprägten Bewegungen in Lateinamerika.

Die Zapatistas sind für Mignolo darüber hinaus auch Akteur*innen einer Art gelebter Dekolonialität. Darunter versteht er eine Praxis, die Dekolonisierung weniger als Aufbau eines neuen Nationalstaates begreift, wie es die historischen Bewegungen gegen den Kolonialismus getan hätten. Er begreift Dekolonialität vielmehr als alltägliche Praxis, die nicht an den Standards der ›westlichen‹ Moderne orientiert sei. »Decoloniality«, schreibt Mignolo in *On Decoloniality*, »is a multifaceted global enterprise in the hands of the people who act and organize themselves/ourselves as decolonial thinkers, actors, and doers«[446]. Die Zapatistas sind für Mignolo das Paradebeispiel einer solchen Dekolonialität, ihre Praxis sei, schreibt er, »precisely what I am talking about«[447].

Während die Betonung der Selbstorganisation sicherlich treffend ist, wird der scharfe Gegensatz, den Mignolo zwischen sozialbewegten Akteur*innen wie den Zapatistas und den Sozialwissenschaften macht, von den Zapatistas gar nicht geteilt. Anders als der Literaturwissenschaftler Mignolo, der in seinem neuen Buch der Wissenschaft, wie gezeigt, polemisch die Legitimation abspricht (wobei er selbstverständlich selbst Einkommen und Prestige damit generiert), plädieren die Bewegungsakteur*innen »für die Notwendigkeit der Wissenschaft für den Kampf«[448]. Auch wenn SubGaleano den Stumpfsinn und die Stümperei manch akademischer Intellektueller auch im Umgang mit der zapatistischen Bewegung kritisiert, legt er doch Wert darauf zu betonen, dass man ohne Wissenschaft grundsätzlich gezwungen wäre, sich mit bloß tröstenden Erklärungen der Welt – etwa nach Vorbild der Religionen – zufriedengeben zu müssen. Es entbehrt also nicht einer gewissen Ironie, dass hier die dekolonialistischen Aktivist*innen die Wissenschaft verteidigen, die die dekolonialistischen Wissenschaftler*innen in ihrem Namen zu delegitimieren suchen.

446 Mignolo 2018, a.a.O., S. 125.
447 Ebd.
448 SubGaleano 2016, a.a.O., S. 247.

Vor diesem Hintergrund ist auch die Einschätzung Enrique Dussels zum zapatistischen Aufstand zu lesen. Dussel widmet den Zapatistas in *Materiales para una Política de la Liberación* (2007) ein ganzes Kapitel. Hier nennt er die zapatistische Bewegung in der Kapitelüberschrift »Maya-Rebellion«: Obwohl die Mitglieder der Bewegung alle Maya-Bevölkerungsgruppen wie den Tzeltales und Tzotziles angehören und die von der Bewegung kontrollierten Gebiete im Süden Mexikos auf dem Territorium der historischen Maya liegen, ist die ethnisierende Bezeichnung mehr als zehn Jahre nach Beginn des Aufstands doch eher ungewöhnlich. Der Titel spiegelt sich auch in der Beschreibung der Bewegung, die Dussel als tief in der indigenen Tradition verankert schildert: »Die Mitglieder der EZLN sprechen heute die Sprache der Maya«, schreibt er, »die Jahrtausende älter ist als die Tatsache der Eroberung im 16. Jahrhundert; sie sprechen von eben diesem ursprünglichen theoretischen Horizont aus«[449]. Dussel ordnet den zapatistischen Aufstand in die Erhebungen und Kämpfe seit der Konquista ein.

Dussel macht drei ethische Forderungen aus, die implizit mit dem zapatistischen Aufstand formuliert würden: Die Würde des Subjekts, die gewahrt sein muss; die Reproduktion des Lebens, die als Kampf gegen den Hunger verwirklicht werden muss; und die Gemeinschaft, die das ethische Subjekt zu solidarischem Handeln verpflichtet. Alle drei Forderungen sieht Dussel in einer fundamentalen »popularen Weisheit«[450] (sabiduría popular) entstehen. Dussel betont damit sicherlich zu Recht, dass der Aufstand nicht auf akademische Intellektuelle, nicht allein auf ›westliches‹ Wissen und nicht auf Konzepte aus Europa angewiesen war und ist. Diese Betonung führt allerdings bei Dussel immer wieder auch dazu, dass Bezugnahmen und Austauschprozesse in der Gegenwart unterschätzt werden: Die Nutzung des Internets schon in den 1990er-Jahren, die Etablierung des zapatistischen Radios in den autonomen Gebieten, aber auch das revolutionäre Frauengesetz von 1993 und die Ermächtigung von Frauen in den Arbeitsgruppen, Kollektiven und Räten, die internationalen Treffen und die Strategiewechsel in Bezug auf den Umgang mit anderen politischen Akteur*innen, für all das steht die zapatistische Bewegungen ebenfalls und all das lässt sich schließlich nicht ausschließlich aus indigenen Traditionen und ursprünglichen popularen Weisheiten erklären.

449 Dussel 2007, a.a.O., S. 86.
450 Ebd., S. 89.

Die Verortung der zapatistischen Bewegung in einer Jahrhunderte alten Tradition passt nicht so recht zu Dussels eigener Vorstellung von gegen-modernen Momenten in der Entwicklung einer trans-modernen Perspektive. In Bezug auf die Trans-Moderne hatte er die Wechselwirkungen verschiedener geografischer und epistemologischer Verortungen und damit auch deren hybride Formen betont. Die Fokussierung auf die Maya-Traditionen widerspricht auch deutlich der Idee einer ›theoretischen Revolution‹, die Mignolo im Zapatismus sieht, besteht diese Revolution doch gerade darin, verschiedene Diskurskontexte miteinander zu vermitteln oder, in Mignolos Worten, ineinander zu übersetzen – und eben nicht nur den einen, traditionellen Kontext zu repräsentieren. Auch geht Dussel auf die Bezugnahmen der Zapatistas auf die modernen Wissenschaft und die diversen, aus dem Repertoire zeitgenössischer sozialer Bewegungen stammenden Methoden nicht ein.

Catherine E. Walsh hebt hinsichtlich des Zapatismus ebenfalls die Bedeutung des Indigenen hervor, etwa wenn sie in Bezug auf Subcomandante Marcos dessen »awakening to the presence and importance of ›other‹ critical modes of thinking«[451] betont. Die anderen Formen des Wissens, die Marcos vom marxistisch-leninistischen Revolutionsverständnis abgebracht hätten, sieht sie offenbar in der indigenen Kosmovision realisiert (wobei sie es abstrakter auch als kollektives Denken, das von Differenzen ausgehend auf Befreiung hin ausgerichtet ist, beschreibt). Walsh hebt allerdings neben dieser Einbindung in die indigenen Traditionen durchaus auch die Neuerungen hervor, die die zapatistische Bewegung gerade im Vergleich zu anderen indigen geprägten Bewegungen und zu sozialen Bewegungen insgesamt auszeichnet. Bei Catherine E. Walsh sind die Zapatistas an vielen Stellen ihrer zahlreichen Aufsätze zu den Estudios Culturales und der dekolonialistischen Theorie eine wichtige Referenz. Für Walsh ist eines der Kennzeichen sozialer Bewegungen in Lateinamerika seit den 1990er-Jahren ganz grundsätzlich, dass sie von einer reaktiven zu einer protagonistischen Position übergehen, also vom Widerstand gegen Herrschaft und Unterdrückung zur Entwicklung von eigenen Projekten. Hierfür, für diese Entwicklung vom Widerstand zum Aufstand (insurgency) seien die

451 Walsh 2012, a.a.O., hier S. 14.

Zapatistas »one of the clearest examples«[452], schreibt Walsh. Auch wenn die Zapatistas den Begriff Dekolonialität nicht benutzen würden, sei ihre Praxis genau das, was sie und Mignolo damit meinen würden.

In einem Text zur dekolonialistischen Pädagogik nimmt sie die »Kleine Zapatistische Schule« (»Escuelita Zapatista«), zu der die Bewegung im Jahr 2013 ausgewählte Aktivist*innen und Intellektuelle nach Chiapas eingeladen hatten, als Beispiel für eine ›andere‹ pädagogische Praxis. Die Zapatistas hatten in den letzten zwei Jahrzehnten verschiedene Treffen mit Teilnehmer*innen aus aller Welt organisiert, dieses aber unterschied sich in einem entscheidenden Punkt: Anders als noch in den mittleren 1990er-Jahren, in denen die zapatistische Bewegung den Austausch mit anderen vor allem auch gesucht hatte, um das eigene inhaltliche Profil weiterzuentwickeln und ihre Strategien den nationalen und internationalen politischen Entwicklungen anzupassen, ging es diesmal zu aller erst darum, die eigenen Erfahrungen im Aufbau der autonomen Strukturen und der Kämpfe um Land und Freiheit zu vermitteln. Die Teilnehmer*innen waren als Schüler*innen geladen, es wurden vorher Broschüren verschickt, die als Diskussionsgrundlagen von allen zu lesen waren. Walsh liegt mit ihrer Einschätzung, die Zapatistas hätten hier »ihre *sehr andere* Form«[453] des Lernens und Lehrens präsentiert, durchaus richtig. Es ging um einen Lernprozess, der von den konkreten Lebensbedingungen im ländlichen, kleinbäuerlich geprägten Bundesstaat Chiapas ausging, und dabei den Aufbau der autonomen Strukturen mit ihren selbstorganisierten Bildungs- und Gesundheitseinrichtungen ebenso wie die Kaffeeproduktion und die basisdemokratischen Entscheidungsfindungen reflektierte. Was die Zapatistas mit dieser sehr anderen Form präsentierten, sei, so Walsh, »für die herrschenden Systeme und die Institutionen der Macht (in staatlichen, nationalen und globalen Begriffen) eine Bedrohung«[454].

Hier scheint Walsh den anti-staatlichen, anti-kapitalistischen Impetus der zapatistischen Bewegung zu treffen. In einem anderen Text zur Rolle indigen geprägter sozialer Bewegungen für den Aufbau plurinationaler

---

452 Catherine E. Walsh: »Insurgency and Decolonial Prospect, Praxis, and Project«. In: Walter D. Mignolo und Catherine E. Walsh: *On Decoloniality. Concepts – Analytics – Praxis*. Durham und London: Duke University Press 2018, S. 32–56, hier S. 46.

453 Catherine E. Walsh: »Pedagogías decoloniales caminando y preguntando. Notas a Paulo Freire desde Abya Yala«, *Revista Entramados: Educación y sociedad,* Año 1 Número 1/2014, S. 17–31, hier S. 25.

454 Ebd., S. 26.

Staaten in Lateinamerika nennt sie die Zapatistas mit dem Movimiento al Socialismo (MAS) in Bolivien, der damals mit Evo Morales den Präsidenten des Landes stellte, und der Confederación de Nacionalidades Indígenas del Ecuador (Bündnis der indigenen Nationalitäten Ecuadors) (CONAIE) in einem Atemzug. Alle drei Bewegungen stünden für das, was Walsh »political-epistemic insurgency«[455] nennt: Dieser politisch-epistemische Aufstand, der auf einer Verweigerung gegenüber dem weiß-mestizisch-oligarchischen Nationenverständnis beruhe, würde sich insbesondere in den neuen, plurinationalen Verfassungen von Ecuador und Bolivien widerspiegeln. Epistemisch ist dieser Aufstand im Verständnis von Walsh, insofern er sich der dominanten Sicht- und Erkenntnisweise gegenüber sperrt; politisch scheint er dadurch zu sein, dass er sich in verfassungsgebende Versammlungen einspeist.

> »The shift today made evident in the words of Evo Morales and Subcomandante Marcos but also in the recent pronouncements of Ecuadorian indigenous intellectuals that movement is ›political and epistemic‹ marks a new historical phase that portends to move beyond reactive resistance towards the construction of a new social project, not just for indigenous people but for all«[456].

Sicherlich ist es zutreffend, dass sowohl Morales als auch Subcomandante Marcos für politische Haltungen stehen, die vom Reagieren zur Entwicklung neuer politischer und gesellschaftlicher Projekte übergegangen sind. Allerdings ist es sehr fraglich, ob der zapatistische Aufstand noch mitgemeint sein kann, wenn Walsh am Ende ihres Textes resümiert, in Bolivien und Ecuador »the primary and most significant intellectual projects are those of re-thinking and re-founding the State«[457]. Schließlich unterschlägt Walsh den Unterschied zwischen einem Staatsprojekt auf der einen Seite und der Mobilisierung der Zivilgesellschaft auf der anderen Seite, die einer, wie der Soziologe Luz Kerkeling es für die EZLN beschreibt, »heterogenen gesellschaftlichen Emanzipation von unten«[458] den Weg zu bahnen versucht.

---

455 Catherine Walsh: »Political-epistemic insurgency, social movements and the re-founding of the state«. In: Mabel Moraña und Bret Gustafson (Hg.): *Rethinking Intellectuals in Latin America*. Frankfurt am Main/Norwalk: Vervuert/Iboamericana 2010, S. 199–211.

456 Ebd., S. 203.

457 Ebd., S. 209.

458 Luz Kerkeling: *¡La Lucha Sigue! Der Kampf geht weiter! EZLN – Ursachen und Entwicklungen des zapatistischen Aufstands*. Münster: Unrast Verlag, 2. aktualisierte Aufl. 2006, S. 264.

Auch Raúl Zibechi hebt diesen anti-staatlichen Impuls der zapatistischen Bewegung hervor. Er sieht darin sogar ein zentrales Kennzeichen der Dekolonisierung: »Indem sie die Welt ohne den Staat verändern«, schreibt Zibechi in einem Text zur Escuelita Zapatista, »erweisen sich die Zapatisten als dekolonisierende Kraft, denn schließlich kam die Staatslogik in den Karawanen der Konquistadoren nach Lateinamerika«[459]. In diesem Sinne äußert sich auch der Philosoph Bolívar Echeverría, wenn er schreibt: »Das große Dilemma der lateinamerikanischen Staaten in der ›Indigenenfrage‹ rührt daher, dass in ihnen in ihrer jetzigen Form der Eroberungsprozess als *telos* eingeschrieben ist«[460]. Die europäische Eroberung sei insofern ein unabgeschlossenes Projekt. Die zapatistische Erhebung habe diese Unabgeschlossenheit nicht nur deutlich gemacht, sondern sei auch deshalb so bedeutsam, weil sie in der Praxis »nichts weniger infrage [stelle] als die lateinamerikanischen Staaten als solche, in ihrer Beschaffenheit und ihrer Verfasstheit«[461]. Es spricht einiges für die von Zibechi und Echeverría unterstrichene Betonung der Anti-Staatlichkeit im Zapatismus. Zwar hatte Subcomandante Marcos in einem vielbeachteten Artikel in *Le Monde Diplomatique* 1997 noch geschrieben, die Zapatistas verfechteten »die Verteidigung des Nationalstaates angesichts der Globalisierung«[462]. Zugleich aber ist die strategische Abwendung von der Staatsmacht als Mittel und Ziel der Politik sicherlich kennzeichnend für den Zapatismus. Sie ließe sich tatsächlich auch insofern als Effekt einer dekolonialistischen Haltung beschreiben, als der Regierung mit dem und durch den (modernen National-)Staat eine Praxis der »guten Regierung« – »Räte der guten Regierung« heißen die zapatistischen Verwaltungsgremien – auf der Grundlage basisdemokratischer Organisierung entgegengesetzt wird, die an indigene

---

459 Raúl Zibechi: »La Escuelita Zapatista: Una nueva culutra política«. In: Ders.: *Descolonizar la rebeldía. (Des)colonialismo del pensamiento crítico y de las prácticas emancipatorias*. Carcaixent/Málaga: Baladre/Zambra 2014, S. 269–283, hier S. 277.

460 Bolívar Echeverría: »Chiapas und die unvollendete Eroberung. Gespräch mit Carlos Antonio Aguirre Rojas«. In: Ders.: *Für eine alternative Moderne. Studien zu Krise, Kultur und Mestizaje*. Hamburg: Argument Verlag 2021d, S. 27–44, hier S. 31.

461 Ebd.

462 Subcomandante Marcos: »Der vierte Weltkrieg hat schon begonnen«. In: *Le Monde Diplomatique*, 15.08.1997, https://monde-diplomatique.de/artikel/!3205112

Traditionen anknüpft (ohne sie allerdings vollends zu übernehmen, wie vor allem in geschlechterpolitischer Hinsicht deutlich wird)[463].

Den libertären, proto-anarchistischen Zug des zapatistischen Aufstands lässt hingegen Enrique Dussel nicht gelten. Zwar betont er, dass in den Politiken der Linken in Lateinamerika »mit dem Zapatismus [...] der Avantgardismus definitiv überwunden worden«[464] und die Demokratie als Anspruch und »notwendiges Moment«[465] jeder Mobilisierung gegenwärtig sei. Zugleich sieht Dussel die Zapatistas aber als Gegenpol zum von ihm abgelehnten Anarchismus: In den Kölner Vorlesungen diskutiert er einige Formen und Möglichkeiten dekolonialistischer, politischer Organisierung. Er plädiert dabei für einen »Realismus der Machbarkeit«, den er von »der (empirischen) Unmöglichkeit des Anarchisten« [sic!] einerseits und dem konservativen Pessimismus andererseits abgrenzt. »Die Hoffnung jenseits des konservativen Pessimismus und diesseits des anarchistischen Optimismus«, schreibt Dussel, »setzt [sich] in Bewegung, wenn sie sich auf ein durchführbares Projekt richtet, das die geltenden Strukturen von einer Forderung aus transformiert, die man mit Inhalt füllen muss: ›Eine Welt, in der alle Welten Platz finden!‹ Eine Welt, wie sie die Zapatisten proklamieren«[466]. Zweifelsohne war die zapatistische Bewegung seit ihrem Entstehen in den 1980er-Jahren an einem »durchführbaren Projekt« orientiert, das sich in vielfältiger Weise sowohl dem Aufbau und der Ausweitung der Autonomie widmete und zugleich die nationale und transnationale Vernetzung betrieb. Ob diese »Machbarkeit« allerdings als Gegensatz zu einem »anarchistischen Optimismus« ohne empirische Durchführbarkeit zu konzipieren ist, muss bezweifelt werden.[467] Zu ›utopisch‹ nehmen sich da doch die vielen, für andere mögliche Welten optierenden Statements der Bewegung aus. »Jemand sagte«, schrieb Subcomandante Marcos etwa in einem Kommuniqué, »gegen den Neoliberalismus zu sein, ist wie gegen

463 »Die Indigenen als solche«, betont auch Echeverría, »sind nicht mehr die Indigenen des 16. Jahrhunderts. In ganz Lateinamerika haben sie bereits einen bestimmten [Prozess der] Mestizaje durchlaufen«, Echeverría 2021, a.a.O., S. 31.

464 Dussel 2013b, a.a.O., S. 124.

465 Ebd.

466 Dussel 2013a, a.a.O., S. 133.

467 Vgl. ausführlich dazu Jens Kastner: »Ist der Zapatismus ein Anarchismus?« In: Degen, Hans-Jürgen und Jochen Knoblauch (Hg.): *Anarchismus 2.0. Bestandsaufnahmen. Perspektiven.* Stuttgart: Schmetterling Verlag 2009, S. 122–138.

das Gesetz der Schwerkraft zu sein. Nun denn: Nieder mit dem Gesetz der Schwerkraft!«[468]

Für Aníbal Quijano übrigens sind die Zapatistas kaum der Erwähnung wert. In einem Aufsatz zur Frage der »indigenen Bewegungen« nennt er sie zwar, betont aber an dieser Stelle bloß, dass es eigentlich keine »indigenen Bewegungen« gebe, »außer in einem nominellen abstrakten Sinn«[469]. Die Bezeichnung ›indigen‹ sei letztlich ein koloniales Konstrukt, das die Vielheit von Lebenswelten homogenisiere. So wie das Wort ›indio‹ dazu gedient habe, die Vorstellung von ›Rasse‹ zu etablieren und durchzusetzen, sei auch die Bezeichnung ›indigen‹ keine Befreiung von der Kolonialität. Weniger als die identitätspolitische Ermächtigung als Indigene ist es das Projekt der (in den Gemeinden) gelebten Demokratie, das Quijano als Beitrag der »indigenen Bewegungen« zum Kampf um eine »demokratische Gesellschaft«[470] ausmacht. Wesentliche Unterschiede zwischen jenen Bewegungen etwa in Ecuador, Guatemala und dem Süden Mexikos beschreibt er dabei nicht.

---

468 Zit. n. Luz Kerkeling: »Basteln an zapatistischen Welten. Zehn Jahre EZLN-Solidarität in Deutschland«. In: *ila*, Bonn, Nr. 272, Februar 2004, S. 36–37, hier S. 36.

469 Aníbal Quijano: »El ›movimiento indígena‹ y las cuestiones pendientes en América Latina« [2005]. In: Ders.: *Cuestiones y Horizontes. De la Dependencia Histórico-Estructural a la Colonialidad/Descolonialidad del Poder*. Buenos Aires: CLACSO 2014e, S. 635–663, hier S. 660 f. Von der umfangreichen Literatur, die zum Zapatismus existiert, verweist er bloß auf zwei Titel, beide nicht von lateinamerikanischen, sondern US-Autor*innen: Collier, George A. und Lowery Quaratiello, Elizabeth: *Land and the Zapatistas. Rebellion in Chiapas* (Oakland: Food First Books1994); AA.VV. *Auroras of the Zapatistas. Local and Global Struggles of the Fourth World War* (Brooklyn/Jamaica Plain: Autonomedia/Midnight Notes 2001).

470 Ebd., S. 663.

6. Die umstrittene Praxis

Im Kapitel zum Eurozentrismus und dem epistemischen Bruch wurde schon angedeutet, wie wichtig die Frage der Praxis für die dekolonialistischen Ansätze ist. In der Regel werden mit dem Wort ›Praxis‹ dabei außerakademische, außer- oder zuweilen sogar anti-wissenschaftliche Handlungen und Verhaltensweisen bezeichnet, die die dekolonialistischen Ansätze für sich in Anspruch nehmen und mittels derer sie sich auch von anderen Theorieansätzen abgrenzen. Für Mignolo etwa sind sowohl die Kritische Theorie als auch die Postcolonial Studies »Transformationsprojekte, die vor allem in den Akademien Europas und der USA am Werk waren und sind«[471]. In einer starken Lesart dieser These wird damit unterstellt, beide Theorieströmungen seien in ihren transformatorischen Anliegen allein auf die Universitäten bezogen – eine These, die selbst eine oberflächliche Kenntnis der Texte aus beiden Bereichen sofort widerlegen kann, sind doch die gesellschaftstransformatorischen Ansprüche jeweils mehr als offensichtlich. Eine schwache Lesart von Mignolos Behauptung läuft darauf hinaus, den dekolonialistischen Ansätzen eine besondere Affinität zu außer-akademischen Praktiken zuzuschreiben, die die anderen Strömungen jeweils nicht aufweisen. Diese Affinität muss allerdings mehr sein als die Beschäftigung mit emanzipatorischen sozialen Bewegungen, denn einer solchen gehen auch Kritische Theorie und Postcolonial Studies ohne Zweifel nach. Worin besteht also die Praxis-Affinität der dekolonialistischen Ansätze?

Hier lässt sich zunächst allgemein festhalten, dass diese Frage keineswegs eindeutig oder einheitlich zu beantworten ist. Es gibt keine einheitliche, im engeren Sinne politische Agenda, die aus der dekolonialistischen Theorie abzuleiten wäre oder die sich als solche in der gesellschaftlichen Auseinandersetzung zeigen würden. Zwar gibt es, wie gezeigt, einige positive Bezugnahmen auf die basisdemokratische, zapatistische Bewegung sowie auch auf die Aymara-Gemeinden in Bolivien, zugleich aber werden auch

471 Mignolo 2012, a.a.O., S. 54.

Regierungsprojekte wie etwa das der Präsidentschaft von Evo Morales und der ›Sozialismus des 21. Jahrhunderts‹ in Venezuela begrüßt und als mit dekolonialistischen Ansprüchen in Einklang stehend gelobt (teils von denselben Autor*innen, manchmal sogar im gleichen Text). Ob die eher sozialbewegten, ökologisch orientierten, kommunal organisierten Politiken favorisiert werden, für die etwa die EZLN steht, oder jene, die für staatliche Sozialprogramme in der Tradition linkspopulistischer Akteur*innen auch auf Rohstoffausbeutung (Extraktivismus) setzen, ist nicht klar auszumachen. Es hängt stark von den jeweiligen Autor*innen, bzw. ihren Positionierungen vor dem Hintergrund ihrer je eigenen Theoriegeschichte ab. Auch gibt es innerhalb des dekolonialistischen Feminismus eine starke Kritik an den westlich dominierten NGOs[472], die Hinwendung zur Politik der indigenen Gemeinden ist deshalb aber jenseits des feminismo comunitario keineswegs die von allen gezogene Konsequenz. Den meisten Ansätzen gemeinsam ist jedenfalls der wie auch immer geartete linke Bezugsrahmen, seien es Basisbewegungen, seien es Regierungsprojekte. Nur wenige versteigen sich zu Thesen wie jener von Ramón Grosfoguel, der behauptet, in Sachen Dekolonisierung sei zwischen linken und rechten Regierungen kaum ein Unterschied auszumachen: »When it comes to coloniality of power in Latin America, the difference between the left-wing and right-wing regimes is not that great«[473]. Ausgeführt wird diese schwerwiegende – und aus meiner Sicht nicht zu haltende – Behauptung allerdings nicht.

Die argentinische Soziologin Maristella Svampa hat einige Gemeinsamkeiten jener linken Regierungen aufgezählt, die mit dem ›Sozialismus des 21. Jahrhunderts‹ in Venezuela, dem Regierungsantritt der PT in Brasilien 2004, den Kirchner-Regierungen in Argentinien ab 2003 und der Präsidentschaft von Evo Morales in Bolivien ab 2005 die 2000er- und 2010er-Jahre geprägt haben und die dekolonialistischen Ansprüchen in jeder Hinsicht näher kommen als alle Programme und Politiken der rechten Gegenmodelle derselben Zeit (und eigentlich aller Zeiten): »Die Infragestellung des Neoliberalismus, eine ökonomische Politik mit nichtkonventionellen Zügen, die staatliche Intervention als sozioökonomischem Regulierungsfaktor, die Priorisierung der sozialen Gerechtigkeit, der Kampf gegen die Armut und der Aufbau einer regionalen oder lateinamerikani-

472 Vgl. etwa Curiel 2011, a.a.O.
473 Grosfoguel 2008, a.a.O., S. 328.

schen Stimme«[474]. In all diesen linken Regierungsprojekten gibt es – in unterschiedlichen Formen und verschiedenen Konjunkturen – auch immer wieder Überschneidungen mit den Kämpfen emanzipatorischer sozialer Bewegungen, den Alltagspraktiken indigener Bevölkerungsgruppen und des (wie auch immer neu zu denkenden) Volkes, an denen sich die dekolonialistische Theorie ausrichtet.

Doch zurück zur allgemeinen Ausrichtung an der außerakademischen und häufig doch auch jenseits staatlicher Regierungspolitik verorteten Praxis: In seiner bereits diskutierten Unterscheidung zwischen Dekolonisierung und Dekolonialität schlägt Mignolo vor, die Dekolonisierung auf die politisch-administrative Abwicklung kolonialer Strukturen und auf die Neuausrichtung der Staatsmacht zu beziehen, während Dekolonialität hingegen »focused on epistemology and knowledge rather than the state«[475] sei. Der Fokus auf Wissensproduktion wiederum soll aber keineswegs als akademisches Projekt allein verstanden werden, weil ja gerade in der Setzung, kein allein universitäres Projekt zu sein, eines der Abgrenzungsnarrative der dekolonialistischen Theorie zu ihren postkolonialistischen Vorläuferinnen besteht. (Darüber hinaus wurde bereits infrage gestellt, ob die Behauptung einer Staatszentriertheit den antikolonialen Dekolonisierungsprojekten überhaupt gerecht wird und ob sie nicht immer auch Projekte waren, die epistemologische, auf Wissens- und Wahrheitsproduktion ausgerichtete Aspekte beinhaltet und in der Praxis forciert haben.) Wissensproduktion statt Staat, das meint auch Alltagshandeln statt Institution. Die dekolonialistische Theorie knüpft hier durchaus an das an, was bereits in der Einleitung zu diesem Buch als aus dem Anarchismus übernommener, »ethischer antikolonialistischer Anspruch« benannt wurde: Nach ihrem Kontakt mit der Bevölkerungsgruppe der Kanak*innen während ihrer Verbannung nach Neukaledonien hatte die Anarchistin Louise Michel den anarchistischen Gedanken, dass Gleichheit und Gerechtigkeit nicht allein politisch-administrative Agenden seien, auch auf die koloniale Situation bezogen. Es ginge im politischen Kampf immer auch um intersubjektive, also die moralische Haltung und den zwischenmenschlichen Umgang betreffende

474 Svampa 2020, a.a.O., S. 195. Svampa kritisiert allerdings auch, dass die progressiven Regierungen die aktivistischen Momente stets zurückgedrängt und das Streben nach Autonomie in eines nach Hegemonie umgewandelt hätten.

475 Mignolo 2018, a.a.O., S. 121.

Angelegenheiten.[476] Politik umfasst in diesem anarchistisch inspirierten Sinne immer auch ethische Maßstäbe, also solche, die die Praxis außerhalb bestehender Institutionen und Konventionen betrifft. Anders formuliert: Der Maßstab für das eigene Handeln, sowohl für die Theorieproduktion als auch für die politische Strategie, richtet sich nicht länger nur an der Triftigkeit der Analyse und Begrifflichkeiten und dem Erfolg oder Nicht-Erfolg von inhaltlichen Schwerpunktsetzungen und taktischen Manövern aus. Über diese Kriterien hinaus wird auch die Organisation des alltäglichen Handelns und Verhaltens für politisch relevant erklärt. In diesem Sinne ist Mignolos Abgrenzung vom akademischen Diskurs zu verstehen und in diesem Kontext ist auch Rivera Cusicanquis Betonung der Gemeinsamkeiten zwischen der Alltagsorganisation von Anarchist*innen und indigenen Gemeinschaften zu sehen.[477]

Die dekolonialistische Theorie muss sich also, ihrem eigenen Anspruch nach, auch an außerakademischen Maßstäben messen lassen. Und sie wird auch daran gemessen. So erhebt etwa Rivera Cusicanqui denselben Vorwurf gegen das modernity/coloniality-Projekt, wie deren Vertreter*innen wie Mignolo ihn gegenüber der postkolonialistischen Theorie erheben: ein akademisches Projekt zu sein. Rivera Cusicanqui hat die dekolonialistische Theorie (unter dieser Bezeichnung) als neue akademische Disziplin scharf kritisiert. Sie selbst schreibt über Praktiken und Diskurse der Dekolonisierung, vermeidet aber den Begriff Dekolonialität. Sie betont den Praxisbezug ihrer Forschung ebenso wie den emanzipatorischen Anspruch an Theorie. Die Dekolonisierung könne sich »nur in der Praxis realisieren«[478], schreibt sie in ihrem Buch *Sociología de la imágen* (2015) (»Soziologie des Bildes«). Sie orientiert sich an der Methode der Oral History und zeichnet damit Werdegänge und Denkweisen insbesondere indigener Frauen in Bolivien nach.

Lange vor Quijano habe sie sich bereits mit dem ›internen Kolonialismus‹ befasst – ein Phänomen, dass der mexikanische Soziologe Pablo Gonzalez Casanova bereits 1965 in seinem Aufsatz »Internal Colonialism and National Development« benannt hatte.[479] Der ›interne Kolonialis-

476 Vgl. Gómez Muller 2009, a.a.O., S. 52.

477 Vgl. Rivera Cusicanqui 2010, a.a.O.

478 Silvia Rivera Cusicanqui: *Sociología de la imágen. Miradas ch'ixi desde la historia andina*. Buenos Aires: Tinta Limón 2015, S. 28.

479 Claudia Zapata Silva hat diese Unkenntnis gegenüber den theoretisch-politischen Positionierungen in den Kämpfen des 19. und 20. Jahrhunderts neben der (angeb-

mus‹ beschreibt das Entstehen neuer sozialer Ungleichheiten nach dem Ende des Kolonialismus als politisch-militärische Herrschaft und der Entwicklung der nationalstaatlich organisierten Unabhängigkeit. Diese Ungleichheiten basieren im Wesentlichen auf kulturellen Differenzen. Diesen neu entstehenden Ungleichheiten müsse mit neuen soziologischen Begriffen analytisch begegnet werden, und als einen solchen Begriff schlägt Gonzalez Casanova eben den des ›internen Kolonialismus‹ vor:[480] »Internal colonialism corresponds to a structure of social relations based on domination and exploitation among culturally heterogeneous, distinct groups«[481]. Mit dieser Betonung der kulturellen Heterogenität und ihrer Bedeutung für Herrschaftsverhältnisse nimmt Gonzalez Casanova in der Tat schon einen zentralen Gedanken der späteren dekolonialistischen Ansätze vorweg. Er eröffnet damit auch die Möglichkeit, Verstricktheiten »peripherer« Akteur*innen in die Herrschaft des »Zentrums« zu analysieren. Daran anschließend sieht Rivera Cusicanqui die akademischen Intellektuellen nun als Teil einer »verzweigte[n] Struktur des internen und externen Kolonialismus«[482]. Dazu zählt sie auch die modernity/coloniality-Gruppe. Die dekolonialistische Theorie (unter diesem Label) bringe bloß einen »neuen akademischen Kanon«[483] und eigene »Gurus«[484] hervor, denen sie explizit auch und vor allem Walter Mignolo und Catherine Walsh zurechnet. Dekolonialisierung dürfe nicht auf Theorieproduktion beschränkt bleiben. Es müsste sich »um eine reflexive und kommunikative Praxis handeln«, schreibt Rivera Cusicanqui, »die auf dem Wunsch basiert, eine eigene Geschichte und eine eigene Körperlichkeit zurückzugewinnen«[485]. Sie sieht diesen Anspruch bereits teilweise in den indigenen Aymara-Gemeinschaften verwirklicht. In Bezug auf diese meint sie, die »Macht ist gewissermaßen dekolonisiert und liegt bei den Menschen«[486].

lichen) Ausblendung der subalternen Sektoren (und ihrer Praktiken) als zentralen Kritikpunkt an den dekolonialistischen Ansätzen der modernity/coloniality-Gruppe ausgemacht, die eben von Rivera Cusicanqui, aber auch von Ochy Curiel und Aura Cumes formuliert wurden, vgl. Zapata Silva 2018, a.a.O., S. 63 ff.

480 Pablo Gonzalez Casanova: »Internal Colonialism and National Development«. In: *Studies in Comparative International Development*, 1/1965, S. 27–37.

481 Ebd., S. 33.

482 Rivera Cusicanqui 2018b, S. 85.

483 Ebd., S. 86.

484 Ebd.

485 Rivera Cusicanqui 2015, a.a.O., S. 28.

486 Rivera Cusicanqui 2010, a.a.O., S. 358.

Catherine Walsh greift die Anwürfe gegen sie und Mignolo auf und entgegnet ihnen, dass sie ihrer praxisorientierten Forschung nicht gerecht würden. Der Vorwurf »negates the broad range of decolonizing practice that [...] gives substance, significance, and form to decoloniality in/as practice«[487]. Walsh widerspricht den Vorwürfen, keineswegs aber widerspricht sie der Legitimität des Anspruches von Rivera Cusicanqui. Im Gegenteil, die von Walsh geschriebene Hälfte des gemeinsam mit Mignolo verfassten Buches trägt den programmatischen Titel: »Decoloniality in/as Praxis«[488]. Auch darin geht es um das Rückgewinnen, »a collective resurgence – understood as renewal, restoration, revival or a continuing after interruption«[489]. Wie Rivera Cusicanqui hat auch Walsh vor allem indigene Bevölkerungsgruppen als Agentinnen solcher Art von dekolonialer Praxis im Blick. Während Rivera Cusicanqui sich in erster Linie auf die Aymara in Bolivien bezieht, zieht Walsh vor allem die Kämpfe der Zapatistas in Mexiko und die der indigen geprägten Bewegung in Ecuador um die Organisation CONAIE (Confederación de Nacionalidades Indígenas del Ecuador, Konföderation der indigenen Nationalitäten Ecuadors) als Beispiele heran.[490]

Es ist selbstverständlich möglich, die dekolonialistischen Ansprüche in verschiedensten, eben pluriversalen Politikansätzen umgesetzt oder einer Verwirklichung nahegebracht zu sehen. Ein einheitlicher politischer Weg bzw. eine für alle geltende Strategie zur Verwirklichung von Dekolonisierung widerspräche dem Anspruch auf Pluriversalität wahrscheinlich ohnehin. So sind denn auch verschiedene Wege beschrieben worden, die aber im Hinblick auf die dekolonisierenden Effekte auch durchaus unterschiedlich bewertet werden. Während Mignolo etwa den Regierungsantritt von Evo Morales als »radikalen Umsturz des ›Erfahrungsraumes‹«[491] gefeiert hatte, haben Silvia Rivera Cusicanqui und Maria Galindo immer wieder Zweifel an der Ernsthaftigkeit von dessen Dekolonisierungsanliegen angemeldet. Die Dekolonisierung (in Bolivien und überhaupt) sei letztlich keine, wenn sie nicht mit einer Depatriarchalisierung einhergehe – die aber

487 Walsh 2018, a.a.O., S. 99.
488 Ebd.
489 Ebd., S. 18.
490 Vgl. auch Walsh 2010.
491 Mignolo 2012, a.a.O., S. 195.

von der Regierung Morales weder in der Gesetzgebung noch im Hinblick auf die Veränderung im Alltag angegangen worden sei.[492]

Es ist aber durchaus zu diskutieren, ob die Vehemenz, mit der die Praxis als Maßstab eingesetzt wird, um die Legitimität der Theorie zu hinterfragen, bei aller Pluriversalität nicht doch zu einer genaueren Angabe dessen führen sollte, *welche* Praxis nun eigentlich als angemessen und den dekolonialistischen Ansprüchen entsprechend betrachtet wird und was die Kriterien für die Erfüllung dekolonialistischer Ansprüche wären. Der Verweis auf *die* Praktiken des pueblo oder der comunidades sind dafür alles andere als ausreichend. Auch die von Maristella Svampa angemahnte Ausrichtung der Suche nach Alternativen »an den Idealen des ›Unten‹«[493], bleibt zwar aus emanzipatorischer Sicht so sympathisch wie unabdingbar, ohne inhaltliche Bestimmung aber letztlich doch relativ vage. Anders als viele der eher auf kulturtheoretische und epistemologische Fragen konzentrierten Ausführungen innerhalb der dekolonialistischen Ansätze, geht Svampa durchaus auf ökonomische Fragen ein und wertet etwa die Erhöhung der Sozialausgaben, die Verringerung der Armut durch Sozialprogramme und Lohnerhöhungen als Erfolge der progressiven Regierungsprojekte. Sie bemängelt allerdings, dass die »Interessen der Kapitalfraktion«[494] durchweg nicht angegriffen worden seien. Insofern sieht sie die Ideale des Unten auch in bzw. von den verschiedenen linken Regierungsprojekten unterlaufen. Dass es sich bei den Idealen von Unten um emanzipatorische Ideale (und auf diesen fußende Praktiken) handelt, stellt sie aber nicht infrage.

Die im Rahmen der hier diskutierten Ansätze detaillierteste Vorstellung dessen, was eine dekolonialistische politische Praxis ausmachen könnte, hat Enrique Dussel entwickelt. Im zweiten Teil seiner *20 Thesen zu Politik* widmet er sich, nachdem er das politische Feld als solches beschrieben hat, den Ansprüchen an eine »Praxis der Befreiung«[495] zu. In diesem Kontext entwickelt er auch Kriterien für »kritische, antihegemoniale Praxis«[496].

492 Vgl. Maria Galindo: »Evo Morales y la descolonización fálica del Estado Boliviano. Un análisis feminista sobre el proceso a la Asamblea Constituyente en Bolivia«. In: *Mujeres en Red. Periódico Feminista*, 06-2006, http://www.mujeresenred.net/spip.php?article612

493 Svampa 2020; a.a.O., S. 201.

494 Ebd., S. 186.

495 Dussel 2013b, a.a.O., S. 104.

496 Ebd., S. 119.

Er nennt und diskutiert vor allem sechs Merkmale, die eine solche, eben auch als dekolonialistisch zu verstehende Politik auszeichnen sollte: Erstens müsse sie ein allgemeines politisches Postulat formulieren, so wie etwa das zapatistische Motto »Eine andere Welt ist möglich!«, das eine gemeinsame Hoffnung sozialer Bewegungen zum Ausdruck bringe. Zweitens müsse eine Politik der Befreiung aber auch konkrete Paradigmen oder Modelle möglicher Transformationen entwickeln. Diese müssen nicht ein für alle Mal festgeschrieben, sondern eher dynamisch und flexibel sein. Drittens müsse ein solches Modell auch in direkte Transformationsprojekte umgesetzt werden können. Solche Projekte könnten kurzfristige und langfristige Elemente enthalten. Viertens sollten die politischen Anführer*innen über strategische Klarheit in ihren politischen Agenden verfügen, die an die konsensbezogenen Entscheidungen im Stadtteil, den Gemeinden, der Bewegung usw. gekoppelt werden müssten. Fünftens seien auch effiziente Taktiken zu erarbeiten, die die theoretisch entwickelten Modelle in der Praxis vermitteln könnten. Sechstens müssten schließlich angemessene Mittel gefunden werden, um die Ziele zu verwirklichen. Dass der Zweck alle Mittel rechtfertigen könne, hält Dussel für einen destruktiven Irrweg. Die Demokratie muss demnach, hält Dussel außerdem im Anschluss an die zapatistische Ablehnung des Avantgardekonzeptes fest, »ein notwendiges Moment«[497] einer antihegemonialen und dekolonialistischen Politik werden. Trotz der vielen Bezugnahmen auf den Zapatismus legt sich Dussel aber keineswegs auf dessen basisdemokratische, anti-staatliche Strategie fest. Vielmehr setzt er auf eine »Transformation des Staates«[498], zu deren Mittel auch staatliche Politiken gehören und die auch in der Erweiterung des staatlich-juridischen Rahmens zum Ausdruck kommen kann, wie er sie in der Verfassung Venezuelas von 1999 verwirklicht sieht, in der die Partizipation und die protagonistische Rolle der Bevölkerung festgelegt ist.[499]

Die Forderung, eine dekolonialistische Perspektive als anti- bzw. gegenhegemoniale Politik zu entwickeln, findet sich außerdem noch bei Ochy Curiel, die diese aus feministischer Sicht einfordert. Sie plädiert dafür, »kollektiv Gegenhegemonien herzustellen«[500] (was aus ihrer Sicht nicht mithilfe poststrukturalistischer Theorieansätze gelingen kann). Während

497 Ebd., S. 123.
498 Ebd., S. 165.
499 Vgl. ebd., S. 159.
500 Curiel 2011, a.a.O., S. 190.

sie einerseits im Anschluss an den autonomen Feminismus für eine basisdemokratische Mobilisierung plädiert, bleibt ihre Idee von gegenhegemonialer Praxis aber nicht auf eine bestimmte politische Strategie innerhalb der bestehenden Nationalstaaten beschränkt. Es gelte vielmehr, an der internationalistischen Tradition des Feminismus anzuknüpfen und angesichts der Globalisierung »transnationale Allianzen«[501] aufzubauen.

»Keine Frage der Theorie, sondern eine praktische Frage«: Probleme des Praxisbezugs

Kritisiert werden soll hier gar nicht die Ausrichtung an außerakademischer Praxis an sich. Es geht vielmehr um eine Problematisierung dieser Ausrichtung. An der Praxisorientierung sind vor allem vier Aspekte problematisch. Der erste betrifft die positive Konnotierung der (außerakademischen) Praxis selbst. Politische Praxis kann selbstverständlich nicht auf einen gesellschaftlichen Bereich beschränkt bleiben, schon gar nicht auf das intellektuelle oder, noch eingeschränkter, das akademische Feld. Das Problem mit der positiven Wertung außerakademischer Praxis in der dekolonialistischen Theorie besteht in gewissem Sinne in einem Vor-Urteil solchen Praktiken gegenüber: Während die akademische und wissenschaftliche Praxis dem mehr oder weniger korrupten ›westlichen Denken‹ zugerechnet wird, gründet sich die positive Orientierung an der außerakademischen Praxis der Benachteiligten und Ausgebeuteten im Wesentlichen und in eigentlich allen Varianten auf der Annahme, dass diese Praktiken der Subalternen, der Marginalisierten, der indigenen Gruppen oder der Neuen Sozialen Bewegungen per se oder zumindest doch im überwiegenden Ausmaß emanzipatorische Praktiken sind. Dussels Kritik an der Kritischen Theorie, sich nicht an der »Gemeinschaft der Unterdrückten«[502] zu orientieren, wird zugleich als Kritik formuliert, »sich nicht an die Seite der kollektiven Akteure der *Neuen* Sozialen Bewegungen« zu stellen, »die in einem globalen, weltweiten Horizont gegen das aktuelle Imperium agieren«[503]. Dabei wird stillschweigend davon ausgegangen, dass die Unterdrückten im Prinzip oder sogar ganz praktisch gegen die herrschende Weltordnung agieren und/oder eingestellt sind. Dussel denkt letzten Endes das ›Volk‹ als emanzipatorische

501 Ebd., S. 191.
502 Dussel 2013a, a.a.O., S. 120.
503 Ebd., S. 121.

soziale Bewegung. Eine transformative Macht, schreibt er, würde aus der Einforderung »unbefriedigter Bedürfnisse der *neuen* sozialen Bewegungen entstehen, durch die Kämpfe des Volkes für die *neuen* Rechte«[504]. Damit wird nicht nur das Volk als Bewegung gedacht, sondern immer auch als transformatorische, anti-hegemoniale Bewegung – das ist zweifellos eine sehr starke, normative Setzung, die sich gegen empirische Überprüfungen letztlich sperrt. Auch Rivera Cusicanquis Lob und Verallgemeinerung der egalitären Beziehungen innerhalb der Aymara-Gemeinden – »Sie kennen keine Herrscherschichten«[505] – weisen in eine ganz ähnliche Richtung. Konservative, reaktionäre Praktiken in indigenen Gemeinden und/oder in sozialen Bewegungen kommen konzeptionell nicht vor. Marginalisierte Praktiken werden tendenziell (wenn nicht gar essenziell) als emanzipatorische gedacht.

Gegen eine starke Entgegensetzung von Praxis und Theorie, womit ja auch eine starke Gegenüberstellung von außerakademischer Mobilisierung auf der einen und wissenschaftlicher Tätigkeit auf der anderen Seite einhergeht, sprechen aus meiner Sicht drei weitere Gründe: Neben der positiven Aufladung der außerakademischen Praxis scheint mir zweitens die Frage, *ob* dekolonialistische Theorie innerhalb des akademischen Betriebes glaubhaft zu betreiben ist, relativ müßig zu sein, weil es nicht zuletzt um dekolonialistische *Theorie* geht und ein Ort von Theorieproduktion nun mal die Universitäten sind (was nicht ausschließt, dass auch anderswo Theorie produziert wird). Wenn es ein Trick der westlichen Moderne ist, wie Boaventura de Sousa Santos in Bezug auf die Universitäten meint, Intellektuellen die Produktion revolutionärer Idee zu erlauben, »allerdings nur im Umfeld reaktionärer Institutionen«[506], müsste es eben darum gehen, den Trick durchschaubar zu machen und das Wissen aus den Institutionen herauszubringen und über sie hinaus auszuweiten. Diese Reflexion der eigenen, wissenschaftlichen Praxis mit dem Ziel, sie für emanzipatorische Veränderungen fruchtbar zu machen, erscheint nicht zuletzt auch angesichts der häufig unreflektierten Praxis der dekolonialistischen Theoretiker*innen selbst geboten: Die ganzen Appelle von gut bezahlten Akademiker*innen an ›westlichen‹ Universitäten, mit dem Universitätssystem zu brechen,

504 Dussel 2013b, a.a.O., S. 155.
505 Rivera Cusicanqui 2010, a.a.O., S. 358.
506 Sousa Santos 2018, a.a.O., S. 17.

scheinen wenig glaubwürdig und der Beantwortung der Frage nach Konsequenzen in der und für die Praxis eher abträglich.

Drittens wäre ja auch grundsätzlich zu hinterfragen, ob die Trennung von Theorie und Praxis überhaupt so typisch für ›westliches Denken‹ ist. Schließlich hat sich auch ›westliche‹ kritische Theorie sowohl der außertheoretischen Praxis zugewandt, als auch die Trennung von Theorie und Praxis reflektiert.

Die Behauptung, die westliche Wissenschaft grenze subalterne Praktiken aus und/oder interessiere sich nicht für die Praktiken der Subalternen, muss sämtliche Traditionen ausblenden, die sich genau solchen Praktiken gewidmet haben: Auch wenn er noch keine Oral History kannte oder betrieben hat, hatte doch schon Karl Marx in den Feuerbachthesen seine Aufmerksamkeit auf die »praktische Tätigkeit« der Menschen gelegt und damit einen Forschungsfokus auch für kritische Sozialwissenschaften vorgegeben. »Die Frage, ob dem menschlichen Denken gegenständliche Wahrheit zukomme«, schrieb Marx, »ist keine Frage der Theorie, sondern eine *praktische* Frage«[507]. Aufgegriffen wurde dieser Fokus nicht nur in Antonio Gramscis Philosophie der Praxis und den an ihn teilweise anschließenden britischen Cultural Studies. Gramsci war sehr daran gelegen, den Marxismus als Philosophie der Praxis zu begreifen, die zwar als »Kritik des ›Alltagsverstandes‹«[508] fungieren sollte, aber nicht ohne zuvor »sich auf den Alltagsverstand gestützt«[509] zu haben. Gramsci leitete damit nicht nur auf politischer Ebene eine Abkehr vom leninistischen Avantgarde-Konzept ein, sondern ebnete auch in analytischer Hinsicht den Weg zu einer Fokussierung auf und Wertschätzung von Praktiken aus nicht-hegemonialen, marginalisierten Positionen im sozialen Raum. Diese Fokusverschiebung hat zumindest Dussel auch wahrgenommen, der sich in seiner Beschreibung popularer Praktiken explizit auf Gramsci bezieht.[510] Ein nicht weniger bedeutsamer, wenn auch fast vergessener Diskursstrang in Sachen Praxis war jener, der sich in den 1960er-Jahren im Kontext der Praxisgruppe in Jugoslawien herausgebildet hatte, die ebenfalls an das Marx'sche Diktum zur Praxis

507 Karl Marx: »Thesen über Feuerbach«. In: Karl Marx und Friedrich Engels: *MEW*, Band 3. Berlin: Dietz Verlag 1958, S. 5–7, hier S. 5.

508 Antonio Gramsci: *Gefängnishefte*, Band 6, Heft 11, § 12. Hamburg: Argument Verlag 1999, S. 1382.

509 Ebd.

510 Vgl. Dussel 2013b, a.a.O., S. 96ff.

anschloss – und explizit nach deren Verhältnis zur Theorie gefragt hatte.[511] In ihrer Orientierung am frühen Marx forderten die Philosoph*innen dieser Gruppe unter Bezugnahme auf den Praxisbegriff »die rücksichtslose Kritik alles Bestehenden, die humanistische Vision einer wirklich menschlichen Welt und die Inspiration der Kräfte des revolutionären Handelns«[512]. In politisch weniger expliziten Worten und zunächst stark analytisch ausgerichtet, hatte nicht zuletzt auch Pierre Bourdieu mit seinem *Entwurf einer Theorie der Praxis* (wie auch in späteren Arbeiten) immer wieder an der Praxis angesetzt, nicht nur um Herrschaftsverhältnisse zu beschreiben, sondern auch, um sie zu kritisieren. Inwiefern »ein symbolisches strukturiertes Umfeld [...] unmittelbar auf die Praxis«[513] der Beherrschten einwirkt, hat Bourdieu zudem nicht nur abstrakt hergeleitet, sondern am Beispiel der kolonialen Situation in Algerien empirisch erhoben.

Zudem ist die Entgegensetzung von Theorie und Praxis also auch innerhalb der kritischen Tradition ›westlichen Denkens‹ vielfach diskutiert worden. So wandte sich Max Horkheimer etwa in den 1930er-Jahren gegen eine scharfe Trennung zwischen Theorie und Praxis, um zu betonen, dass auch Theorie als eine Form von Praxis zu begreifen sei. Das war letztlich auch eine Konsequenz aus der Distanznahme der Kritischen Theorie zur (Praxis der) Arbeiter*innenbewegung. Die Theorie sei keineswegs dazu verdammt, rein wissenschaftliches und/oder akademisches Wissen zu produzieren, wie Horkheimer 1937 in seiner Abgrenzung von kritischer zu traditioneller Theorie schrieb: Kritische Theorie treibe demnach, anders als die traditionelle Theorie, durchaus »zur Transformation des gesellschaftlichen Ganzen«[514]. Theorieproduktion selbst wäre demnach auch als eine spezifische Form von emanzipatorischer Praxis zu verstehen. Von Horkheimer ausgehend lässt sich meines Erachtens durchaus proklamieren, dass auch theoretische Interventionen andere als theoretische Praxis betreffen und auf sie einwirken kann. Darüber hinaus gibt es aus meiner Sicht auch

511 Vgl. etwa Frederik Fuß (Hg.): *Der vergessene Marxismus. Beiträge der jugoslawischen Praxisgruppe.* Moers: Syndikat A 2019.

512 Philosophische Zeitschrift Praxis: »Wozu Praxis?« [1964]. In: Boris Kanzleiter und Krunoslav Stojakovic (Hg.): *1968 in Jugoslawien. Studentenproteste und kulturelle Avantgarde zwischen 1960 und 1975.* Berlin: Dietz Verlag 2008, S. 210–211, hier S. 211.

513 Pierre Bourdieu: *Entwurf einer Theorie der Praxis auf der ethnologischen Grundlage der kabylischen Gesellschaft.* [1972] Frankfurt am Main: Suhrkamp Verlag 2009, 2. Aufl., S. 189.

514 Horkheimer 1992, a.a.O., S. 236.

keinen triftigen Grund, warum eine solche theoretisch-interventionistische Praxis nicht auch auch dekolonialistisch sein könnte. Auch wenn die mittlerweile klassische Kritische Theorie der 1920er- bis 1960er-Jahre sich dem Kolonialismus kaum gewidmet hat, ihr Anspruch wäre durchaus auch dekolonialistisch umzusetzen.

Viertens wäre im Anschluss an Horkheimer noch ein weiterer zentraler Punkt anzumerken und zu kritisieren. Edgardo Lander hat argumentiert, die Sozialwissenschaften hätten durch ihre Involviertheit in das koloniale Dispositiv des Wissens mit zu dessen Naturalisierung beigetragen.[515] Die Trennungen Moderne vs. Tradition usw. erscheinen im Alltag als natürlich, die aus ihr resultierenden Ungleichheits- und Ausbeutungsverhältnisse werden deshalb in der Tendenz nicht selten hingenommen. Eine dekolonialistische Theorie hat dementsprechend zu aller erst die Aufgabe, das Soziale zu denaturalisieren, also aufzuzeigen, dass alle sozialen Tatsachen Effekte historischer Praxis und eben nicht natürlich gegeben sind. Das allerdings, dieser Anspruch, ist keineswegs ein Alleinstellungsmerkmal der dekolonialistischen Theorie. Er gilt vielmehr für jede kritische Theorie seit Karl Marx, und nicht zuletzt Horkheimer hat diesen Anspruch noch einmal explizit gemacht. Er wendet sich gegen die Behauptung »absoluter Notwendigkeit des Geschehens«[516], und zwar unter anderem mit dem Argument, dass sie zur »Resignation in der Praxis«[517] führen würde. Es lässt sich ohne Weiteres argumentieren, dass es einer der zentralen Einsätze kritischer Theorie überhaupt ist – und damit weit über Horkheimer und die Kritische Theorie mit großem K hinausgehend –, die Denaturalisierung des Sozialen auf ihre Fahnen geschrieben zu haben. Dem ›westlichen Denken‹ und damit auch diesen Denktraditionen eine Naturalisierung zu unterstellen, ist eine schlicht unhaltbare Behauptung.

Innerhalb der dekolonialistischen Ansätze treten diese Problematiken selbstverständlich nicht alle gleichermaßen und in derselben Heftigkeit auf. Breny Mendoza etwa plädiert dafür, den »grundlegenden Einfluss anzuerkennen, den die Rassialisierung und die Genderisierung gehabt haben, um die Vergangenheit zu verstehen und die Kräfte zu stärken, um die

515 Vgl. Lander 2000, a.a.O., S. 20 f.
516 Horkheimer 1992, a.a.O., S. 248.
517 Ebd.

Gegenwart zu verändern und um die Strategien für eine andere Zukunft sichtbar zu machen«[518]. Diesem Plädoyer ist letztlich ohne theoretische Auseinandersetzung nicht gerecht zu werden. Ein Buchuntertitel wie »pensamiento anticolonial y feminismos descoloniales« (»antikoloniales Denken und dekolonialistische Feminismen«), unter dem sich auch Mendozas Text versammelt findet, macht zudem deutlich, dass die Existenz eines antikolonialen Denkens (und nicht nur dekolonisierender Praxis) von vielen für eine Selbstverständlichkeit gehalten wird.

Um schließlich keine Missverständnisse aufkommen zu lassen: Die Theorie gegenüber der außerakademischen Praxis als Maßstab für deren Legitimation zu verteidigen, bedeutet im Umkehrschluss nicht, diese (nichtakademische Praxis) für irrelevant zu erklären. Insbesondere die zu sozialen Bewegungen formierten Formen von Praxis können als Terrains von Wissensproduktion, aber auch selbst als Produzent*innen bzw. Produktionsformen von Wissen verstanden werden. Zum einen sind soziale Bewegungen als Terrain oder »entscheidende Schauplätze«[519] zu verstehen, auf denen sich die Sinn- und Bedeutungsproduktion als Teil des Politischen erweist. Die Analyse der Bewegungen muss dabei, wie Raúl Zibechi vorgeschlagen hat, »nicht mehr von den Organisationsformen und dem Repertoire der Mobilisierungen, sondern von den sozialen Beziehungen und Territorien [ausgehen], anders gesagt: von den Strömen und Kreisläufen und nicht von den Strukturen«[520]. Zum anderen können soziale Bewegungen und alltägliche Praktiken darüber hinaus nicht nur Schauplätze, sondern selbst auch avancierte Wissensproduzent*innen sein. Auch als solche können und sollten sie etwa »von den Ansätzen, Aktivismen und Reflexionen von rassialisierten Frauen«[521] und anderen Marginalisierten ausgehen. Soziale Bewegungen als Wissensproduzent*innen ernstzunehmen, ist ein Verdienst aller praxistheoretischen Ansätze, die seit Antonio Gramsci, Edward P. Thompson und den britischen Cultural Studies betonen, dass Sozial- und Kulturtheorie immer auch von außertheoretischer Praxis motiviert ist und sich insofern nicht ohne sie verstehen lässt. Dieses Verdienst ist sicherlich

518 Mendoza 2019, a.a.O., S. 65.

519 Álvarez, Dagnino und Escobar 2004, a.a.O., S. 35.

520 Raúl Zibechi: *Territorien des Widerstands. Eine politische Kartographie der urbanen Peripherien Lateinamerikas*. Hamburg: Assoziation A 2011, S. 32.

521 Ochoa Muñoz und Garzón Martínez 2019, a.a.O., S. 12.

auch der dekolonialistischen Theorie und der von ihr motivierten Forschung anzurechnen.

Auf beiden Ebenen – Bewegungen als Schauplätze und Bewegungen als Wissensproduzent*innen – werden sowohl Elemente aus anarchistischen wie auch aus indigenen sozialen Bewegungen aufgegriffen: Das Herstellen von »Verbindungen mit lokalen Praktiken und Wissenstraditionen«[522] weist etwa Daniel Loick als typisch für anarchistisch inspirierte, antikoloniale Politiken aus; ein Politikverständnis, das aus den alltäglichen Praktiken erwächst und weniger auf institutionalisierte Repräsentationsformen abzielt, findet sich in vielen indigenen sozialen Bewegungen. Dies hat schließlich auch Effekte auf die sozialwissenschaftlichen Perspektiven gezeitigt. Die in der Einleitung erwähnte »Deklaration von Barbardos« von 1971, die die Anthropologie auf die Befreiung der Indigenen ausrichten wollte, war bereits ein solcher Effekt. Seitdem, schreibt etwa Alicia Barabas, würden die Indigenen nicht mehr vor allem im Hinblick auf ihre ökonomische Position wahrgenommen, sondern auch als Subjekte mit ihrer Fähigkeit, »den Kampf um die eigenen Rechte«[523] zu führen. Diese Perspektive habe sich spätestens mit dem zapatistischen Aufstand noch gefestigt. Ein dekolonialistischer Anspruch ist so gesehen erst durch die dekolonialistischen sozialen Bewegungen in die Sozial- und Kulturtheorie eingebracht und durch stete Kämpfe um dessen Legitimation dort etabliert worden.

Die nicht oder wenig repräsentierten, zu keiner hegemonialen Form sich durchsetzenden Gruppen von Menschen sollten selbstverständlich immer auch im Fokus einer an der Abschaffung sozialer Ungleichheit interessierten Sozialforschung und Sozialtheorie stehen. Allerdings: An den Erfahrungen und Ideen aus diesen nicht-repräsentierten, marginalisierten Positionen anzusetzen, muss – anders als das Gros dekolonialistischer Theorieansätze es nahelegt – nicht notwendigerweise bedeuten, sie als emanzipatorisch vorauszusetzen und/oder per se inhaltlich zu befürworten.

522 Loick 2017, a.a.O., S. 169.

523 Alicia Barabas: »La influencia de Barbados en México a cincuenta años de la declaración«. In: Alberto Chirif (Hg.): *Por la conquista de la autodeterminación. En el cincuentenario de la Declaración de Barbados*. Lima/Kopenhagen: Grupo Internacional de trabajo sobre asuntos indígenas 2021, S. 179–197, hier S. 186.

Literatur

AA.VV. *Auroras of the Zapatistas. Local and Global Struggles of the Fourth World War.* Brooklyn/Jamaica Plain: Autonomedia/Midnight Notes 2001.

Althusser, Louis: *Für Marx.* [1965] Berlin: Suhrkamp Verlag 2011.

Álvarez, Sonia E./Dagnino, Evelina/Escobar, Arturo (Hg.): *Culture of Politics – Politcs of Culture. Revisioning Latin American Social Movements.* Boulder: Westview Press 1998.

Álvarez, Sonia E./Dagnino, Evelina/Escobar, Arturo: »Kultur und Politik in Sozialen Bewegungen Lateinamerikas.« In: Olaf Kaltmeier/Kastner, Jens/Tuider, Elisabeth (Hg.): *Neoliberalismus – Autonomie – Widerstand. Soziale Bewegungen in Lateinamerika.* Münster: Verlag Westfälisches Dampfboot 2004, S. 31–58.

Amin, Samir: *Delinking. Towards a Polycentric World.* [1985] London und New Jersey: Zed Books 1990.

Andersson, Jan Otto: Imperialismus. In: *Historisch-kritisches Wörterbuch des Marxismus*, Band 6.I. Hamburg: Argument Verlag 2004, S. 848–864.

Andrade Guevara, Victor Manuel: »La Teoría Crítica y el pensamiento decolonial: hacia un proyecto emancipatorio post-occidental«. In: *Revista Mexicana de Ciencias Políticas y Sociales*, Nueva Epóca, Año LXV, núm. 238, Januar – April 2020, S. 131–154.

Angermüller, Johannes/Bellina, Leonie: »Poststrukturalismus und Postkolonialismus. Jacques Derridas ›Grammatologie‹ sowie Gilles Deleuzes und Félix Guattaris ›Tausend Plateaus‹«. In: Reuter, Julia/Karentzos, Alexandra (Hg.): *Schlüsselwerke der Postcolonial Studies.* Wiesbaden: VS Verlag für Sozialwissenschaften 2012, S. 27–37.

Anzaldúa, Glória E.: *Borderlands/La Frontera. The New Mestiza* [1987]. San Francisco: Aunt Lute Books 2012.

Azzellini, Dario/Kanzleiter, Boris (Hg.): *Das Unternehmen Krieg. Paramilitärs, Warlords und Privatarmeen als Akteure der neuen Kriegsordnung.* Hamburg: Assoziation A 2003.

Ballestero, Diego: »Koloniale Hegemonien benennen und herausfordern«. In: *ila*, Bonn, Nr. 432, Februar 2020, S. 4–6.

Barabas, Alicia: »La influencia de Barbados en México a cincuenta años de la declaración«. In: Chirif, Alberto (Hg.): *Por la conquista de la autodeterminación. En el cincuentenario de la Declaración de Barbados.* Lima/Kopenhagen: Grupo Internacional de trabajo sobre asuntos indígenas 2021, S. 179–197.

Barre, Marie Chantal: »Políticas indigenistas y reivindicaciones indias en América Latina 1940–1980«. In: Bonfil, Guillermo et al.: *América Latina: etnodesarrollo y etnocidio.* San José, Costa Rica: FLACSO 1982, S. 39–82.

Beck, Ulrich: *Weltrisikogesellschaft. Auf der Suche nach der verlorenen Sicherheit.* Frankfurt am Main: Suhrkamp Verlag 2007.

Beigel, Fernanda: »Das Erbe des lateinamerikanischen Dependentismo und die Aktualität des Begriffs der Abhängigkeit.« In: *Journal für Entwicklungspolitik,* Vol. XXXI, 3/2015, S. 11–38.

Beverly, John/Oviedo, José/Aronna, Michael (Hg.): *The Postmodern Debate in Latin America.* Durham und London 1995: Duke University Press.

Boatcă, Manuela: »Die zu Ende gedachte Moderne – Alternative Theoriekonzepte in den lateinamerikanischen und osteuropäischen Peripherien.« In: Schwinn, Thomas (Hg.): *Die Vielfalt und Einheit der Moderne.* Wiesbaden: Springer VS 2006, S. 281–304.

Bourdieu, Pierre: »Der Begriff ›Volk‹ und sein Gebrauch«. In: Ders.: *Rede und Antwort.* Frankfurt am Main: Suhrkamp Verlag 1992, S. 167–173.

Bourdieu, Pierre: *Entwurf einer Theorie der Praxis auf der ethnologischen Grundlage der kabylischen Gesellschaft.* [1972] Frankfurt am Main: Suhrkamp Verlag 2009, 2. Aufl.

Bourdieu, Pierre: »Für eine Soziologie der Soziologen« [1975]. In: Ders.: *Algerische Skizzen.* Berlin: Suhrkamp Verlag 2010, S. 443–450.

Briones, Claudia: *Conflictividades interculturales. Demandas indígenas como crisis fructíferas.* UNSAM Edita: Buenos Aires 2020.

Browitt, Jeff: »La teoría decolonial: buscando la identidad en el mercado académico«. In: *Cuadernos de Literatura,* Vol. XIII, No. 36, Julio–Diciembre 2014, S. 25–46.

Brubakers, Rogers: *Ethnizität ohne Gruppen.* Hamburg: Hamburger Edition 2007.

Bruckner, Pascal: *Der eingebildete Rassismus. Islamophobie und Schuld.* Berlin: Edition Tiamat 2020.

Brunner, Claudia: *Epistemische Gewalt. Wissen und Herrschaft in der kolonialen Moderne.* Bielefeld: Transcript Verlag 2020.

Butler, Judith: *Die Macht der Gewaltlosigkeit.* Berlin: Suhrkamp Verlag 2020.

Castro-Gómez, Santiago: »(Post)Coloniality for Dummies. Latin American Perspectives on Modernity, Coloniality, and the Geopolitics of Knowledge«. In: Moraña, Mabel/Dussel, Enrique/Járegui, Carlos A. (Hg.): *Coloniality at Large. Latin America and the Postcolonial Debate.* Durham & London: Duke University Press 2008, S. 259–285.

Castro Varela, María do Mar: »Postkolonial, dekolonial oder doch antikolonial? Ein Plädoyer für ein supplementierendes Denken«. In: Steger, Rebecca/Ludwig, Marie/Brychy, Julia/Pütz, Pütz/Sell, Kyra (Hg.): *Subalternativen. Postkoloniale Kritik und dekolonialer Widerstand in Lateinamerika.* Münster: edition assemblage 2016, S. 63–78.

Chirif, Alberto (Hg.): *Por la conquista de la autodeterminación. En el cincuentenario de la Declaración de Barbados.* Lima/Kopenhagen: Grupo Internacional de trabajo sobre asuntos indígenas 2021.

Collier, George A./Lowery Quaratiello, Elizabeth: *Land and the Zapatistas. Rebellion in Chiapas.* Oakland: Food First Books1994.

Curiel, Ochy: »›Desde la experiencia‹. Entrevista a Ochy Curiel. Mónica Cejas«. In: *Andamios*, Vol. 8, Número 17, September-Dezember 2011, S. 181–197.

Curiel, Ochy: »La descolonización desde una propuesta feministia crítica«. In: Agència Catalana de Cooperació al Desenvolupament (Hg.): *Descolonización y despatriacalización de y desde los feminismos de Abya Yala*. Barcelona: ACSUR 2015, S. 11–25.

D'Arcangelis, Carol-Lynne: »Feministische Aufrufe des Dekolonialen. Widerstand und Wiederaufleben in den Arbeiten von María Lugones und Leanne Betasmosake Simpson.« In: *Peripherie. Politik – Ökonomie – Kultur*, Nr. 157/158, 40. Jg., 2020, S. 24–67.

Därmann, Iris: *Undienlichkeit. Gewaltgeschichte und politische Philosophie*. Berlin: Matthes & Seitz 2020.

Davis, Angela Y.: *Freiheit ist ein ständiger Kampf.* Münster: Unrast Verlag 2016.

Div.: »Por un pacto social, ecológico, económico e intercultural para América Latina«, https://pactoecosocialdelsur.com (19.05.2021)

Dube, Saurabh/Benerjee, Ishita (Hg.): *Otras Modernidades. Teorias, Culturas, Identidades*. México D.F.: El Colegio de México 2011.

Dussel, Enrique: *Ethik der Gemeinschaft. Die Befreiung in der Geschichte*. Düsseldorf: Patmos Verlag 1988.

Dussel, Enrique: *The Invention of the Americas: Eclipse of ›the Other‹ and the Myth of Modernity*. New York: Continuum 1995.

Dussel, Enrique: *Hacia una Filosofía Política Crítica*. Bilbao: Editorial Desclée de Brouwer, S.A. 2001.

Dussel, Enrique: *Materiales para una Política de la Liberación*. Mexico D.F.: Plaza y Valdés Editores 2007.

Dussel, Enrique: »El trabajador intelectual y América Latina. « [1964] In: Ders.: *América Latina, Dependencia y Liberación*. Buenos Aires: Docencia 2012, S. 18–23.

Dussel, Enrique: *Der Gegendiskurs der Moderne. Kölner Vorlesungen*. Wien/Berlin: Verlag Turia + Kant 2013a.

Dussel, Enrique: *20 Thesen zur Politik*. Münster: Lit Verlag 2013b.

Echeverría, Bolívar: »Der barocke Schlüssel Lateinamerikas«. In: Ders.: *Für eine alternative Moderne. Studien zu Krise, Kultur und Mestizaje*. Hamburg: Argument Verlag 2021a, S. 194–205.

Echeverría, Bolívar: »15 Thesen zu Moderne und Kapitalismus«. In: Ders.: *Für eine alternative Moderne. Studien zu Krise, Kultur und Mestizaje*. Hamburg: Argument Verlag 2021b, S. 79–134.

Echeverría, Bolívar: »Flüchtige Identität«. In: Ders.: *Für eine alternative Moderne. Studien zu Krise, Kultur und Mestizaje*. Hamburg: Argument Verlag 2021c, S. 206–223.

Echeverría, Bolívar: »Chiapas und die unvollendete Eroberung. Gespräch mit Carlos Antonio Aguirre Rojas«. In: Ders.: *Für eine alternative Moderne. Studien zu Krise, Kultur und Mestizaje*. Hamburg: Argument Verlag 2021d, S. 27–44.

Echeverría, Bolívar/Kurnitzky, Horst: »Vorwort«. In: Dies. (Hg.): *Kritik des bürgerlichen Antiimperialismus. Entwicklung und Unterentwicklung. Acht Analysen zur neuen Revolutionstheorie in Lateinamerika*. Berlin: Wagenbach Verlag 1969, S. 7–13.

Edthofer, Julia: »Israel as Neo-Colonial Signifier?. Challenging De-Colonial Anti-Zionism«. In: *Journal for the Study of Antisemitism*, Vol. 7, Issue #2 2015, Wien, S. 31–51.

Escobar, Arturo: »›Worlds and Knowledges Otherwise‹. The Latin American modernity/coloniality Research Program.« In: *Cultural Studies*, Vol. 21, 2-3/2007, S. 179–210.

Espinosa Miñoso, Yuderkys: »De por qué es necesario un feminismo descolonial: diferenciación, dominación co-constitutiva de la modernidad occidental y el fin de la política de identidad«. In: *Solar*, Año 12, Volumen12, Número 1, Lima 2016, S. 141–171.

Exner, Isabel/Rath, Gudrun (Hg.): *Lateinamerikanische Kulturtheorien. Grundlagentexte*. Konstanz: Konstanz University Press 2015.

EZLN: »Erste Erklärung aus dem Lakandonischen Urwald«. In: Hanna Mittelstädt und Lutz Schulenburg (Hg.): *Der Wind der Veränderung. Die Zapatistas und die soziale Bewegung in den Metropolen. Kommentare und Dokumente*. Hamburg: Edition Nautilus 1997, S. 79–82.

Fanon, Frantz: *Die Verdammten dieser Erde*. Frankfurt am Main: Suhrkamp Verlag 1981.

Fanon, Frantz: *Aspekte der Algerischen Revolution*. Frankfurt am Main: Suhrkamp Verlag 1969.

Frank, Andre Gunder: *Abhängige Akkumulation und Unterentwicklung*. Frankfurt am Main: Suhrkamp Verlag 1980.

Fuß, Frederik (Hg.): *Der vergessene Marxismus. Beiträge der jugoslawischen Praxisgruppe*. Moers: Syndikat A 2019.

Gago, Verónica: *Für eine feministische Internationale. Wie wir alles verändern*. Münster: Unrast Verlag 2021.

Galceran Huguet, Montserrat: *La bárbara Europa. Una mirada desde el postcolonialismo y la descolonialidad*. Madrid: Traficantes del Sueño 2016.

Galindo, Maria: »Öffentlichkeiten der Mujeres Creando. Wir besetzen das Fernsehen genauso wie die Straße«. In: Gerald Raunig und Ulf Wuggenig: *Publicum. Theorien der Öffentlichkeit*. Wien: Verlag Turia + Kant 2005, S. 204–211.

Galindo, Maria: »Evo Morales y la descolonización fálica del Estado Boliviano. Un análisis feminista sobre el proceso a la Asamblea Constituyente en Bolivia«. In: *Mujeres en Red. Periódico Feminista*, 06-2006, http://www.mujeresenred.net/spip.php?article612

Gandler, Stefan: *Peripherer Marxismus. Kritische Theorie in Mexiko*. Hamburg: Argument Verlag 1999.

Garbe, Sebastian: »Das Projekt Modernität/Kolonialität – Zum theoretischen/akademischen Umfeld des Konzepts der Kolonialität der Macht.« In: Quintero,

Pablo/Garbe, Sebastian (Hg.): *Kolonialität der Macht. De/Koloniale Konflikte: zwischen Theorie und Praxis*. Münster: Unrast Verlag 2013, S. 21–45.

García Canclini, Néstor: *Transforming Modernity. Popular Culture in Mexico*. Austin: University of Texas Press 1993.

García Canclini, Néstor: »Cultural Studies and revolving doors«. In: Hart, Stephen/Young, Richard (Hg.): *Latin American Cultural Studies*. London: Hooder 2003, S. 12–23.

García Canclini, Néstor: *Hybrid Cultures. Strategies for entering and leaving modernity*. [1990] Minneapolis/London: University of Minnesota Press 2005.

García Canclini, Néstor: *Diferentes, Desigualdades y Desconectados. Mapas de la Interculturalidad*. Barcelona: Gedisa Editorial 2008, 3. Aufl.

Gómez Muller, Alfredo: *Anarquismo y anarcosindicalismo en América Latina. Colombia, Brasil, Argentina, México*. Medellín: La Carreta Editores 2009.

Gonzalez Casanova, Pablo: »Internal Colonialism and National Development«. In: *Studies in Comparative International Development*, 1/1965, S. 27–37.

Gramsci, Antonio: *Gefängnishefte*, Band 6. Hamburg: Argument Verlag 1999.

Graneß, Anke/Kopf, Martina/Kraus, Magdalena: *Feministische Theorie aus Afrika, Asien und Lateinamerika*. Wien: Facultas Verlag 2019.

Grosfoguel, Ramón: »Developmentalism, Modernity, and Dependency Theory in Latin America.« In: Moraña, Mabel/Dussel, Enrique/Járegui, Carlos A. (Hg.): *Coloniality at Large. Latin America and the Postcolonial Debate*. Durham & London: Duke University Press 2008, S. 307–331.

Grosfoguel, Ramón: »Human Rights and Anti-Semitism After Gaza«. In: *Human Architecture. Journal of the Sociology of Self-Knowledge*, VII.2, Frühjahr 2009, S. 89–101.

Grosfoguel, Ramón: »Caos sistémico, crisis civilizatoria y proyectos descoloniales: pensar más allá del proceso civilizatorio de la modernidad/colonialidad«. In: Romero-Lascano, José (Hg.): *Encuentros descoloniales. Memorias de la primera Escuela de Pensamiento Descolonial Nuestramericano*. Caracas: El Perro y La Rana 2018, S. 61–89.

Grünberg, Georg: »›Für die Befreiung der Indianer‹. 50 Jahre Deklaration von Barbados«. In: *Lateinamerika Anders*, Wien, 46. Jg., Nr. 2/2021, Mai 2021, S. 30–31.

Guevara, Ernesto Che: »Taktiken und Strategien der lateinamerikanischen Revolution« [1962]. In: Echeverría, Bolívar/Kurnitzky, Horst (Hg.): *Kritik des bürgerlichen Antiimperialismus. Entwicklung und Unterentwicklung. Acht Analysen zur neuen Revolutionstheorie in Lateinamerika*. Berlin: Wagenbach Verlag 1969, S. 132–145.

Guevara, Ernesto Che: »Botschaft an die Völker der Welt« [1967]. In: Ders.: *Schriften zum Internationalismus. Ausgewählte Werke in Einzelausgaben, Band 4*. Bonn: Pahl-Rugenstein 2003, 2. Aufl., S. 213–231.

Gutiérrez Rodríguez, Encarnación/Boatcă, Manuela/Costa, Sérgio (Hg.): *Decolonizing European Sociology. Transdisciplinary Approaches*. Farnham/Burlington: Ashgate Publishers 2010.

Guzmán Arroyo, Adriana: »›Ein für den Kampf der Völker nützlicher Feminismus‹. Ausgehend von Bolivien hat sich in Lateinamerika in den vergangenen Jahren eine Bewegung des kommunitären Feminismus entwickelt«, in: amerika21, 01.02.2016, https://amerika21.de/blog/2016/01/142165/kommunitaerer-feminismus

Guzmán, Nataly/Triana, Diana: »Julieta Paredes: hilando el feminismo comunitario«, in: *Ciencia Política*, VOL. 14, No. 28, Jul-Dic 2019, S. 23–47.

Habermas, Jürgen: *Der philosophische Diskurs der Moderne. Zwölf Vorlesungen*. Frankfurt am Main: Suhrkamp Verlag 1985.

Hall, Stuart: »Der Thatcherismus und die Theoretiker«. In: Ders.: *Ideologie. Kultur. Rassismus. Ausgewählte Schriften 1*. Hamburg: Argument Verlag 1989, S. 172–296.

Hall, Stuart: *Vertrauter Fremder. Ein Leben zwischen zwei Inseln*. Hamburg: Argument Verlag 2020.

Horkheimer, Max: »Traditionelle und kritische Theorie« [1937]. In: Ders.: *Traditionelle und kritische Theorie. Fünf Aufsätze*. Frankfurt am Main: S. Fischer Verlag 1992, S. 205–259.

Kalmring, Stefan/Nowak, Andreas: »Marx über den Kolonialismus. Kolonialismus und antikolonialer Widerstand als Lernprozess und Erkenntnisbewegung«. In: *Z – Zeitschrift marxistische Erneuerung*, Nr. 85, März 2011, http://www.zeitschrift-marxistische-erneuerung.de/article/47.marx-ueber-den-kolonialismus.html

Kaltmeier, Olaf/Kastner, Jens/Tuider, Elisabeth (Hg.): *Neoliberalismus – Autonomie – Widerstand. Soziale Bewegungen in Lateinamerika*. Münster: Verlag Westfälisches Dampfboot 2004.

Kastner, Jens: »Staat und kulturelle Produktion. Ethnizität als symbolische Klassifikation und gewaltgenerierte Existenzweise.« In: Schultze, Michael/Meyer, Jörg/Krause, Britta/Fricke, Dietmar (Hg.): *Diskurse der Gewalt – Gewalt der Diskurse*. Frankfurt a. M./Berlin/Bern/Brüssel/New York/Oxford/Wien: Peter Lang. Europäischer Verlag der Wissenschaften 2005, S. 113–126.

Kastner, Jens: »Ist der Zapatismus ein Anarchismus?« In: Degen, Hans-Jürgen und Jochen Knoblauch (Hg.): *Anarchismus 2.0. Bestandsaufnahmen. Perspektiven*. Stuttgart: Schmetterling Verlag 2009, S. 122–138.

Kastner, Jens: *Alles für alle! Zapatismus zwischen Sozialtheorie, Pop und Pentagon*. Münster: Edition Assemblage 2011.

Kastner, Jens: »Klassifizierende Blicke, manichäische Welt. Frantz Fanon: ›Schwarze Haut, weiße Masken‹ und ›Die Verdammten dieser Erde‹.« In: Reuter, Julia/Karentzos, Alexandra (Hg.): *Schlüsselwerke der Postcolonial Studies*. Wiesbaden: VS Verlag 2012, S. 85–95.

Kastner, Jens: »Handlungsmacht, Struktur, Bewegung. Zur Rezeption der Kulturtheorie Pierre Bourdieus bei Néstor García Canclini«. In: Waibel, Tom/Sato, Hansel (Hg.): *Handlungsmacht, Ausdruck, Affekt. Zum Bedeutungswandel affektiver Aussageformen in Lateinamerika*. ¡Atención! Jahrbuch des

Österreichischen Lateinamerika Instituts, Band 16, Wien/Münster 2013 (Lit Verlag), S. 29–41.

Kastner, Jens: »Tod einer Handlungsmacht. Wie die postkolonialistische Theoretikerin Gayatri Chakravorty Spivak ihren eigenen Theorieansatz demontiert«. In: *graswurzelrevolution*, Münster, Nr. 414, Dezember 2016, S. 19.

Kastner, Jens: »Néstor García Canclini. Periphere Perspektiven: Von der Kunstsoziologie zur Ästhetik des Bevorstehenden«. In: Steuerwald, Christian (Hg.): *Klassiker der Soziologie der Künste. Prominente und bedeutende Ansätze*. Wiesbaden: Springer/VS 2016, S. 907–929.

Kastner, Jens/Waibel, Tom (Hg.): *...mit Hilfe der Zeichen | por medio de signos... Transnationalismus, soziale Bewegungen und kulturelle Praktiken in Lateinamerika*. Reihe Atención! Jahrbuch des Österreichischen Lateinamerika-Instituts., Bd. 13. Wien/Münster: Lit Verlag 2009.

Kastner, Jens/Waibel, Tom: »Dekoloniale Optionen. Argumentationen, Begriffe und Kontexte dekolonialer Theoriebildung«. In: Mignolo, Walter D.: *Epistemischer Ungehorsam. Rhetorik der Moderne, Logik der Kolonialität und Grammatik der Dekolonialität*. Wien: Verlag Turia + Kant 2012, S. 7–42.

Keim, Wiebke: *Vermessene Disziplin. Zum konterhegemonialen Potential afrikanischer und lateinamerikanischer Soziologien*. Bielefeld: Transcript Verlag 2008.

Kerkeling, Luz: »Basteln an zapatistischen Welten. Zehn Jahre EZLN-Solidarität in Deutschland«. In: *ila*, Bonn, Nr. 272, Februar 2004, S. 36–37.

Kerkeling, Luz: *¡La Lucha Sigue! Der Kampf geht weiter! EZLN – Ursachen und Entwicklungen des zapatistischen Aufstands*. Münster: Unrast Verlag, 2. aktualisierte Aufl. 2006.

Kersffeld, Daniel: *Contra el imperio. Historia de la Liga Antiimperialista de las Américas*. México: Siglo XXI 2012.

Kozel, Andrés/Grossi, Florencia/Moroni, Delfina: »Introducción«. In: Dies. (Hg.): *El imaginario antiimperialista en América Latina*. Buenos Aires: CLACSO 2015, S. 7–22.

Kravagna, Christian: *Transmoderne. Eine Kunstgeschichte des Kontakts*. Berlin: b_books 2017.

Küntzel, Matthias: »Islamischer Antisemitismus«. In: *Bundeszentrale für politische Bildung*, 30.04.2020, https://www.bpb.de/politik/extremismus/antisemitismus/307771/islamischer-antisemitismus

Lander, Edgardo (Hg.): *La colonialidad del saber: eurocentrismo y ciencias sociales. Perspectivas latinoamericanas*. Buenos Aires: CLACSO 2000.

Lander, Edgardo: »Ciencias sociales: saberes coloniales y eurocéntricos«. In: Ders. (Hg.): *La colonialidad del saber: eurocentrismo y ciencias sociales. Perspectivas latinoamericanas*. Buenos Aires: CLACSO 2000, S. 11–40.

Lander, Edgardo: *Crisis civilizatoria. Experiencias de los gobiernos progresistas y debates en la izquierda latinoamericana*. Bielefeld: Transcript/Bielefeld University Press 2019.

Las Casas, Bartolomé de: *Kurzgefaßter Bericht von der Verwüstung der Westindischen Länder*. Frankfurt am Main: Insel Verlag 1981.

Laurin, Stefan: »Es geht um alles«. In: *Jungle World*, Nr. 45/2020, Berlin, 05.11.2020, https://jungle.world/artikel/2020/45/es-geht-um-alles

Lenin, W.I.: »Der Imperialismus als höchste Stufe des Kapitalismus«. In: Ders.: *Werke*, Band 22. Berlin: Dietz Verlag 1960, S. 189–309.

Loick, Daniel: *Anarchismus zur Einführung*. Hamburg: Junius Verlag 2017.

López y Rivas, Gilberto: »EZLN: más fortalecido que nunca«. In: *La Jornada*, México D.F., 04. Januar 2013., https://www.jornada.com.mx/2013/01/04/opinion/019a1pol

Lugones, María: »The Coloniality of gender.« *Worlds & Knowledges Otherwise*, Spring 2008, S. 1–16.

Lugones, María: »Toward a Decolonial Feminism.« In: *Hypatia*, vol. 25, no. 4 (Fall, 2010), S. 742–759.

Maldonado-Torres, Nelson: »Secularism and Religion in the Modern/Colonial World-System: From Secular Postcoloniality to Postsecular Transmodernity«. In: Moraña, Mabel/Dussel, Enrique/Járegui, Carlos A. (Hg.): *Coloniality at Large. Latin America and the Postcolonial Debate*. Durham & London: Duke University Press 2008, S. 360-384.

Marcos, Sylvia: »Feminismos en camino decolonial«. In: Millán, Márgara (Hg.): *Más allá del feminismo: caminos para andar*. México D.F.: Red de Feminismos Descoloniales 2014, S. 15-34.

Mariátegui, José Carlos: »Das Problem der Rassen in Lateinamerika« [1929]. In: Ders.: *Revolution und peruanische Wirklichkeit. Ausgewählte politische Schriften*, hrsg. v. Eleonore von Oertzen. Frankfurt am Main: ISP Verlag 1986a, S. 112–154.

Mariátegui, José Carlos: »Antiimperialistische Gesichtspunkt«. In: Ders.: *Revolution und peruanische Wirklichkeit. Ausgewählte politische Schriften*, hrsg. v. Eleonore von Oertzen. Frankfurt am Main: ISP Verlag 1986b, S. 155–161.

Mariátegui, José Carlos: »La Imaginación y el progreso« [1924]. In: Ders.: *Literatura y estética*. Caracas: Fundación Biblioteco Ayacucho 2006, S. 77–81.

Marin, Lou/Blume Horst (Hg.): *Gandhi. »Ich selbst bin Anarchist, aber von einer anderen Art«*. Heidelberg: Verlag Graswurzelrevolution 2019.

Marx, Karl: »Thesen über Feuerbach«. In: Ders./Engels, Friedrich: *MEW*, Band 3, Berlin: Dietz Verlag 1958, S. 5–7.

Marx, Karl: *Das Kapital. Kritik der politischen Ökonomie*. In: Ders./Engels, Friedrich: *MEW*. Band 23, Berlin: Dietz Verlag 1962.

Marx, Karl/Engels, Friedrich: »Manifest der Kommunistischen Partei«. In: Dies.: *MEW*. Band 4, Berlin: Dietz Verlag 1977, S. 458–493.

Mascareño, Aldo: *Die Moderne Lateinamerikas. Weltgesellschaft, Region und funktionale Differenzierung*. Bielefeld: Transcript Verlag 2012.

Mayer, David: »Mit Marx im Gepäck. Lateinamerikanische Vorläufer im Versuch, (post-)koloniale Bedingungen zu denken.« In: Wemheuer, Felix (Hg.): *Marx und der globale Süden*. Köln: PapyRossa Verlag 2016, S. 145–169.

Mayer, David: »Rezension: Aníbal Quijano: *Kolonialität der Macht, Eurozentrismus und Lateinamerika*. Wien/Berlin: Turia + Kant 2016.« In: *Peripherie. Ökonomie, Kultur, Politik*, 40. Jg., Nr. 157/158, 1-2/2020, S. 199–201

Mendoza, Breny: »La *colonialidad del género y poder*: De la postcolonialidad a la decolonialidad«. In: Ochoa, Muñoz Karina (Hg.): *Miradas en torno al problema colonial. Pensamiento anticolonial y feminismos descoloniales en los Sures globales*. México D.F.: Ediciones Akal 2019, S. 35–69.

Mignolo, Walter D.: *The Idea of Latin America*. Malden, MA/Exford/Victoria: Blackwell Publishing 2005.

Mignolo, Walter: »Dispensable and Bare Lives. Coloniality and the Hidden Political/ Economic Agenda of Modernity«. In: *Human Architecture. Journal of the Sociology of Self-Knowledge*, VII.2, Frühjahr 2009, S. 69–88.

Mignolo, Walter D.: »The Darker Side of the Enlightenment. A Decolonial Reading of Kant's *Geography*«. In: Ders.: *The Darker Side of Western Modernity. Global Futures, Decolonial Options*. Durham & London: Duke University Press 2011a, S. 181–209.

Mignolo, Walter D.: »Coloniality. The Darker Side of Western Modernity«. In: Ders.: *The Darker Side of Western Modernity. Global Futures, Decolonial Options*. Durham & London: Duke University Press 2011b, S. 1–24.

Mignolo, Walter D.: »The Zapatista's Theoretical Revolution. Its Historical, Ethical, and Political Consequences«. In: Ders.: *The Darker Side of Western Modernity. Global Futures, Decolonial Options*. Durham & London: Duke University Press 2011c, S. 213–251.

Mignolo, Walter D.: *Epistemischer Ungehorsam. Rhetorik der Moderne, Logik der Kolonialität und Grammatik der Dekolonialität*. Wien: Verlag Turia & Kant 2012.

Mignolo, Walter D.: »What does it mean to decolonize? « In: Ders./Walsh, Catherine E.: *On Decoloniality. Concepts – Analytics – Praxis*. Durham und London: Duke University Press 2018, S. 105–134.

Millán, Márgara: »Indigene Frauen in der neuen Politik. Zu Fragen der Selbstrepräsentation.« In: Brand, Ulrich/Ceceña, Ana Esther (Hg.): *Reflexionen einer Rebellion. ›Chiapas‹ und ein anderes Politikverständnis*. Münster: Verlag Westfälisches Dampfboot 2000, S. 198–213.

Millán, Márgara: »Más allá del feminismo, a manera de presentación«. In: Dies. (Hg.): *Más allá del feminismo: caminos para andar*. México D.F.: Red de Feminismos Descoloniales 2014, S. 9–14.

Molden, Berthold: »Genozid in Vietnam. 1968 als Schlüsselereignis in der Globalisierung des Holocaustdiskurses«. In: Kastner, Jens/Mayer, David: *Weltwende 1968? Ein Jahr aus globalgeschichtlicher Perspektive*. Wien: Mandelbaum Verlag 2008, S. 83–97.

Moraña, Mabel/Dussel, Enrique/Járegui, Carlos A. (Hg.): *Coloniality at Large. Latin America and the Postcolonial Debate*. Durham & London: Duke University Press 2008.

Münker, Stefan/Roesler, Alexander: *Poststrukturalismus*. Stuttgart/Weimar: J.B. Metzler Verlag 2000.

Nassehi, Armin: *Der soziologische Diskurs der Moderne*. Frankfurt am Main: Suhrkamp Verlag 2009.

Niermann, Jan: *Schlingensief und das Operndorf. Analysen der Alterität*. Wiesbaden: Springer VS 2013.

Ohne Autor*in: *Indianidad y descolonización en América Latina: documentos de la Segunda Reunión de Barbados*. México D.F.: Nueva Imagen 1979.

Ochoa Muñoz, Karina: »Desplazamiento en la mirada: de los marxismos a los feminismos descoloniales«. In: Romero-Lascano, José (Hg.): *Encuentros descoloniales. Memorias de la primera Escuela de Pensamiento Descolonial Nuestramericano*. Caracas: El Perro y La Rana 2018, S. 177–211.

Ochoa Muñoz, Karina/Garzón Martínez, María Teresa: »Introducción«. In: Ochoa Muñoz, Karina (Hg.): *Miradas en torno al problema colonial. Pensamiento anticolonial y feminismos descoloniales en los Sures globales*. México D.F.: Ediciones Akal 2019, S. 5–32.

Ortiz, Fernando: *Tabak und Zucker. Ein kubanischer Disput*. Frankfurt am Main: Insel Verlag 1987.

Ortiz, Fernando: »Vom Phänomen der ›Transkulturation‹ und von seiner Bedeutung in Kuba« [1940]. In: Exner, Isabel/Rath, Gudrun (Hg.): *Lateinamerikanische Kulturtheorien. Grundlagentexte*. Konstanz: Konstanz University Press 2015, S. 51–57.

Paredes Carvajal, Julieta: »Disidencia y Feminismo Comunitario«, in: DISIDENCIA, Vol. 10, Issue 2, 2013, https://web.archive.org/web/20170805222058/http://hemisphericinstitute.org/hemi/es/e-misferica-102/paredes

Pérez Moreno, María Patricia: »O'tanil: corazón. Una sabiduría y práctica de sentir, pensar, entender, explicar y vivir el mundo desde los mayas tseltales de Bachajón, Chiapas, México«. In: Ochoa Muñoz, Karina (Hg.): *Miradas en torno al problema colonial. Pensamiento anticolonial y feminismos descoloniales en los Sures globales*. México D.F.: Ediciones Akal 2019, S. 157–173.

Philosophische Zeitschrift Praxis: »Wozu Praxis?« [1964]. In: Kanzleiter, Boris/Stojakovic, Krunoslav (Hg.): *1968 in Jugoslawien. Studentenproteste und kulturelle Avantgarde zwischen 1960 und 1975*. Berlin: Dietz Verlag 2008, S. 210–211.

Puschnerat, Tânia: »Antizionismus im Islamismus und Rechtsextremismus«. In: Bundesministerium des Inneren (Hg.): *Feindbilder und Radikalisierungsprozesse. Elemente und Instrumente im politischen Extremismus*. Berlin: Bund 2005, S. 42–73.

Quijano, Aníbal: »José Carlos Mariátegui: Reencuentro y debate. Prólogo a ›7 ensayos de interpretación de la realidad peruana‹« [1978]. In: Ders.: *Cuestiones y Horizontes. De la Dependencia Histórico-Estructural a la Colonialidad/Descolonialidad del Poder*. Buenos Aires: CLACSO 2014a, S. 331–427.

Quijano, Aníbal: »Colonialidad del poder y clasificación social« [2000]. In: Ders.: *Cuestiones y Horizontes. De la Dependencia Histórico-Estructural a la Colonialidad/Descolonialidad del Poder*. Buenos Aires: CLACSO 2014b, S. 285–327.

Quijano, Aníbal: »Lo público y lo privado: Un enfoque latinoamericano«. In: Ders.: *Cuestiones y Horitzontes. De la Dependencia Histórico-Estructural a la Colonialidad/Descolonialidad del Poder*. Buenos Aires: CLACSO 2014c, S. 705–732.

Quijano, Aníbal: »›Raza‹, ›etnia‹ y ›nación‹ en Mariátegui. Cuestiones abiertas«. In: Ders.: *Cuestiones y Horizontes. De la Dependencia Histórico-Estructural a la Colonialidad/Descolonialidad del Poder*. Buenos Aires: CLACSO 2014d, S. 757–775.

Quijano, Aníbal: »El ›movimiento indígena‹ y las cuestiones pendientes en América Latina« [2005]. In: Ders.: *Cuestiones y Horizontes. De la Dependencia Histórico-Estructural a la Colonialidad/Descolonialidad del Poder*. Buenos Aires: CLACSO 2014e, S. 635–663.

Quijano, Aníbal: *Kolonialität der Macht, Eurozentrismus und Lateinamerika*. Wien/Berlin: Verlag Turia & Kant 2016.

Quintero, Pablo/Garbe, Sebastian (Hg.): *Kolonialität der Macht. De/Koloniale Konflikte: zwischen Theorie und Praxis*. Münster: Unrast Verlag 2013.

Reckwitz, Andreas: *Die Gesellschaft der Singularitäten. Zum Strukturwandel der Moderne*. Berlin: Suhrkamp 2019.

Reuter, Julia/Villa, Paula-Irene (Hg.): *Postkoloniale Soziologie. Empirische Befunde, theoretische Anschlüsse, politische Intervention*. Bielefeld: Transcript 2010.

Richard, Nelly: »Akademische Globalisierung, Kulturwissenschaften und lateinamerikanische Kulturkritik« [2005]. In: Exner, Isabel /Rath, Gudrun (Hg.): *Lateinamerikanische Kulturtheorien. Grundlagentexte*. Konstanz: Konstanz University Press 2005, S. 191–205.

Rivera Cusicanqui, Silvia: »Interview« von Sebastian Kalicha und Gabriel Kuhn. In: Kalicha, Sebastian/Kuhn, Gabriel (Hg.): *Von Jakarta bis Johannisburg. Anarchismus weltweit*. Münster: Unrast Verlag 2010, S. 358–361.

Rivera Cusicanqui, Silvia: *Sociología de la imágen. Miradas ch'ixi desde la historia andina*. Buenos Aires: Tinta Limón 2015.

Rivera Cusicanqui, Silvia: »Soziologie des Bildes. Eine Vision der Kolonialgeschichte des Andengebietes«. In: Dies.: *Ch'ixinakax utxiwa. Eine Reflexion über Praktiken und Diskus der Dekolonisierung*. Münster: Unrast Verlag 2018a, S. 42–74.

Rivera Cusicanqui, Silvia: »Ch'ixinakax utwixa. Eine Reflektion über Praktiken und Diskurse der Dekolonisierung.« In: Dies.: *Ch'ixinakax utwixa. Eine Reflektion über Praktiken und Diskurse der Dekolonisierung*. Münster: Unrast Verlag 2018b, S. 75–99.

Rivera Cusicanqui, Silvia: »Der Begriff der ›Rechte‹ und die Widersprüche der postkolonialen Moderne«. In: Dies.: *Ch'ixinakax utxiwa. Eine Reflexion über Praktiken und Diskus der Dekolonisierung*. Münster: Unrast Verlag 2018c, S. 100–136.

Rodas, Raquel: *Dolores Cacuango. Pionera en lucha por los derechos indígenas*. Quito: Creas Gráfica Editores 2007.

Rodas, Raquel: »The Life of Dolores Cacuango And Her Struggle For Justice« (25.10.2018). In: https://www.telesurenglish.net/analysis/The-Life-of-Dolores-Cacuango-And-Her-Struggle-For-Justice--20181025-0029.html (16.10.2020)

Rodriguez, Ilena: »Reading Subaltern Across Texts, Disciplines, and Theories: From Representation to Recognition«. In: Dies. (Hg.): *The Latin American Subaltern Studies Reader*. Durham und London: Duke University Press 2001, S. 1–32.

Rölli, Marc: *Anthropologie dekolonisieren*. Frankfurt am Main/New York: Campus Verlag 2021.

Romero-Lascano, José (Hg.): *Encuentros descoloniales. Memorias de la primera Escuela de Pensamiento Descolonial Nuestramericano*. Caracas: El Perro y La Rana 2018.

Rosa, Hartmut: *Resonanz. Eine Soziologie der Weltbeziehung*. Berlin: Suhrkamp Verlag 2018.

Ross, Kristin: *Luxus für alle. Die politische Gedankenwelt der Pariser Kommune*. Berlin: Matthes & Seitz 2021.

Saldaña-Portillo, Josefina: »Who's the Indian in Aztlán? Re-Writing Mestizaje, Indianism, and Chicanismo from the Lacandón«. In: Rodriguez, Ilena (Hg.): *The Latin American Subaltern Studies Reader*. Durham und London: Duke University Press 2001, S. 402–423.

Schütze, Stephanie/Zapata Galindo, Martha: »Transkulturalität und Geschlechterverhältnisse. Neue Perspektiven auf kulturelle Dynamiken in den Amerikas«. In: Dies. (Hg.): *Transkulturalität und Geschlechterverhältnisse*. Berlin: edition tranvia/Verlag Walter Frey 2007, S. 7–19.

Segato, Rita Laura: »Las nuevas formas de la guerra y el cuerpo de las mujeres«. In: Dies.: *Las nuevas formas de la guerra y el cuerpo de las mujeres*. Buenos Aires: Tinta Limón 2014a, S. 15–77.

Segato, Rita Laura: »La nueva elocuencia del poder. Una conversación con Rita Segato. Por el Instituto de Investigación y Experimentación Política«. In: Dies.: *Las nuevas formas de la guerra y el cuerpo de las mujeres*. Buenos Aires: Tinta Limón 2014b, S. 77–114.

Segato, Rita Laura: »Aníbal Quijano y la perspectiva de la colonialidad de poder«. In: Dies.: *La Crítica de la Colonialidad en Ocho Ensayos. Y una antropología por demanda*. Buenos Aires: Prometeo Libros 2015a, S. 33–67.

Segato, Rita Laura: »Género y colonialidad: del patriarcado comunitario de baja intensidad al patriarcado colonial moderno de alta intensidad«. In: Dies.: *La Crítica de la Colonialidad en Ocho Ensayos. Y una antropología por demanda*. Buenos Aires: Prometeo Libros 2015b, S. 69–99.

Sonderegger, Ruth: *Vom Leben der Kritik. Kritische Praktiken – und die Notwendigkeit ihrer geopolitischen Situierung*. Wien: Zaglossus Verlag 2019.

Sousa Santos, Boaventura de: »From the Postmodern to the Postcolonial – and Beyond Both«. In: Gutiérrez Rodríguez, Encarnación/Boatcă, Manuela/Costa, Sérgio (Hg.): *Decolonizing European Sociology. Transdisciplinary Approaches*. Farnham/Burlington: Ashgate Publishers 2010, S. 225–242.

Sousa Santos, Boaventura de: *Epistemologien des Südens. Gegen die Hegemonie des westlichen Denkens*. Münster: Unrast Verlag 2018.

Spivak, Gayatri Chakravorty: *Can the subaltern speak? Postkolonialität und subalterne Artikulation*. Wien: Verlag Turia + Kant 2008.

Stavenhagen, Rodolfo: »¿Cómo descolonizar las ciencias sociales?«. In: Ders.: *Sociología y Subdesarollo*. México D.F.: Editorial Nuestro Tiempo 1971, S. 38–64.

Steger, Rebecca/Ludwig, Marie/Brychy, Julia/Pütz, Elisabeth/Sell, Kyra (Hg.): *Subalternativen. Postkoloniale Kritik und dekolonialer Widerstand in Lateinamerika*. Münster: edition assemblage 2016.

Subcomandante Marcos: »Der vierte Weltkrieg hat schon begonnen«. In: *Le Monde Diplomatique*, 15.08.1997, https://monde-diplomatique.de/artikel/!3205112

SubGaleano: »Die Genealogie des Verbrechens«. In: EZLN: *Das kritische Denken angesichts der kapitalistischen Hydra. Beiträge von EZLN-Aktivist*innen zu Theorie und Praxis der zapatistischen Bewegung*. Münster: Unrast Verlag 2016, S. 237–256.

Svampa, Maristella: *Epochenwechsel in Lateinamerika. Progressive Regierungen, Extraktivismus und soziale Bewegungen*. Münster: Unrast Verlag 2020.

Thiong'o, Ngũgĩ wa: *Dekolonisierung des Denkens. Essays über afrikanische Sprachen in der Literatur*. [1986] Münster 2017.

Todorov, Tzvetan: *Die Eroberung Amerikas. Das Problem des Anderen*. Frankfurt am Main: Suhrkamp Verlag 1985.

Topitas (Hg.): *¡Ya Basta! Der Aufstand der Zapatistas*. Hamburg: Verlag Libertäre Assoziation 1994.

Vasconcelos, José: *La raza cósmica. Misión de la raza iboamericana*. México/Buenos Aires/Madrid: Espasa 1948.

Vergès, Françoise: *Dekolonialer Feminismus*. Wien: Passagen Verlag 2020.

Viehmann, Klaus u.a.: »Drei zu Eins. Klassenwiderspruch, Rassismus und Sexismus.« In: Projektgruppe (Hg.): *Metropolen(gedanken) & Revolution. Texte zur Patriarchats-, Rassismus-, Internationalismusdiskussion*. Berlin: Edition ID Archiv 1991, 2. Aufl., S. 29–62.

Viezzer, Moema: *Wenn man mir erlaubt zu sprechen. Das Zeugnis der Domitila, einer Frau aus den Minen Boliviens*. Göttingen: Lamuv Verlag 1996, 5. Aufl.

Viveiros de Castro, Eduardo: *Die Unbeständigkeit der wilden Seele*. Wien/Berlin: Verlag Turia + Kant 2016.

Vuola, Elina: »Remaking Universals? Transnational Feminism(s) Challenging Fundamentalist Ecumenism«, *Theory, Culture & Society*, vol. 19, no. 1–2, 2002, S. 175–195.

Wallerstein, Immanuel: *Das moderne Weltsystem I. Die Anfänge kapitalistischer Landwirtschaft und die europäische Weltökonomie im 16. Jahrhundert*. Wien: Promedia Verlag 1986.

Wallerstein, Immanuel: *Die große Expansion. Das moderne Weltsystem III. Die Konsolidierung der Weltwirtschaft im langen 18. Jahrhundert*. Wien: Promedia Verlag 2004.

Wallerstein, Immanuel: *Das moderne Weltsystem II. Der Merkantilismus. Europa zwischen 1600 und 1700*. Wien: Promedia Verlag 2012a, 2. Aufl.

Wallerstein, Immanuel: *Der Siegeszug des Liberalismus (1789–1914). Das moderne Weltsystem IV.* Wien: Promedia Verlag 2012b.

Wallraff, Günter: »Vorwort«. In: Viezzer, Moema: *Wenn man mir erlaubt zu sprechen. Das Zeugnis der Domitila, einer Frau aus den Minen Boliviens*. Göttingen: Lamuv Verlag 1996, 5. Aufl., S. 11–13.

Walsh, Catherine: »¿Qué Saber, Qué Hacer y Cómo Ver? Los Desafíos y Predicamientos Disciplinares, Políticos y Éticos de los Estudios (Inter)Culturales *Desde* América Andina.« In: Dies. (Hg.): *Estudios culturales latinoamericanos: retos desde y sobre la región andina*. Quito: Universidad Andina Simón Bolívar 2003, S. 11–28.

Walsh, Catherine: »Introducción. (Re)Pensamiento Crítico y (De)Colonialidad.« In: Dies. (Hg.): *Pensamiento Crítico y Matriz (De)Colonial. Reflexiones Latinoamericanas*. Quito: Universidad Andina Simón Bolívar 2005, S. 13–35.

Walsh, Catherine: »¿Son posibles unas ciencias sociales/culturales otras? Reflexiones en torno a las epistemologías decoloniales.« In: *Nómadas*, No.26, Bogotá, Abril 2007, S. 102–113.

Walsh, Catherine: »Political-epistemic insurgency, social movements and the refounding of the state«. In: Moraña, Mabel/Gustafson, Bret (Hg.): *Rethinking Intellectuals in Latin America*. Frankfurt am Main/Norwalk: Vervuert/Iboamericana 2010, S. 199–211.

Walsh, Catherine: »›Other‹ Knowledges, ›Other‹ Critiques: Reflections on the Politics and Practices of Philosophy and Decoloniality in the ›Other‹ America«. In: *Transmodernity*, Spring 2012, S. 11–27.

Walsh, Catherine E.: »Pedagogías decoloniales caminando y preguntando. Notas a Paulo Freire desde Abya Yala«, *Revista Entramados: Educación y sociedad,* Año 1 Número 1/2014, S. 17–31.

Walsh, Catherine E.: »Insurgency and Decolonial Prospect, Praxis, and Project«. In: Mignolo, Walter D./Walsh, Catherine E.: *On Decoloniality. Concepts – Analytics – Praxis*. Durham und London: Duke University Press 2018, S. 32–56.

Welsch, Wolfgang: *Transkulturalität. Realität – Geschichte – Aufgabe*. Wien: new academic press 2017.

Young, Robert J.C.: *Postcolonialism. An Historical Introduction*. Malden, MA/Oxford/Carlton: Blackwell Publishimg 2001.

Zapata Silva, Claudia: »El giro decolonial. Consideraciones críticas desde América Latina«. In: *Pléyade* 21, Januar-Juni 2018, S. 49–71.

Zibechi, Raúl: *Territorien des Widerstands. Eine politische Kartographie der urbanen Peripherien Lateinamerikas*. Hamburg: Assoziation A 2011.

Zibechi, Raúl: »La Escuelita Zapatista: Una nueva culutra política«. In: Ders.: *Descolonizar la rebeldía. (Des)colonialism del pensamiento crítico y de las prácticas emancipatorias*. Carcaixent/Málaga: Baladre/Zambra 2014, S. 269–283.

Zibechi, Raúl: »Introducción. Colonialismo y movimientos antisistémicos.« In: Ders.: *Descolonizar la rebeldía. (Des)colonialismo del pensamiento crítico y de las practicas emancipatorias*. Carcaxeint/Málaga: Baladre/Zambra 2015, S. 13–38.